インド鍵盤楽器考

ハルモニウムと電子キーボードの普及にみる
楽器のグローカル化とローカル文化の再編

岡田 恵美 著

溪水社

はじめに

　「日本の伝統音楽で使われる楽器は？」と問われれば、誰もが三味線や箏、尺八や琵琶、和太鼓といった邦楽器を思い浮かべるのではないだろうか。また、尺八の代表曲《鹿の遠音》が幾らフルートで見事に演奏されたとしても、「ちょっと邦楽とは言いづらい」という感覚を持つ日本人は多いだろう。しかしながら、これをインドの音楽文化に置き換えた場合、少々事情が異なるのである。長い歴史と複雑な理論をもつインド古典音楽の世界でさえも、おなじみのシタール等と並んで、ヴァイオリンやスライドギターといった西洋楽器が用いられ、近年では電子キーボードでピッチベンド機能を巧みに操りながら古典音楽を演奏する奏者も複数登場している。

　本書は、インド古典音楽文化における、こうした楽器に対しての許容範囲の広さに着目し、なぜ西洋の楽器や電子楽器が伝統のある古典音楽の中で容認され得るのかという素朴な疑問を出発点としている。そして本書はインドに浸透する楽器の中でも、ハルモニウムと電子キーボードを研究の対象とした。両者はどちらも鍵盤楽器であるが、実は鍵盤楽器ほどインドの音楽と相性の悪い、すなわち致命的な欠陥を抱えた楽器はないのである。つまり、インド音楽は基本的に現在のピアノのような西洋の 12 平均律（1 オクターヴを均等に 12 分割した音律）では解決できない「微分音」というものが存在し、数百種類はあると言われているインドの旋法にはそれぞれそうした微分音が使用されるのである。弦楽器であれば、弾いた弦をチョーキングすることで音の高さを変えたり、そもそもヴァイオリンのようにフレットのない楽器では微細な音高を作り出したり、自在に微分音を生み出すことができる。しかしながら、鍵盤楽器は 1 オクターヴの 12 音が固定された楽器であるがゆえに、非常に厄介なのである。

　事実、インドで最初に国産製作が行われたハルモニウムはフランスで誕生した楽器で、そのインド音楽への採用をめぐっては、音楽界や放送業界を巻き込む大論争にまで発展し、ラジオ放送上では 30 年間近くもその使

用が禁止されたのである。本書では、こうした異文化の楽器を受容する際に、どのような肯定的な意見と批判的意見が出されたか、また反発の事象を順序立って考察することによって、当事者達の楽器観や「インド音楽の中で何を大事に考えているのか」といった音楽観を抽出したい。

またいつの世も、苦難があればそれに立ち向かう人物が登場する。インドのハルモニウムの場合は、楽器改良や奏法改良を行う演奏家が現れ、不遇の楽器が今では古典音楽には不可欠な楽器にまで変貌を遂げた。本書では、こうした鍵盤楽器の改良に挑戦的に挑んだ人々の取組みについても取り上げる。

本書は主に2007年から2008年まで2年間のフィールドワークに基づいたものであり、インドではデリー、コルカタ、チェンナイ、ベンガルール（バンガロール）、ムンバイ、パーリーターナーの6都市を中心とし、日本では浜松、横浜、イギリスではロンドン、オクスフォード、ソルテア（ウェストヨークシャー州）で現地調査を実施した。インタヴュー対象者やインフォーマント（情報提供者）だけでも100名は超える。楽器演奏者や楽器職人のそれぞれ一人一人に、楽器に対する真摯で熱い想いがあり、そうした彼らの生の声を聴く事が研究の大きな原動力となった。

本書の特徴は、本文の記述に沿った映像資料をウェブ上で公開している点であり、それらを参照しながら読み進めて頂ければ幸いである。

第1部　関連映像
- 「コルカタのハルモニウム産業にみる都市性」
  www.youtube.com/watch?v=CttDo2fZlvk（公開中）
- 「北インドにおけるハルモニウムのローカル化」【映像資料1～5】
  www.youtube.com/watch?v=HnrX5yEWJd0（公開中）

第2部　関連映像
- 「現代インドにおける楽器変容：電子鍵盤楽器の受容にみるグローカル化」【映像資料6～8】
  www.youtube.com/watch?v=8XdLcYPBGro（公開中）

目次

はじめに i
序論 3
1. なぜインドの鍵盤楽器に注目するのか？ 4
2. 外来楽器の受容研究：論点と研究アプローチ 6
3. 本書の構成と調査概要 23

第 *1* 部　北インドにおけるハルモニウムのローカル化

第 1 章　ハルモニウムの受容と変遷 29
1. フランスから波及したハルモニウム・リードオルガン産業 30
2. インドへのハルモニウムの伝播 41
3. インド国産ハルモニウム誕生 56
4. ハルモニウムの浸透と禁止論争 62
5. 演奏家による貢献と新たな改良楽器の登場 80

第 2 章　国産ハルモニウム製作にみる都市単位でのローカル化 93
1. 国産ハルモニウム製作の転換期 94
2. 各都市のハルモニウム産業の特徴 98
3. 事例：インド東部コルカタのドゥワルキン工房 104
4. 事例：インド西部ムンバイのハリバウー工房 121
5. 事例：インド北部デリーのビーナー工房 131

第 *1* 部　小結 141

第 2 部　電子キーボードの普及にみるグローカル化の諸相

第 3 章　インド国内における電子キーボードの需要拡大 *147*
 1. 電子キーボードが普及した社会・文化的背景 *148*
 2. 電子キーボードの需要拡大によるローカル文化の変容 *178*

第 4 章　インド市場における電子キーボードのグローカル化のプロセス . *197*
 1. 日系楽器メーカーによる本格的なインド市場参入 *198*
 2. インド市場向け電子キーボードの登場 *213*

 第 2 部　小結 *221*

第 3 部　インド鍵盤楽器考

第 5 章　ハルモニウムと電子キーボードの受容に関する比較考察 *227*
 1. 楽器のグローカル化と文化の再編についての考察 *228*
 2. インド音楽文化がもつ楽器に対する寛容性 *237*

おわりに *243*

参考文献 *249*

索引 *257*

凡例

インド系諸語（ヒンディー語およびベンガル語等）に関する表記

本書で用いるインド系諸語は、初出時に限って下記をできるだけ併記する。

【カタカナ表記】
 A）原語表記からカタカナへの転写
 B）日本で既に慣用化している呼称のカタカナ表記

【原語表記】
 C）原語表記をそのまま記載

【アルファベット表記】
 D）原語表記からローマ字への翻字（角括弧付きの斜体）
 E）インドで通用している英語表記

 例）ロビンドロナト・タクル（Hin. ラビンドラナート・タゴール
 রবীন্দ্রনাথ ঠাকুর ［*Robindronoth ṭhakur*］ Ravindranath Tagore）

1) A）のカタカナ表記に関しては、ベンガル語（Bengali、以下 Ben. に省略）の場合はベンガル文字のカタカナ転写、同様にヒンディー語（Hindi、以下 Hin. に省略）やその他の言語（本文中の場合、マラーティー語やカンナダ語を含む）の場合はデーヴァナーガリー文字のカタカナ転写で示す。初出時に注記がない場合はこの表記を最優先し、初出以降はそれに統一する。また人名のカタカナ表記に関しても、原則としてベンガル人の場合はベンガル語の発音を、その他はヒンディー語の発音に基づいて示す。例外があれば、その都度注記をする。

2) B）のように日本で既に定着する呼称及びカタカナ表記があれば、初出時に限り、丸括弧付きで併記する。その際、特に音楽関連用語に関しては、B・C・デーヴァ『インド音楽序説 An Introduction to Indian Music』（中川博志訳、東方出版、1994 年）におけるカタカナ表記を参照する。

v

3) 現在、古典音楽で使用される用語はサンスクリット語（Sanskrit、以下 Sk. に省略）由来の言葉が多くを占めるが、口語のヒンディー語では語末の子音字に含まれる母音（潜在母音）が省略され、綴り字と発音のずれが生じている。例えば、旋法の意味で使用されるサンスクリット語の「ラーガ」は、日本ではそのカタカナ表記が定着しているが、今日のヒンディー語圏では語尾の母音が抜けて、「ラーグ」と発音される。本文中の初出時には「ラーグ」（Sk. ラーガ राग ［rāg］ Rag / Raga）のように両方を併記するが、以後は口語のヒンディー語読みのカタカナ表記に統一する。これに関しても、例えば、『ナーティヤ・シャーストラ』（नाट्य शास्त्र ［nāṭyaśāstra］ Natyashastra）といった文献名に関しては、潜在母音も省略せずに表記し、こうした例外的措置があれば、その都度注記をする。

4) C) の原語の表記に関しては、ヒンディー語は McGregor, R.S. *The Oxford Hindi-English Dictionary*. 6th ed. Oxford: Oxford University Press, 2000、サンスクリット語は Bhardwaj, S.P. *Sanskrit-Hindi-English Dictionary*. Delhi: Ashok Prakashan, 2003、ベンガル語は Biswas, Sailendra. *Samsad English-Bengali Dictionary*. 5th ed. Kolkata: Sahitya Samsad, 1980（Reprint: 2004）、及び Ghosh Golokendu. *Samsad Student's Bengali-English Dictionary*. 1st ed. Kolkata: Sahitya Samsad, 1987（Reprint: 2008）を参照する。

5) D) デーヴァナーガリー文字及びベンガル文字のローマ字への翻字に関しては、前述の各種辞典を参照し、後述の翻字表で詳細を示す。また、カタカナへの転写方法に関しては、田中敏雄・町田和彦『エクスプレス・ヒンディー語』（1886年、白水社）、及び町田和彦・丹羽京子『CD エクスプレス・ベンガル語』（2004年、白水社）を参考にする。カタカナ表記の場合は、日本語の特性上、インド系諸言語に特有の有気音・無気音の区別や、反り舌破裂音と歯音破裂音の区別が問題となるが、その点はローマ字翻字を表記することで補う。尚、前述の語末の子音字に含まれる潜在母音については、ローマ字翻字では母音も表記する。

6) アルファベット表記に関しては、発音重視のローマ字による翻字表記だけではなく、インドで実際に慣用化しているアルファベット表記も記載する。その第一の理由は、多言語国家のインドでは、同じ語彙も地域によっては発音が変化

し、その混乱を回避するためであり、また第二の理由は、実際の個人・団体名や地名等はアルファベット表記で定着しているものも多く、インターネットが情報検索の中心となる今日において、その記載が有用と判断したためである。

地名表記

近年、インドの地名は、英統治時代の名称から各地域の公用語に即した地名へと改変される傾向にあり、本書では併用による混乱を回避するため、初出時は新名称と旧名称を併記するが、以後は新名称のみに統一する。下記は主要な例である。

> 「コルカタ」（কলকাতা [*Kolkata*] Kolkata 旧カルカッタ Calcutta)
> 「ムンバイ」（मुंबई [*Munbaī*] Mumbai 旧ボンベイ Bombay)
> 「チェンナイ」（சென்னை [*Cennai*] Chennnai 旧マドラス Madras)
> 「ベンガルール」（ಬೆಂಗಳೂರು [*Bengaluru*] Bengaluru 旧バンガロール Bangalore)

音階音の表記

本書における音階音の表記は、原則として音楽学者 V・N・バートカンデー（विष्णु नारायण भातखंडे [*Viṣṇu Nārāyan Bhāthkhande*] Vishnu Narayan Bhatkhande）によって確立された「バートカンデー記譜法」を採用する。

オクターヴは、「サプタク」（Sk. サプタカ सप्तक [*saptak*] saptak / saptaka）と呼ばれ、1オクターヴは7つの幹音である「シュッド・スワル」（Sk. シュッダ・スヴァラ शुद्ध स्वर [*śuddh swar*] shuddh swar / shuddha svara）と5つの派生音で構成される。音階音の表記は、幹音については、それらの名称である「シャッジャ」(Sk. シャッジャ षड्ज [*ṣadj*] shadj / shadja)、「リシャブ」(Sk. リシャバ ऋषभ [*riṣabh*] rishabh / rishabha)、「ガーンダール」(Sk. ガーンダーラ गांधार [*gāndhār*] gandhar / gandhara)、「マディヤム」(Sk. マディヤマ मध्यम [*madhyam*] madhyam / madhyama)、「パンチャム」(Sk. パンチャマ पंचम [*pancam*] pancam / pancama)、「ダェヴァト」(Sk. ダェヴァタ धैवत [*dhaivat*] dhaiwat / daivata)、「ニシャード」(Sk. ニシャーダ निषाद [*niṣād*] nishad / nishada）の頭文字を採用し、S音、R音、G音、M音、P音、D音、N音と略記する。また派生音については、幹音から

半音低い派生音「コーマル・スワル」(Sk. コーマラ・スヴァラ कोमल स्वर [komal svar] komal swar / komala svara) には、R̲音、G̲音、D̲音、N̲音と下線を用い、半音高い派生音「ティーヴル・スワル」(Sk. ティーヴラ・スヴァラ तीव्र स्वर [tīvr svar] tivr swar / tivra svara) のḾ音にはルビを付与する。1オクターヴの12音の表記は、下記の通りである。

S	R̲	R	G̲	G	M	Ḿ	P	D̲	D	N̲	N	(Ṡ)
C	D♭	D	E♭	E	F	F♯	G	A♭	A	B♭	B	(C)

（Cを主音とした場合）

上記には絶対音高という概念は厳密にはなく、相対音高が重視されるため、Ṡ音はどの音高にも成り得る。

凡例： 翻字表

デーヴァナーガリー文字

अ	[a]ア	आ	[ā]アー	इ	[i]イ	ई	[ī]イー	उ	[u]ウ	ऊ	[ū]ウー
ऋ	[ri]リ	ए	[e]エ	ऐ	[ai]アェ	ओ	[o]オー	औ	[au]アォ
क	[k]カ	ख	[kh]カ※	ग	[g]ガ	घ	[gh]ガ※	ङ	[ṅ]ン
च	[tʃə]チャ	छ	[tʃʰə]チャ※	ज	[dʒə]ジャ	झ	[dʒʰə]ジャ	ञ	[ñ]ン
ट	[ṭ]タ	ठ	[ṭh]タ※	ड	[ḍ]ダ	ढ	[ḍh]ダ※	ण	[ṇ]ナ
त	[t]タ	थ	[th]タ※	द	[d]ダ	ध	[dh]ダ※	न	[n]ナ
प	[p]パ	फ	[ph]パ※	ब	[b]バ	भ	[bh]バ※	म	[m]マ
य	[y]ヤ	र	[r]ラ	ल	[l]ラ	व	[v]ヴァ/ワ
श	[ś]シャ	ष	[ṣ]シャ	स	[s]サ	ह	[h]ハ
ज़	[z]ザ	ड़	[ṛ]ラ	ढ़	[ṛh]ラ※	फ़	[f]ファ

ベンガル文字

অ	[o]オ	আ	[a]ア	ই	[i]イ	ঈ	[i]イ	উ	[u]ウ	ঊ	[u]ウー
ঋ	[ri]リ	এ	[e]エ	ঐ	[oi]オイ	ও	[o]オ	ঔ	[ou]オウ
ক	[k]カ	খ	[kh]カ※	গ	[g]ガ	ঘ	[gh]ガ※	ঙ	[ṅ]ン
চ	[c]チャ	ছ	[ch]チャ	জ	[j]ジャ	ঝ	[jh]ジャ※	ঞ	[ñ]ン
ট	[ṭ]タ	ঠ	[ṭh]タ※	ড	[ḍ]ダ	ঢ	[ḍh]ダ※	ণ	[ṇ]ン
ত	[t]タ	থ	[th]タ※	দ	[d]ダ	ধ	[dh]ダ※	ন	[n]ナ
প	[p]パ	ফ	[ph]パ※	ব	[b]バ	ভ	[bh]バ※	ম	[m]マ
য	[y]ジャ	র	[r]ラ	ল	[l]ラ
শ	[ś]シャ	ষ	[ṣ]シャ	স	[s]シャ	হ	[h]ハ

注 1) ※印の文字は有気音である。例えば、デーヴァナーガリー文字の「क」（ka）と「ख」（kha）は、カタカナ転写では同様に「カ」であるが、前者は無気音、後者は有気音である。

注 2) ローマ字転写の「ṭa」のように、子音下に点を付与する場合は「反り舌音」を示す。

インド全域地図

本書に登場する地域および都市を下記のインド全域地図に示す。

【地図】本書に登場する地域・都市

インド鍵盤楽器考

ハルモニウムと電子キーボードの普及にみる
楽器のグローカル化とローカル文化の再編

序論

1. なぜインドの鍵盤楽器に注目するのか？

　インドの伝統音楽文化は、西洋楽器を筆頭に外来楽器の採用に対して概して寛容な姿勢を示してきたかのように見える。長い歴史と複雑な理論をもつインド古典音楽の領域でさえも、幾種もの西洋楽器が演奏に用いられ、ヴァイオリンは「北インド古典音楽[1]」と「南インド古典音楽」の両方で確固とした地位を築き、その他にもサクソフォーン、クラリネット、マンドリン、スライドギター、ハワイアン・スティールギター等も古典音楽の演奏楽器として使用される。

　インドの音楽文化に定着した西洋楽器の中でも、鍵盤楽器の歴史は長い。今日インドに流布する代表的なものに、ハルモニウム、ピアノ、そして電子キーボードがあるが、ピアノの使用は、インド独立以前は、植民地下の在留ヨーロッパ人や西洋音楽を嗜む一部のインド人富裕層に限られたのに対し、19世紀後半に伝播したハルモニウムは北インドに広く浸透し、北インドの古典声楽や宗教歌謡にとって不可欠な伴奏楽器となった。また 21 世紀に入ると、若年層を中心に電子キーボードの需要拡大が著しく、日系楽器メーカーのインド市場参入によって、インド国内の鍵盤楽器文化は新たな局面を迎えている。鍵盤楽器は様々な音楽ジャンルで汎用化され、近年では電子キーボードでインド古典音楽を演奏する音楽家も活躍している。

　本書はインド国内の鍵盤楽器の受容に注目し、国内で浸透が顕著なハルモニウムおよび電子キーボードを考察対象とする。それらの受容史や今日の使用者側、また生産・販売者側といった双方の環境について追究した上

1　北インド古典音楽（ヒンドゥスターニー古典音楽　हिन्दुस्तानी शास्त्रीय संगीत　[*Hindustānī śāstrīya saṅgīt*] Hindustani classical music）は、インド・アーリア系言語が話される北インド地域の音楽であり、ドラヴィダ系言語圏の南インド古典音楽（カルナータカ音楽）とは区別される。北インド古典音楽は、現代ヒンディー語で「シャーストリーヤ・サンギート」（शास्त्रीय संगीत संगीत [*śāstrīya saṅgīt*] shastriya sangeet）とも呼ばれ、理論に基づいた音楽という意味をもつ。

で、両楽器が浸透するための共通要素を抽出し、その受容過程についての比較考察を行う。

　こうした研究に至る直接的な動機は、近年インド国内において、日系メーカーの「カシオ」という言葉がミニキーボードや電子キーボードの総称として独歩してきた事実、また実際に、電子キーボードが急速に浸透する現場を目の当りにして、「なぜ外来楽器の採用にインド人は寛容であるのか？」「なぜ伝統的な古典音楽を電子キーボードで演奏することが許されるのか？」と筆者自身が強く疑問を抱いたことに起因する。電子キーボードを取り巻く事象は、グローバル化やローカル化が議論される昨今において、追究すべき格好の研究材料であり、新しい楽器がインドの音楽文化に、いわゆる「ヒト・モノ・カネ」、そしてそこから派生する様々な角度から変化を及ぼし始めているのである。具体的には、楽器使用者の増加やその使用目的・学習環境の多様化、使用者側と生産者側の相互の製品開発、楽器市場の拡大や流通経路の多層化、楽器メーカーや楽器商による音楽教育分野への進出、販売側や使用者側にみる新たな情報発信やメディア戦略の活発化等、列挙すればきりがない程である。

　本書の特徴は、こうした「現在進行形」であるインドの電子キーボードの事象を、1世紀以上も前にインドに伝播して国内改良された、言わば「完了形」のハルモニウムの受容と比較することにある。両者は発音体や受容時期・地域は異なるが、「鍵盤楽器」という形態的特徴と、インド固有の楽器ではなく、異文化から伝わった「外来楽器」という共通の属性をもつ。したがって、両楽器の受容の程度や速度、文化内部での変化の過程にどのような類似性あるいは相違性が見られ、またインド国内で浸透する要因となった両者の共通要素を、比較考察によって抽出することが狙いである。そして、楽器改良や楽器の浸透による文化変容に注目し、インドの音楽文化の根底にある、楽器に対しての「ローカルな規範」と、楽器の採用に対する寛容性との関係を明らかにする。

2. 外来楽器の受容研究：論点と研究アプローチ

ここでは、研究の論点やアプローチとも直接関連する概念として、四点のキーワードについて説明する。

第一に「グローカル化」、第二にローカル化にみる「善悪の規準」、第三に「ローカルな規範」、第四に「リゾーム」である。本節では、先行研究を交えながらこれらを順に整理し、本研究における論点の明確化および理論的な切り口を検討する。そして最後に、外来楽器の受容研究における本研究のアプローチについて述べる。

最初に「グローバル化」（globalization）「ローカル化」（localization）そして「グローカル化」（glocalization）の定義を整理する。

論点1）グローカル化：異文化由来の「モノ」を誰がどう調整するのか？

1990年前後から「グローバリゼーション」の概念が多方面で注目されるようになり、政治・経済の分野においてはアメリカ型のグローバリゼーションが威力を示した。いつの間にかグローバル・スタンダードという表現は、アメリカン・スタンダードの意味に置換され、21世紀に入ると今度は逆にその脆弱性や危険性が露呈されることになった。

経済分野では、2007年のサブプライムローン問題を発端としたアメリカのバブル経済の破綻によって、アメリカの株価至上主義経済が崩壊すると、それが即時に世界金融危機にまで拡大し、アメリカン・スタンダードの恐ろしさが現実味を帯びた。

また政治・軍事分野では、2001年アメリカ同時多発テロに代表されるように、アメリカの対アラブ政策やイスラーム原理主義に対するオリエンタリズム的な他者表象が、悲劇的な形となって表面化した。後の2003年にアメリカは、今度はイラクに対して、大量破壊兵器を保有する「悪の枢軸」というイメージを築き、報復行動を正当化すると同時に世界を巻き込んで

のイラク戦争が勃発した。以後のアメリカ国内外での非難を背景に、2009年ジョージ・ブッシュは大統領退任演説でイラク侵攻への反省の色は示したものの、彼の持論である善悪二元論を曲げることはなかった。1978年発表の『オリエンタリズム』（*Orientalism*）の中で、サイードは「オリエンタリズムのごとき思考体系、権力の言　説（ディスクール）、イデオロギー的虚構—精神によってつくり出された手枷—が、驚くほどたやすくつくられ、応用され、保護される」［サイード 1993（Said 1978）：下巻 286］と警告した。それから30年以上が経過する今日においてなお、他者や異文化に対して同じ扱いが繰り返され、グローバルという言葉を武器にして、その意味や使用目的はイデオロギー的に歪曲して操作される危険性を孕んでいる。

　こうしたアメリカ型の政治・経済に対し、日本経済においては企業を核に早くからローカル化の重要性に着目してきた。1980年代後半から90年代初頭のバブル経済と平行して、製造業を中心に日系企業は積極的に国外市場へ進出し、製造ラインの海外移転が活発化した。日本国内では国際化が叫ばれる中、実際の現地では組織化や人材育成において、文化や価値観の相違による衝突は避けて通れず、ローカル化という大きな問題を抱えながらも、各企業では試行錯誤が続けられてきたことであろう。例えばトヨタの作業工程で重視される「カイゼン」は、ボトムアップ型の先進的な概念として現在の製造業では世界共通語となっている。こうした事実からも、トップダウン方式に文化や価値観の均質化を推進するのではなく、多様性の容認という柔軟で相対主義的な企業努力が国境を越えて展開されてきたことが窺える。

　そうした風潮を受けて生まれたのが「グローカル」という表現である。この用語は、今日では中学校公民の教科書にも記載がある'Think globally, Act locally'と同様の意味をもち、グローバルとローカルを合わせた造語として日本のマーケティング業界で最初に使用され、その後は世界で広く認知されるようになった。

　英社会学者のロバートソンは、グローカリゼーションについて「世界化するとともに地方化すること」、「普遍主義と個別主義の相互侵入」、「放置しておくと世界を同質化し、個別性を抹消してしまう過程だと考えるよう

な傾向よりも、本質的かつ内在的に個別主義を推進するという見方。グローバルに多様性を推進する見方」と定義を述べ、ここでも多様性の尊重がその思想の基盤になっている。

　グローカリゼーションの先行研究に関して、社会学や人類学分野で頻繁に指摘されるのが、マクドナルドの事業展開例である。人類学者の前川啓治も、世界進出するその米企業を「グローカル化するマクドナルド」と例に掲げ、各国向けの商品開発や販売戦略がその国々で受容されている事実に着目している。そしてグローカリゼーションとは、「『グローバリゼーション』の波が世界の各地域に到来した際の、対象社会によるズレを伴う受容を、『ローカリゼーション』の過程として記述するための概念」［前川 2004: 10］であると指摘し、その重要性について次のように述べる。

　　　「より強力な文化が到来しても、その文化は現地の文化に読み換えられる。その結果ローカライズされた文化が、また別の文化と接触することによって、さらなるローカリゼーションの過程を生じる。あるいは、逆に元の文化に影響を与え返すこともある。(中略)世界規模のこうした『文化の接合の弁証法』の複層的で総合的なやりとりこそが、グローバリゼーションの時代の文化と社会の変化のありようを規定する」［前川 2004: 50-51］

　上記の前川の説明は、俯瞰的で巨視的な視点と受容側からの視点とが混在しているために全体的に曖昧な印象が否めないが、こうした曖昧性を払拭し、「グローバル化」「ローカル化」「グローカル化」の定義を類型化して明瞭に説明しているのが社会学者の新津晃一である。本書では新津の論考を援用し、最初にそれらの概念を整理する。

　新津はグローバル化とは「理念的レベルにおけるグローバル規範の普及過程」であると強調する。ここでの「グローバル規範」とは地球規模の「文化」「価値」「標準」を意味し、文化相対主義的な文化の多様性への理解や、異質性の容認も包含される。そうしたグローバルな規範の形成には、国連

決議に代表されるトップダウン型と、ガーンディーの抵抗運動のようなボトムアップ型があり、「人類が歴史の中で生み出した様々な普遍的価値を含む概念や思想、制度、行動様式は受け継がれ、グローバルな視点から再統合され、グローバル規範に取り込まれている」という［新津 2006: 6-9］。

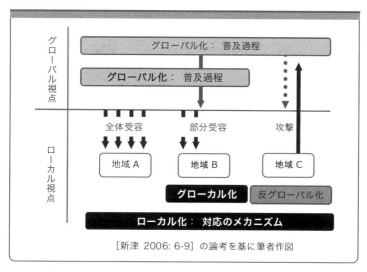

【資料 0-1】グローバル化・ローカル化・グローカル化の概念図

【資料 0-1】は、グローバル化、ローカル化、グローカル化の概念に関する新津の論考を基に筆者が図表化したものである。その特徴について、以下 4 点を列挙して考察する。

第一の特徴として、グローバル化とローカル化は軸となる視点が異なることに注目したい。グローバル化は、「グローバルな視点」、すなわち地球を俯瞰するような巨視的で外部的な目線であるが、そうした視点から見た「グローバル規範の普及過程」を示唆する。これに対してローカル化は、「グローバル規範の受容に際してのローカルな場での対応のメカニズム」であり、当該地域や社会に身を置き、地平的で微視的かつ内部的な視点が基軸となる。

そして第二の特徴は、そうした対応のメカニズムであるローカル化を様々な種類に類型化していることである。実際に当該地域や社会がグローバルな規範と接触した際は、様々なケースが予測される。図中では仮に「地域A」「地域B」「地域C」としたが、「地域A」のようにグローバルな規範を無修正で受容する場合もあれば、「地域B」のように部分的に調整しながら採用する場合もある。またそうした調整は、グローバルな規範の普及を意図する進出側が「地域B」に向けて戦略的に行う場合もあるし、受容側の「地域B」が自ら部分調整を進行させることも考えられる。

ここまでの特徴を、インドにおけるマクドナルドの事業展開を一例として照らし合わせてみると、「地域B」のようなグローカル化が考察される。

マクドナルドは1996年にインド第1号店を出店以降、2009年時点でインド国内の店舗数は160店舗を超える。カウンターでの注文・会計、店内飲食もしくはテイクアウトという営業形態は、日本を含む世界のマクドナルドと同様のシステムがそのまま受容されている。しかしながら一方で、インドの習慣や文化が配慮された側面もあり、菜食主義者への対応はその一例である。国民の約4割が菜食主義者とされるインド[2]では、食品に菜食か非菜食かを、緑色／茶色のマークで表示することが義務付けられている。マクドナルドのメニューでもそれらは明瞭に区分され、バーガーの名称も'McVeggie'（菜食）や'Chicken Maharaja Mac'（非菜食）というように判断が容易である。また菜食メニューは、'100% vegetarian'と強調され、原材料だけではなく調理場所も別に設けられている。

こうしたグローカル化の事例とは対極にあり、【資料0-1】の＜地域C＞のように受容を全面拒否、更には攻撃へと発展する場合も考えられる。引き続きインドの食品業の事例で言えば、マクドナルドの進出以前にも、フランチャイズビジネスの先駆である「KFC」（ケンタッキーフライドチキン）が、1995年7月にインドのIT拠点都市ベンガルール（当時の名称は

2　インドの日刊ヒンドゥー紙 'The Hindu'のウェブ版2006年8月14日付の記事によれば、国内で14,680名を対象に調査した結果、非菜食主義者は約60%、卵は食べる菜食主義者は約9%、卵も食べない厳格な菜食主義者は約31%という数値を示した。また厳格な菜食主義者の内の約21%は家族全員が厳格な菜食主義者という。
http://www.thehindu.com/todays-paper/article3089973.ece（2015年9月29日閲覧）

バンガロール）に出店した。だが、主力商品が鶏肉である上に、豚のラードの使用やインドの基準値を超える化学調味料（MSG）を使用しているとの噂が暴動にまで発展し、食品検査の結果、同年9月に営業権が剥奪されて閉店に追い込まれた。このように外資系企業の進出当初は、「反グローバル化」といった異文化衝突も見られたのである。

　ローカル化には、こうしたグローカル化や反グローバル化の他にも様々な対応過程が考えられ、新津はローカル化を①グローカル化と、②「ローカル規範の再編過程」に二分している。ここでは第三の特徴として、ローカルな規範の再編過程がさらに細分化される点に注目する。それはグローバルな規範の流入に対して肯定的な姿勢をとるローカル化と、否定的な姿勢をとるローカル化、すなわち反グローバル化に細分化される。肯定的なローカル化には、「ローカル規範の再認識、再構築過程」と「補完的ローカル規範の形成」が包含され、前者はグローバルな規範と接触することによって、逆に地域独自の文化や価値を再認識し、それを保守しようとする過程、そして後者はそれらを更に補強して強固なものにしていく過程を示す。したがって、これらとグローカル化の違いは、グローバルな規範に対して両者ともに否定的ではないものの、それを受容する方向に動くか、それとも固有の文化や価値へ再帰する方向に動くかといった、方向性の違いである。

　これに対し、否定的ローカル化（反グローバル化）には次の3種が考えられ、グローバルな規範の流入を全面的に拒絶して距離をおく「逃避的ローカル化」、独自の規範を過度に誇示する「対抗的ローカル化」、そして前述した「反抗的ローカル化」が列挙される。例えば、人類学で脚光を浴び、議論されてきた文化の客体化、すなわち、オリエンタリズムに対抗して、「アイデンティティの再生装置」としてのオクシデンタリズム的な客体化をここでは示すが、これは対抗的ローカル化に該当するであろう。

　ここまでローカル化における対応過程を細かな類型で示してきたが、この概念モデルを本書で扱うような楽器や音楽文化と対照させた場合、どのように捉えられるだろうか。

　概して、学術分野では、ある文化が他の異質な文化や文化要素と接触する際、文化変容には幾らかの形態があると論じられてきた。民族音楽学分

野では、異文化をそのまま吸収する「文化移入」（acculturation）や、異文化と接合する「文化融合」（syncretism）、異文化の一部を組み込む「文化適応」（cultural adaptation）が代表的な枠組みとして示された。本研究の場合は、文化変容やローカル化と一概に言っても、その考察対象は第一にモノである「楽器」自体の側面と、第二にその楽器が採用される音楽様式や使用環境、また逆に楽器や付随する文化の採用に対する反対運動といったコンテクストの側面があり、両者を含んだ複層的な視点が求められる。そこで、新津の概念モデルと、文化変容の枠組みを融合して、「楽器のグローカル化」と「楽器やその付随文化に対するローカル文化の再編過程」というように、楽器とコンテクストを区分して考察項目の明確化を図ったのが、【資料0-2】の概念図である。上段の「楽器のグローカル化」に関しては、異文化の楽器を受容している事実から、楽器のグローカル化は指摘可能であるが、更に楽器構造の側面に踏み込んで、誰がどの部分をどのように調整し、なぜ改良する必要があったか等、詳細を分析する必要がある。また下段の「ローカル文化の再編過程」においても同様に、楽器採用の経緯やその利点、また誰がどの音楽様式でどのように楽器を採用しているのか、逆に誰が採用に反対したのか、その反対理由は何であるのか等、これらの受容から定着までの動向を考察することが重要と考える。

　したがって、本研究の第一の論点「グローカル化：異文化由来の「モノ」を誰がどう調整するのか？」に関しては、ハルモニウムや電子キーボードの受容におけるローカル化のメカニズムの解明を主眼に置き、その研究アプローチには、【資料0-2】の概念図を用いる。だが実際に楽器がローカル化するメカニズムを個々の事象で検証するためには、ここに「時間軸」と「空間軸」を補充する必要があるだろう。一つの外来楽器が受容・定着するまでには、文化内部では賛否両論が繰り返され、【資料0-2】の複数の対応過程が混在している筈である。それらを時系列で段階的に考察し、楽器を受容する範囲がどこにあるのか、その時間的経過とともにどの程度に拡大／縮小するかを地理的・空間的な視点で捉えることも重要である。これについては、次の論点2以降で詳しく検討する。

序論

ローカル化 楽器の受容に際してのローカルな場での対応のメカニズム

楽器のグローカル化

楽器の受容・定着過程

部分受容過程
（楽器を**部分調整**して受容）
・進出側が調整する場合
・受容側が調整する場合

◇ 楽器改良 ◇
誰が
どの部分を
どのように
調整しているか？

楽器やその付随文化に対するローカル文化の再編過程

楽器採用側の対応過程

移入過程 adaption
（楽器やその文化を無修正で受容）

融合過程 syncretism
（ローカルな文化に融合）

適応過程 cultural adaption
（部分的に採用して組み込む
例えば、楽器のみの受容）

◇ コンテクスト ◇
誰が
どの音楽様式で
どのように
楽器を採用
しているか？

採用利点は何か？

楽器採用に反対側の対応過程

逃避的対応過程
（異文化を否定し距離を保つ）

対抗的対応過程
（自文化の固有性を対抗的に強調）

反抗的対応過程
（対立から攻撃に発展）

◇ コンテクスト ◇
誰が
どの音楽様式での
楽器の採用に
反対しているか？

反対理由は何か？

新津の論考［新津 2006: 9-13］を基に、楽器および文化に置換して筆者が作成

【資料 0-2】「楽器のグローカル化」と「ローカル文化の再編過程」の定義

論点２）ローカル化にみる善悪の規準：変化をなぜ肯定／否定するのか？

　本研究の第二の論点として、異文化接触の際の「善」「悪」の規準というものに焦点を当て、それらと変化の時間量や空間量との相関性を手掛かりにしながら、変化に直面した時に、誰がなぜそうした肯定的／否定的姿勢を示すかについて考えていく。

　否定的ローカル化に関しては、逃避的／対抗的／反抗的な対応過程について論点１の中でも触れたように、実際に異文化の外来楽器がインドに伝播して受容されるまでには、否定的な意見や反発の動きも一部で繰り広げられた。例えばハルモニウムの事例では、急激な浸透の一方で、古典音楽の世界ではその採用に対して否定的な風潮も強かった。

　では、そうした否定的ローカル化は何に起因するのだろうか。哲学者の内山節は、著書『怯えの時代』の中で、社会や文化の変化における善悪の基準について次のように述べる。

> 「善悪はその社会における共有された規範である。だから共有関係がこわれれば、善悪の共有もまた失なわれる」「変化が問題なのではなく、変化を進行させた時間量が問題なのである」「人はわからないから不安になり、不安に怯える。（中略）これから社会がどうなっていくのかがわからない。（中略）ただし変化していくだろうことは感じている。しかもその変化が、おそらく悪い変化になるだろうという予感だけはある。どうして悪い変化だと感じるのか。その理由は、その変化に対しておそらく自分は対応能力をもたないだろうと感じるからである」［内山 2009: 38, 41, 108-109］

　この内山の論考で注目したい点は、変化の時間量や空間量と「悪」の関係性である。変化の速度が増し、その影響範囲が拡大するにつれ、一部では「悪」の規範が生成されていく。子どもが急には大人になれないように、変化にはある程度の時間が必要であり、これを裏返せば、急激な変化はどこかしらに支障を及ぼすといっても過言ではない。インドにおけるハルモ

ニウムの事例であれば、その急激な浸透と国内生産拡大の状況は、一部の古典演奏家にとってはまさに「悪」の状態に映り、楽器自体も「悪」の対象であったと推察される。そこには様々な「怯え」が存在したのではないだろうか。すなわち、新たな楽器の受容は奏者の増加を意味し、演奏を生業とする既存の楽器の演奏家はその存在自体が脅かされ、事実ハルモニウムが普及する以前の主要な伴奏楽器であった「サーランギー」(सारंगी [sārangī] Sarangi) や「エスラジ[3]」(Ben. এসরাজ [esraj] Esraj) 奏者にとっては死活問題であった。彼らの楽器や仕事、或いはその伝統やコミュニティを維持するためには、彼らは大量生産される新楽器の侵略を何とか防御し、対抗的な態度を表明する必要があった。

　このように楽器の伝播から定着までの葛藤の過程に注目することや、対抗勢力がその変化や楽器をどのように「悪」として主張したかを考察することは重要である。そして更に、「悪」の規準と対極にある「善」の部分も視野に入れなければならず、ハルモニウムの場合であれば、急激に浸透した理由を検証する必要がある。

　こうした新旧の文化要素を比較的に扱う研究として、音楽学者ピーター・マニュエルの *Cassette Culture : popular music on technology in north India* (1993) は、有用な先行研究と考えられる。マニュエルは、カセットという当時の新型メディアと、映画や TV、ラジオといった旧型メディアを比較対象とし、操作形態や生産・消費、内容の側面から分析した結果、「民主参加型」のカセットという当時の新しいテクノロジーが、インドのポピュラー音楽産業における操作の拡散化や生産・消費の拡大化、さらには内容の多様化を引き起こしたと主張した [Manuel 1993: 1-20]。

　無論、カセットという媒体と本書で取り扱う楽器とを、全く同じ枠組みで捉えることはできないが、ハルモニウムの場合であれば、インドで最初に大規模な生産・消費がなされた「モノ」としての共通点もあり、新旧の文化要素を生産・消費、内容の側面から考察するアプローチ自体に関して

3　サーランギーは北インド広域で使用されるフレットレスの擦弦楽器であり、一方のエスラジは、シタール同様に金蔵製フレットを備え、ベンガル地方に由来する擦弦楽器である。

は、参考にすべきと思われる。
　以上のように、第二の論点では、楽器の受容過程にみられる事象を「善」「悪」の規準から考察することによって、誰がなぜ肯定的／否定的姿勢を示したについてを問題とする。

論点３）ローカルな規範：その文化にとっての核とはなにか？
　論点２の善悪の規準から発展し、ここでは論点３として「ローカルな規範」に焦点化したい。
　ローカルな規範とは、前述したように、グローバルな規範の対極に位置し、地域レベルにおける文化や価値、規準を示す。本研究の場合は、楽器を含むインドの音楽文化の独自性や固有価値がこれに該当し、平たく言うならば、「インド音楽やインド楽器はこうあるべき」という文化の担い手にとっての「核」となる部分を意味する。論点２では主に悪の規準に注目したが、批判の主張に目を向けることは、新たな変化の局面における欠点や欠陥を浮き彫りにすると同時に、「核」となるローカルな規範を表面化することにも繋がるのではないだろうか。
　内山は、その著書『「里」の思想』の中で、ローカルな規範や思想の重要性を次のように指摘する。

> 「本当の普遍性には、『場所的普遍性』、あるいは『空間的普遍性』と『時間的普遍性』とでもいうべきものがある。『場所的普遍性』とは、どこの場所でも通用するものであり、『時間的普遍性』とはいつの時代にも通用する普遍性である。このように分けるなら、近代社会とは、『時間的普遍性』に対する忘却を重ねながら、『場所的普遍性』を重要視することによって生まれた社会だといってもよい。（中略）近代社会におけるこの精神的雰囲気が、思想にも大きな影響を与えた。すぐれた思想は『場所的普遍性』をもつと人々は考えた。だが、本当にそうなのだろうか。むしろ逆に、思想はローカルなものとしてしか成立しえないのではないか」［内山　2005: 93-94］

この論考のように、連続する歴史のベクトルから俯瞰すれば、「場所的普遍性」はまさに先のアメリカン・スタンダードの例からも理解できる。それは一時期に地球規模で拡大したにもかかわらず、脆弱性が露呈し一過性の現象であった。これに対して「時間的普遍性」は時代を超えて維持・保護されるものである。

　では、この「時間的普遍性」とローカルな規範との関係を本研究対象に置換して検討する場合、どのように考えられるのだろうか。インドの音楽文化の根底には、宗教音楽からボリウッド映画音楽、「インディ・ポップ」（Indi-Pop/Indy pop）といったポピュラー音楽に至るまで、その基盤には大なり小なり古典音楽の要素が含まれている。また古代に遡れば、古典音楽は声楽から器楽へと派生し、「全ての音楽の始まりは歌なのである」という声楽を源流とする音楽観には現在も変わりはない。

　古典音楽の器楽演奏においても、基本となる音楽理論や表現方法は声楽と同様であり、無論、各楽器特有の演奏技術はあるが、概して楽器演奏では「いかに声楽に近付くか」という具現化が追求されてきた分野といっても過言ではない。果たしてこうした特性は、「時間的普遍性」やローカルな規範と関わるのだろうか。また楽器採用に対する柔軟性、即ち、ここでは「寛容性」と表現するが、それにも関与しているのだろうか。例えば、古典音楽における幾らかの西洋楽器の受容は、楽器というモノの側面よりかは、「声楽の具現」という音の側面を重視した結果であり、逆にそれを裏返せば、具現化さえ可能であれば楽器の由来は問わない、という傾向にあるようにも推察される。

　したがって、こうした推察を含め、古典音楽のローカルな規範は一体どのような特性をもつのか、というのが第三の論点である。そして、もしも時代を超える時間的普遍性がインドの古典音楽に存在するのであれば、一体それは何であるのか、更にそこから進展して、そうしたローカルな規範の保持と楽器採用に対する寛容性との関係性についても、本研究のハルモニウムと電子キーボードの事例から追究したい。

論点４）リゾーム：多面的思考が文化変容にどう関与するのか？

　仮に、時代を超える普遍的な要素が文化にあるとしても、文化の主体である担い手自身がそれを認識した上で、ある程度の規制を課さない限り、文化は拡大するほどに多様化して流動的になる。過去から続くあらゆる行為は、状況に応じて決定された事項が幾層にも蓄積したものであり、いわゆる「正統」な伝統や「創造された」伝統というような表現は、歴史の連続性を除外視した発想である。言い換えれば、伝統とは当事者やその関係者が、ローカルな規範を認識し、それを保守・補強しようと意識した時点で、「伝統」へと変化するのではないだろうか。したがって、「正統か正統ではないか」といった極度に二項対立な枠組みから伝統や文化を捉えることから離れ、複層的で多様な変化のプロセスに注目することは重要と考えられる。

　また現代社会では、様々な異質な文化要素が接合し、その変化も個人によるボトムアップ型から、文化政策等の権力によるトップダウン型までと、多様かつ多層的である。かつて音楽学者ティモシー・ライスが音楽文化研究において、「個人の創作と経験」「社会的維持」「歴史的構築」の3角形モデル［Rice 1987: 469-488］を提示したように、殊に影響力のある個人の創造によって、文化の規範自体が再構築される例は珍しくない。そこで本節では文化変容における「個人と変革」に着目した上で、特に「リゾーム」（rhizome）と呼ばれる思考形態に焦点化し、多層化する社会の中で個人がいかに巧みに取捨選択を行い、文化変容の原動力になっているかについてを考察する。

　リゾームと類似する概念は、表現語彙こそ異なるが様々な分野の学者が注目してきた。

　人類学分野ではレヴィ＝ストロースの「栽培された思考」に対する「野生の思考」、またセルトーの「戦略」に対する「戦術」等が該当するであろう。フランスの哲学者ドゥルーズと精神科医のガタリは、共著『千のプラトー』（*Capitalisme et Schizophrénie*）中で、樹木のように組織化されたツリー的思考に対し、シームレスに広がる地下茎のような多面的な思考形態をリゾームとして次のように論じた。

「リゾームの主要な特性を要約してみよう――樹木やその根とは違って、リゾームは任意の一点を他の任意の一点に連結する。そしてその特徴の一つ一つは必ずしも同じ性質をもつ特徴にかかわるのではなく、それぞれが実に異なった記号の体制を、さらには非・記号の状態さえ機動させる。リゾームは＜一＞にも＜多＞にも還元されない。（中略）それは、統一性〔単位〕からなっているのではなく、さまざまな次元から、あるいはむしろ変動する方向からなっている。それは n 次元からなる線形の多様体、主体も客体もなく、存立平面上に平らに広げられ、そこからつねに＜一＞が引かれるような（ n マイナス一 ）多様体を形成する。」［ドゥルーズ、ガタリ 2008（Deleuze & Guattari 1980）：34］

　このドゥルーズ等の論考は、従来の西洋哲学の体系的思考に反発し、リゾームという新たな思考形態の提示によって、発想の転換を図ったことに意義があるとされるが、西洋哲学に限らず、文化変容に置換して考えた場合も有用な視点と考えられる。
　例えば、ドゥルーズ等のいう「n 次元からなる多様体」を本研究対象である楽器とその分類の側面から検討してみよう。今日テクノロジーの発達に伴って楽器の進化も加速し、あらゆる楽器を一つの体系に分類するのは困難な時代に直面している。「TENORI-ON」や「Kaossilator」[4]といったタッチパネル式の超小型インターフェイス等は、楽器か否かの見解も分かれるところであろう。音楽学分野では、1914 年発表の「ザックス-ホルンボステル分類法」（以下、HS 分類法）に準拠した楽器分類法が、発音体に電鳴楽器を付与する等、幾らか補修・補完されながら存続しているが、更に進化するであろう未来の楽器を視野に入れた場合、その崩壊は近いかもしれないし、既に限界は訪れているのかもしれない。HS 分類法は典型的

4　TENORI-ON（2007 年発売）は岩井俊雄とヤマハによる LED ボタン使用の音楽インターフェイス。コルグ製 Kaossilator（2007 年発売）は、1999 年発売以来人気を誇るエフェクタ「Kaoss pad」が進化した超小型シンセサイザー。

なツリー型分類法であり、最優先条件である発音体が根幹となり、楽器の形状や奏法等が枝分かれ式に細分化されたものである。

　しかしながら、我々が複数の楽器を目にした際に、咄嗟に発音体による分類を行うだろうか。仮に、ピアノ、電子キーボード、ハルモニウム、シタール、タブラーと5種類があるとすれば、どのように分類するだろうか。ある人は前者3種の鍵盤楽器／弦楽器／打楽器と区分し、別の人はインド楽器／それ以外と区別し、また電鳴楽器／アコースティック楽器という基準で分ける人もいるかもしれない。すなわち、古代から東西の諸文化において楽器分類法が多様であったのと同様に、楽器を分類する思考は、分類を試みる当事者が何を第一の属性として考えるかによって大きく変わってくる。奏法に重きを置く人もいれば、使用地域や電気・電子回路の有無を最初に重視する人もいる。したがって、楽器は、それが有する属性の数だけ次元をもつ多様体なのである。となれば、外来楽器や新たな楽器の容認についても、楽器に対して優先する属性が個々で異なれば、その採用の是非にも直接関わってくるのである。

　今日のように多層化する社会で生活する我々は、論理的かつ秩序立った思考の在るべき姿を理解しながらも、その時々の状況に応じて柔軟にブリコラージュを行い、両者の思考形態を巧みに横断し、選択し、組み込みながら生きている。また近年の情報革新によってインターネットを通じて世界に容易にアクセスできる、そうした「俯瞰的な」（グローバルな）思考力と「地平的な」（ローカルな）思考力とが個人の中に共存し、'Think globally, Act locally' という言葉のように、多層的で柔軟な思考をもって行動することが求められている。言い換えれば、現実に目を向ければ、そこにはネットワーク型の情報化社会をまるで地を這う茎のように生き、時には境界線を設けてぶつかり合い、取捨選択を行い、新たな文化を創造する人間の姿がそこにある。そして既存の文化に新たな要素が伝播した時、それを採用するか、或いは拒絶するか、またどの程度組み込むかは、個々の価値判断といった主体的な個人や帰属するコミュニティにおいても左右される。文化における境界性や二重性が問われる現代社会において、こうした個々のミクロなレベルにおけるリゾーム的思考、すなわち多面的思考の側面に

着目することは、文化変容の包括的理解にとって不可欠ではないだろうか。
　本書は外来楽器の受容における文化内部のミクロの個別事例に着眼し、文化変容における多面的思考の関与について詳細な分析を行う。例えば、楽器製作や使用の側面に関して言えば、採用楽器において最優先された属性、尚かつ調整に際して取捨選択された属性、また楽器が採用された音楽様式・演奏様式、また楽器産業という大きな側面から見れば、国外楽器メーカーのインド市場参入による、楽器販売や流通構造の変化、更には音楽教育、すなわち学校音楽教育や民間の音楽教室から音楽教育産業に至るまでの影響等、様々な考察点が列挙されるが、それらの側面における当事者個人やコミュニティが変化そのものを生み、尚かつその変化に対応しようとする柔軟で多面的な思考、さらにはそこから生まれる文化的な寛容性に注目する。そして、インドの音楽文化の根底にある、楽器に対してのローカルな規範と、楽器の採用に対する寛容性との関係について論及したい。

研究アプローチ

　ここまで、4点の研究キーワード、「グローカル化」「善悪の基準」「ローカルな規範」「リゾーム」に沿って、論点を提示してきた。

　　論点1）グローカル化：異文化由来の「モノ」を誰がどう調整するのか？
　　論点2）ローカル化にみる善悪の規準：変化をなぜ肯定／否定するのか？
　　論点3）ローカルな規範：その文化にとっての核とはなにか？
　　論点4）リゾーム：多面的思考が文化変容にどう関与するのか？

　再度、論点を整理すれば、論点1は、研究対象であるハルモニウムや電子キーボードを「誰が・どの部分を・どのように調整したか」という楽器自体の側面と、「誰が・どの音楽様式に・どのように使用しているか」という楽器使用のコンテクストの側面を問題にした。次の論点2では楽器採用の肯定的・否定的姿勢から、変化の時間量および変化の空間量を問題とし、論点3では楽器採用の是非から抽出されるであろう、楽器に対してのローカルな規範に照準を合わせた。そして最後に、文化変容における多面的思

考の関与についてを論点 4 として示した。
　【資料 0-2】の概念図とは別に、実際に考察対象のハルモニウムや電子キーボードの各事例において、楽器や楽器製作および楽器使用のコンテクストを具体的に考察する際のモデル図を【資料 0-3】で示している。

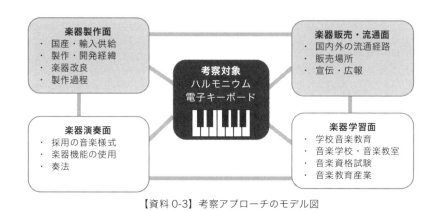

【資料 0-3】考察アプローチのモデル図

　考察対象としては、第一に「楽器製作面」として各楽器製作・開発の経緯や楽器改良の詳細、製作過程の他、楽器全体あるいは部品の国内・輸入供給の状況等が含まれる。ここでは特に楽器改良をめぐって、論点 1 や論点 2 が関わる。また第二の「楽器販売・流通面」には、国内外の流通・販売経路や販売場所、また楽器販売のための宣伝・広報が包含される。続く第三には「楽器演奏面」として、楽器使用者による奏法や楽器に付帯された機能の使用状況、また楽器が採用される音楽様式が含まれる。そして最後の「楽器学習面」には、学校音楽教育や民間の音楽学校や中小の音楽教室、国内外の機関による音楽検定試験、そして鍵盤楽器事業を行うメーカー側による音楽教育産業が挙げられ、「楽器演奏面」と「楽器学習面」は、主に論点 3 と論点 4 が関わる項目である。個々の事象についての考察は、インドの現地調査で得た資料を基盤とし、その主な対象は現地の楽器工房、楽器メーカー、楽器販売業者、楽器演奏家、音楽教師、学習者である。

3. 本書の構成と調査概要

　本書は 3 部で構成され、第 1 部ではハルモニウム、第 2 部では電子キーボードの各受容史ならびに楽器を取り巻く今日の状況を扱い、第 3 部では両者の比較考察を行う。

　また本書の記述と併せて、下記の映像資料もご参照いただきたい。

第 1 部　関連映像
- 「コルカタのハルモニウム産業にみる都市性」
　www.youtube.com/watch?v=CttDo2fZlvk（公開中）
- 「北インドにおけるハルモニウムのローカル化」【映像資料 1〜5】
　www.youtube.com/watch?v=HnrX5yEWJd0（公開中）

第 2 部　関連映像
- 「現代インドにおける楽器変容：電子鍵盤楽器の受容にみるグローカル化」【映像資料 6〜8】
　www.youtube.com/watch?v=8XdLcYPBGro（公開中）

　第 1 部「北インドにおけるハルモニウムのローカル化」は 2 章で構成され、第 1 章「ハルモニウムの受容と変遷」では、フランスで誕生したハルモニウムが 19 世紀後半に北インドに伝播してから現在まで受容されてきた過程を追究する。

　第 1 節では、ハルモニウムやリードオルガンの基本構造を整理した上で、19 世紀後半から世界に波及したそれら産業の背景を概観する。ここでの調査資料は、20 世紀初頭のヨーロッパや日本の楽器工房の製品目録や、浜松市楽器博物館での撮影写真、フランス・ハルモニウム協会や海外研究者のウェブサイトが主である。製品目録に関しては、横浜開港資料館の所蔵資料ならびに同館研究員の私物資料を閲覧させて頂いた。

　第 2 節および第 3 節では、インドに伝播した仏製ハルモニウムの当時の

受容の様相について、インド人音楽学者が執筆した教則本を検証した後、国産製作開始の状況に注目する。資料であるその教則本は、東京藝術大学図書館および東京大学図書館の所蔵文献を参考にし、国産初のハルモニウム製作に関する記述は、インドで最初に製作開始したインド東部コルカタにあるドゥワルキン工房から直接頂いた資料に基づく。

　第 4 節では、ハルモニウムの北インドでの急速な浸透と、インド音楽への採用を巡る論争に注目する。ハルモニウム論争に関する記述は、インド国立芸術機関である「サンギート・ナータク・アカデミー」（संगीत नाटक अकादमी [sangīt nāṭak akadamī] Sangeet Natak Akademi）の出版物や所蔵資料を参照とした。

　第 1 章の最後では、演奏家の具体的な事例として、2006 年にインドの国家勲章を受章したハルモニウム奏者マフムッド・ドウルプリー（महम्मद दौलपुरी [Mahmmad Doulpurī] Mehmood Dhaulpuri 2007 年 8 月 30 日取材調査）や、ハルモニウムの改良楽器である「サンヴァーディニー」（संवादिनी [sanvādinī] Samvadini）を考案した演奏家マノーハル・チモテ（मनोहर चिमोटे [Manohar Cimote] Manohar Chimote 2008 年 8 月 21 日・22 日取材調査、【映像資料 1】）に焦点を当てる。

　続く第 2 章「国産ハルモニウム製作にみる都市単位でのローカル化」では、ハルモニウムの製作面に焦点化し、冒頭でインド独立を契機に国産ハルモニウム製作が転換期を迎えた点に着目した後、ハルモニウム産業の主要 3 都市、東部コルカタ（旧カルカッタ）、西部ムンバイ（旧ボンベイ）、北部デリーにおけるその産業の特徴について考察する。そして具体的な事例として各都市の老舗工房である、コルカタの「ドゥワルキン・アンド・サン工房」（以下、ドゥワルキン工房、Dwarkin & Sons 2008 年 7 月 26 日・29 日取材調査、【映像資料 2】【映像資料 3】）、ムンバイの「ハリバウー・ヴィシュワナート工房」（以下、ハリバウー工房、Haribhau Vishwanath Co. 2008 年 8 月 13 日取材調査、【映像資料 4】）、デリーの「ビーナー・ミュージカル・ストア」（以下、ビーナー工房、Bina Musical Store / Bina Enterprises 2008 年 8 月 7 日・26 日取材調査、【映像資料 5】）を取り上げ、各工房でのインタヴュー調査および収集資料から、工房の沿革、製品の構

造や機能、製作工程や生産・流通体制についてを考察し、各都市でのローカル化について論及する。

　第 2 部「電子キーボードの普及にみるローカル化の諸相」は 2 章で構成され、第 3 章「インド国内における電子キーボードの需要拡大」では、90年代からミニキーボードがインド国内に流入して以後、より大型の電子キーボードの需要も国内全域に拡大していることに注目する。

　第 1 節では、「カシオ」という言葉がミニキーボードや電子キーボードの総称と化した事実に着目し、その需要拡大の社会・文化的背景や要因について考察する。また、電子キーボードが受容される以前のピアノの浸透状況や、電子楽器の概況にも言及し、それらとの影響関係についても検証する。ピアノに関する記述は、チェンナイで老舗楽器商および音楽学校を営む「ミュゼ・ミュージカル」（Museé Musical Pvt Ltd. 2007 年 8 月 14 日取材調査）、コルカタのピアノ店「H.ポール社」（H. Paul & Co. 2008 年 7 月 25 日取材調査）、同じくコルカタの楽器店「ブラガンツァ社」（Braganza & Co. 2008 年 7 月 24 日取材調査）、ピアニストのブライアン・シラス（Brian Silas 2008 年 8 月 28 日取材調査）へのインタヴュー調査から情報を得たものである。また電子機器・電子楽器に関する記述は主に、ベンガルールにある「ラデル社」（Radel Electronics Pvt.Ltd.）の社長 G. R. ナーラーヤン（G.R. Narayan 2008 年 8 月 14 日取材調査、【映像資料 6】）へのインタヴュー調査を基にしている。

　次の第 2 節では、ミニキーボードや電子キーボードの需要拡大による、国内の音楽文化の変容に焦点化する。その学習環境について様々な事例を基に検証し、若年層を中心とした使用が拡大する要因に迫る。学校音楽教育の事例では、「デリー・パブリック・スクール R.K.プラム校」（Delhi Public School, R.K.Puram 2007 年 7 月 24 日取材調査）、音楽学校の事例では、「デリー音楽学校」（Delhi School of Music 2007 年 8 月 8 日取材調査）、「サラスワティー音楽学校」（Saraswati Music College 2007 年 8 月 3 日取材調査）、チェンナイの「ハンサドワニ音楽教室」（Hamsadhwani School of Music 2008 年 8 月 19 日取材調査、【映像資料 7】）でのインタヴュー調査及び参与観察を基に考察している。

第 4 章「インド市場における電子キーボードのグローカル化のプロセス」では、インド国内市場に流通する電子キーボード製品やメーカー側の動向に照準を合わせ、21 世紀に入って日系楽器メーカーがインド市場に本格的に参入したことによる、鍵盤楽器市場の変容について考察する。

　第 1 節では、電子鍵盤楽器において、インド国内需要の第一位、第二位を争うカシオ製品およびヤマハ製品に注目し、その流通面、販売面での各社の戦略や変革の概況について検証する。そして、第 2 節では、各社が 2007 年に発表したインド市場向け電子キーボードを事例として掲げ、その製品機能や宣伝や広報面における特徴、また製品開発から製品発表、その後の反響までを考察する。

　第 4 章の記述は、インド現地法人「ヤマハ・ミュージック・インディア社」（以下、YMI 社、Yamaha Music India Pvt. Ltd.）の松下正人氏、松井久芳氏、インド現地法人「カシオ・インディア・カンパニー社」（以下、CIC 社、Casio India Company Pvt. Ltd. 【映像資料 8】）社長の中正男氏へのインタヴュー調査や、インド市場向け電子キーボード「CTK-810IN」製品発表会の参与観察を基にしたものである。

　第 3 部の第 5 章「ハルモニウムと電子キーボードの受容に関する比較考察」では、両楽器のインドにおける受容という観点から比較考察を試みる。両者の明確な共通項は、「外来楽器」そして「鍵盤楽器」という属性であるが、そこから更に掘り下げ、両楽器がインド国内で広く受容されるための共通要素や、受容プロセスに見る類似点や相違点について考究する。

　第 1 節では、「楽器のグローカル化」という角度から、両者の楽器本体や製作の側面に焦点化し、次に、楽器やそれに付随した文化要素が流入することによって、ローカルな文化がどのように変容していくのかを問題とする。そして第 2 節では、ハルモニウムと電子キーボードの汎用性に照準を合わせ、楽器が様々な音楽様式に汎用化されることにみる、文化的寛容性とその根底にある多面的な思考との関与について論及する。そして最後に、インド音楽文化における楽器の採用に対する寛容性とローカルな規範の関係について明らかにする。以上が本書の構成である。

第 1 部

北インドにおけるハルモニウムのローカル化

第1章

ハルモニウムの受容と変遷

　ハルモニウムは、手鍵盤とストップ（音栓）を備え、鞴(ふいご)からの気流によって金属製のリードが振動して発音する自由簧の気鳴楽器である。19世紀中期にフランスで誕生し、その製作技術は他のヨーロッパ諸国やアメリカに波及した。フランス国内では圧縮型の鞴をもつハルモニウムの産業が伸展したが、その他の欧米各国では、ハルモニウムの兄弟楽器といわれる吸入型の鞴をもつリードオルガンが大規模な産業となった。日本やインドといったアジア諸国にもその影響は及び、日本では明治期に足踏みリードオルガンの製作が始まり、国産洋楽器製造が幕を開けた。時を同じくして、インドでは仏製ハルモニウムを改良した国産の手漕ぎハルモニウムの製作が開始され、需要が拡大した結果、今日ではインド声楽に不可欠な伴奏楽器として確固とした地位を築いている。

　本章では、ハルモニウムが北インドで受容された過程を追究する。第1節では、仏製ハルモニウムやリードオルガンの基本構造を把握し、19世紀後半のフランスのハルモニウム産業とそこから派生した世界的なリードオルガン産業についても概観する。第2節では、インドに伝播した仏製ハルモニウムの受容の様相について、1874年にコルカタで出版されたハルモニウムの教則本から考察する。第3節では、ハルモニウムがインドの文化に適応する構造へと改良された事実に着目し、1886年に発表された国産ハルモニウムに対する当時の反響を検証する。第4節では、北インドにおけるハルモニウムの急速な浸透を取り上げ、その一方で古典音楽への採用を巡って幾多の論争がなされたことにも注目する。第5節では、近年のハルモニウム奏者の活躍や、新たな改良楽器について事例に基づき紹介する。

1. フランスから波及したハルモニウム・リードオルガン産業

1842 年 フランスで商標登録されたドゥバンのハルモニウム

　19 世紀中期のヨーロッパ諸国では、金属製リードを発音体とする気鳴の鍵盤楽器が続々と発表されていた。その中でもガブリエル・ジョセフ・グルニエ（Gabriel Joseph Grenié, 1757-1837）製作の「オルグ・エクスプレシフ」（Orgue Expressif）等、実用化に漕ぎ着けた楽器も存在したが、当時の楽器は音のアタック（立ち上がり）が遅いという気鳴楽器ならではの欠陥を抱えていた。そうした発明ラッシュの渦中で、フランス国内ではアレクサンドル・フランソワ・ドゥバン（Alexandre-François Debain, 1809-77）がその弱点を他に先駆けて克服した。楽器構造の詳細は後述するが、気圧調整のヴァルブを発音体であるリードよりも風下に設置し、リードを常時圧縮した空気中に置くことによって、鍵盤を押さえた瞬時の発音を可能にしたのである［フェルダン 2005: 1］。ドゥバンは、1842 年 7 月にその考案楽器を「ハルモニウム」（Harmonium）という名称で特許申請および商標登録したため、ハルモニウムはドゥバンの発明品として世界的に流布した［Owen 1993: 66］。

　今日のフランスでは、ドゥバンの製品に限らず、同じ発音原理をもつ楽器はハルモニウムと総称されている。そして 1850 年代以降、ハルモニウムはパイプオルガンに替わる教会楽器として重宝され、同時に演奏会用楽器として複雑な機能を加えた「アート・ハルモニウム」（Kunst Harmonium）の需要も拡大していった。

　【資料 1-1】は、浜松市楽器博物館所蔵の 1860 年代に製作されたとされるドゥバン製ハルモニウムである。標準的なキャビネット型で、5 オクターヴ（61 鍵）の鍵盤と 8 本のストップを備えている。ストップの左端には「弱音」（Sourdine）と呼ばれ、鍵盤の低音側のみ（中央オクターヴの E 以下）を弱音にして、高音側との音量のバランスを調整する機能が付属され、そ

れと同様に「低音側の強音」(Forté des Basses) や「高音側の強音」(Forté des Dessus) も見られることからも、洗練された仕様であることが窺える。金色のメダリオンには、パリ万博開催の 1867 年にメダル授与と刻印されているため、製作年はそれ以降と推察される。製造番号は「25121」と刻まれ、背面には刺繍が施されている。

【資料 1-1】ドゥバン社ハルモニウム（1860 年代製 浜松市楽器博物館所蔵品）

仏製ハルモニウムとリードオルガンの基本構造

フランスやドイツでは、ハルモニウムもリードオルガンも一律にハルモニウムと呼ばれるが、それらの国々以外では送風の構造に従って、吐気式（正圧式ともいわれる）の鞴を備えた「圧縮型」、吸気式（同様に負圧式）の鞴をもつ「吸入型」の 2 種類に区分され、前者はハルモニウム、後者はリードオルガンと称される場合が多い。本書でもこの区分に基づいた名称を用いる。

こうした名称を巡っては、地域だけではなく時代によっても煩雑になっていることが、『ニューグローヴ音楽事典 *New Grove Dictionary of Music and Musicians*』の記載からもわかる。その 1980 年版では「ハルモニウム」(Harmonium, Berner 1980) の項目中に「圧縮型ハルモニウム」「吸入型ハルモニウム」として記述されていたものが、2001 年版では「リードオル

ガン」(Reed Organ, Owen 2001) の項目に移行し、「圧縮型リードオルガン」「吸入型リードオルガン」という表現になっている。そしてハルモニウムの項目では、主にインドのハルモニウムに関する記述に改変されている。

19世紀フランスのハルモニウムの話に戻れば、ドゥバンが商標を取得したハルモニウムは圧縮型の鞴を装備している。フランスでは微細な強弱表現が可能な圧縮型のハルモニウムが好まれて製作されたが、イギリスを筆頭に他のヨーロッパ諸国やアメリカでは吸入型のリードオルガンに改良され、それが主流となったのは前述した通りである。19世紀中期の標準的なハルモニウムの構造については【資料1-2】、リードオルガンの基本構造については【資料1-3】で示し、両者を比較しながら構造全体をA) 送風機構、B) ストップ装置、C) リード盤、D) 鍵盤の順序で考察する。

A) 送風機構

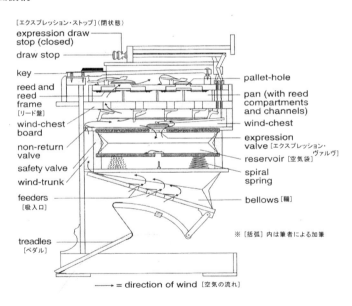

(出典：Owen, Babara. "Reed Organ." In *New Grove Dictionary of Music and Musicians.* 2nd ed., 2001: 65.)

【資料1-2】仏製ハルモニウムの基本構造

ハルモニウムの送風は、二枚一組のペダルを両足で上下交互に動かし、連動した鞴に風を送り込むことによって生じる。即ちペダルを下に踏む動作によって鞴が閉じ、鞴の内部の空気は空気袋に移動した後、一定の風量がそこからリード盤へと流れて発音する。

　またハルモニウムはリードオルガンとは異なり、「エクスプレッション」（Expression）という機能を備えている。鍵盤上部にあるエクスプレッション・ストップを引き出すと、空気袋の上部にあるエクスプレッション・ヴァルヴが連動して閉じ、鞴からの気流は空気袋を通過せずに直接リード盤へと流れ込む。これによってペダルの巧みな力加減が風量を操作し、クレッシェンド、デクレッシェンド等の微細な強弱表現が可能となる。その他、アート・ハルモニウムには、補助装置として両膝のレバーを付属するものもあり、それによって低音側と高音側への風量が別々に操作可能な「ダブル・エクスプレッション」と呼ばれる効果も得られる。

　一方のリードオルガンの送風は、ペダルの形状についてはハルモニウム

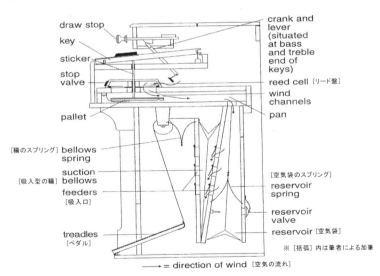

(出典：Owen, Babara. "Reed Organ." In *New Grove Dictionary of Music and Musicians*. 2nd ed., 2001: 65.)

【資料1-3】リードオルガンの基本構造

と同様であるが、ペダルを下に踏む動作によって逆に鞴が開き、鞴は隣接した空気袋の吸入口から空気袋内の空気を吸い込む。その後、鞴のスプリングの収縮によって開いていた鞴が閉じると、空気袋の吸入口も閉まり、鞴内部の空気は排出口を通じて外に排出される。この動作によって空気袋のスプリングが再び伸張し、空気袋は上部から空気を吸入することで満たされる。

したがって、ハルモニウムとリードオルガンではこうした送風機構に明確な違いがある。ハルモニウムではペダル操作によって豊かな表現が可能である反面、奏者の高度な技術性も要求されるが、幾分歴史の浅いリードオルガンでは、そうしたハルモニウムの特徴を踏まえた上で、より操作が容易な吸入型が採用されたのである。

B) ストップ装置

ストップの種類に関しては、ハルモニウムもリードオルガンも製造元や機種によって様々であるため、ここではドゥバンの初期のハルモニウムを一例として挙げる。ドゥバン製の初期のハルモニウムには「低音域」（bass）が4本、「高音域」（treble）が4本の合計8本のストップが装備され、各4列のリードが内蔵された［Berner 1980: 171］。

それらのストップは引出し式のノブであり、基本ストップ[1]としてまず音色（実働）ストップについては、低音域群の音高では、「コーラングレ（イングリッシュ・ホルン）」（Cor Anglais）や「バスーン」（Basson）［8'］、それらより1オクターヴ低い「ブルドン」（Bourdon）［16'］や、逆に1オクターヴ高い「クラリオン」（Clarion）［4'］が装備された。そして高音域群においても同様に、「フルート」（Flûte）や「オーボエ」（Hautbois）［8'］、それらより1オクターヴ低い「クラリネット」（Clarinette）［16'］や1オクターヴ高い「ピッコロ」（Fifre）［4'］の種類がある。これらの音色ストップは、パイプオルガンのような組み合わせ（レジストレーション）によっ

---

[1] 豪ハルモニウム研究家ピゴット Diarmuid Pigott 監修 HP 'The Harmonium Home Page' のアーカイヴ
http://web.archive.org/web/19990423202136/shift.merriweb.com.au/harmonium/hsc/hsc_05.html（2015年9月27日閲覧）

て音色を合成することが可能である。

　一方、機能ストップについては、前述したエクスプレッションが標準装備される他、両膝レバーのダブル・エクスプレッション機能を付属していない製品では、その代用として強音や弱音ストップが装備される場合もあり、【資料1-1】のドゥバン製ハルモニウムもそれに該当する。

　フランス国内でハルモニウム産業が拡大し、多数の楽器工房で製作されるようになると、こうした基本のストップに加え、次々と新しい音色や機能が開発されていった。例えば、サステイン機能の「プロロンジュマン」（Prolongement）、トレムラント効果の「トレモロ」（Tremolo）、また「アルプ・エオリエンヌ」（Harpe Eolienne）と呼ばれ、一対のリードの調律を僅かに違えることによって唸音を生成する機能、そして「メタフォン」（Métaphone）という、リードの上部に付属した蓋の開閉によって音色を変化させる機能等が新たな追加機能として列挙される[2]。

C) リード盤

　ハルモニウムやリードオルガンにとって、発音体である金属製のリードは最も重要な部分である。即ち、リードの長さを調節することによって音高が決まり、リードの材質や厚み、重量、形状、弾力性が音色を左右するのである。

　ハルモニウムとリードオルガンの違いは、送風装置と並んで、このリー

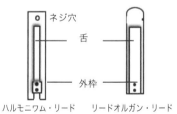

【資料1-4】リードの形状の違い　　【資料1-5】オルガンリードの設置
（1930年代の独ハルモラ社の部品目録より抜粋、横浜開港資料館提供）

2　同掲HP、ピゴット監修 'The Harmonium Home Page' のアーカイヴ

ドやその設置方法にも顕著に現れる。【資料1-4】は両者のリードを表したものであるが、ハルモニウムのリードにはネジ穴があるのに対し、オルガンリードにはそうした穴は見られない。その理由はハルモニウムでは外枠の上下部分をネジでリード盤に固定するのに対し、オルガンリードでは、【資料1-5】のようにリード盤の溝に差し込んで設置し、ネジ穴の必要がないためである。リードオルガンのリード盤は、したがって各リードが各々の小部屋に収まる構造になっている。

D) 鍵盤

鍵盤については、二段鍵盤や足鍵盤を備えたハルモニウムも後には登場するが、初期のハルモニウムは一鍵盤であり、【資料1-1】のドゥバン製ハルモニウムのように61鍵［$C2 – c^2$］の5オクターヴが主流であった。また仏製ハルモニウムの一部には、初心者向けに「移調鍵盤」(Transpositeur)の機能を備えたものも存在した［フェルダン 2005: 2］。

リードオルガンの多くは、パイプオルガン同様に「カプラー Coupler」と呼ばれる装置を付属し、押さえた鍵の一オクターヴ上の鍵、或いは下の鍵、または両方を連動して発音させることが可能であった。【資料1-6】は、そのカプラーの部品であり、装置や機能を包含してカプラーと総称される。

No. 1002.　5 Octaven durchgehend (passing, passant)

【資料1-6】カプラーの部品
（1930年代の独ハルモラ社の部品目録より抜粋、横浜開港資料館提供）

ここまで、フランスで登場した初期のハルモニウムの構造についてリードオルガンと比較しながら、A) 送風機構、B) ストップ装置、C) リード盤、D) 鍵盤に区分して考察してきた。ハルモニウムやリードオルガンは、より古い歴史をもつパイプオルガンの機能を踏襲する部分もあるが、最も

重要なことは、金属製リードの採用によって大幅な構造の小型化・軽量化に成功し、安価での製造が可能になったことであり、それが 19 世紀後半からハルモニウム産業がフランスから世界各国へ飛び火し、普及拡大した要因と言えるであろう。

ハルモニウム・リードオルガン産業のグローバル化

　19 世紀後半に入るとフランスではハルモニウムは一大産業として興隆した。楽器工房もドゥバン率いる「ドゥバン社」（Debain & Cie）だけではなく、「アレクサンドル社[3]」（Alexandre Père et Fils）や「ミュステル社」（Mustel et cie）、「ロドルフ社」（Rodolphe）等、大小多数の工房がハルモニウム製作を手掛けた。それらの中でも、特に大規模な企業に成長したのがアレクサンドル社とドゥバン社であり、ここではその沿革について概略を記す。

　アレクサンドル社は、パリの職人ジャコブ・アレクサンドル（Jacob Alexandre, 1804-76）が 1829 年にアコーディオンとハーモニカの工房を設立後、息子のエドゥアール（Edouard Alexandre, 1824-88）と共に設立した会社である。ドゥバンの特許による法的規制のため、フランス国内ではハルモニウムという名称が使用できず、「オルグ・メロディオン」（Orgues mélodium）の名で販売されたアレクサンドル製の楽器は、1844 年パリ工業博覧会で銅賞、1862 年ロンドン万国博覧会でも受賞し、ベルリオーズ等の作曲家からも高い評価を得た。他社に先駆けて、比較的早い時期から大規模な生産体制を整え、1878 年時点で月間生産台数は約 1000 台を記録し、1880 年頃には 600 名の従業員を抱えていた[4]。そして開業から 1901 年までには合計で 13 万台を超える楽器を流通させた［Gellerman 1998: 4］。また、国内外での戦略的な販売事業にも早期から進出し、「100 フラン・オ

3　米サウスダコタ大学内の国立音楽博物館の HP より所蔵のアレクサンドル製ハルモニウムが閲覧可能である。
　http://orgs.usd.edu/nmm/Exhibitions/BeethovenBerlioz/BBHarmonium.html
　（2015 年 9 月 27 日閲覧）
4　仏ハルモニウム協会 HP 'Association l'harmonium français'
　http://www.harmonium.fr（2015 年 9 月 27 日閲覧）

ルガン」なる低価格な機種を発表すると同時に、国内向けとは仕様や音色を変えたイギリス輸出向けのリードオルガンも展開させた［フェルダン 2005: 3］。

　そのライバル会社であったドゥバン社も、10 代からピアノ工場で修行を積み 20 代でパリに楽器工房を設立したドゥバン本人の牽引によって、1842 年の特許取得以後も、アレクサンドル社と同様にフランスに留まらず、イギリスでの事業も拡大させた。同社製ハルモニウムは 1878 年パリ万国博覧会で受賞している[5]。

　このように 19 世紀後半のハルモニウム産業においては、第一の特徴として、万国博覧会の隆盛と比例するかのように、各社が競合して自社楽器を出展し、前述したようなハルモニウムの新機能が続々と開発されたことが指摘できる。こうした流れに乗って、ストップの増加や構造の複雑化が加速し、博覧会用の華美な装飾の楽器も製作された。例えば、ミュステル社は生産台数や工場の規模を拡大せず、卓越した職人の手だけによるダブル・エクスプレッション仕様のアート・ハルモニウム製作を追求した。それ故に製品は高額ではあったが、どれもが精巧な芸術品の領域であった。

　これとは対照的に、ドゥバン社やアレクサンドル社では出展品とは別に低価格のハルモニウムや様々な形状・仕様の製品を各工場で大量に製造した。そうした大量生産品が世界に向けて流通するようになったことも、ハルモニウム産業の第二の特徴として考えられるだろう。輸出品と同時に、製作技術も他のヨーロッパ諸国やアメリカに渡り、ハルモニウムを改良した吸入型のリードオルガン製作が活発化した。ドイツのシュトゥットガルトでは、1809 年創業の「シードマイヤー社」（Schiedmayer & Soehne）のシードマイヤー兄弟が、アレクサンドル社やドゥバン社で修行し、1853 年からリードオルガン製作にも進出した［Gellerman 1998: 208-210］。またアメリカではシカゴの「エスティー社」（Estey Organ Co.）、ボストンの「メイソン＆ハムリン社」（Mason & Hamlin organ）が中心となり、アメリカ本土でのリードオルガン産業を拡大させた。したがって結果的には、

5　仏ハルモニウム研究家ジョンソン HP　Nelly Johnson 'SOS Harmonium' http://sos.harmonium.free.fr/harmonium.html（2015 年 9 月 27 日閲覧）

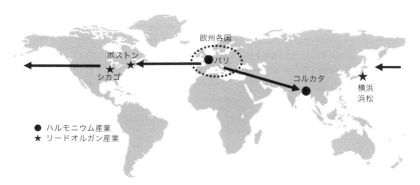

【資料1-7】19世紀後半のハルモニウム産業のグローバル化

フランスでのハルモニウム産業が、世界各国でのリードオルガン産業を発生させた根源と言っても過言ではないであろう。

　アジア諸国では、アメリカの影響を受けて日本や中国でリードオルガンの流通が活発化した。特に日本におけるリードオルガンの動向は、日本の洋楽器製造の幕開けや、以後の音楽教育における鍵盤楽器の浸透とも密接な関係にあり、これらの観点からも興味深い。

　日本での本格的な洋楽器製造は、1884（明治17）年に三味線職人であった西川虎吉（1846-1920）が横浜在住の外国人調律師から楽器製造の指導を経て、リードオルガン製作を開始したのが始まりと言われている[6]。これに続いて浜松の山葉寅楠（1851-1916）も河合喜三郎と共にリードオルガン製造に乗り出し、その他にも東京の「松本オルガン」、大阪の「池内風琴」等、中小の楽器工房が参入する。その中でも、西川の「西川風琴製造所」（以下、西川オルガン）と山葉の「日本楽器製造株式会社」（前身は山葉風琴製造所。以下、日本楽器）は2大メーカーとして、内国勧業博覧会でも鎬を削り、明治末期には国外へ輸出する程の大規模産業にまで伸展した。日本楽器は販売戦略にも優れ、明治期に国内の教科書販売を二分していた東京の共益商社と大阪の三木佐助書店と提携することによって、教育分野

6　西川虎吉が最初に製作したオルガンは現存し、現在は静岡県の日本ベーゼンドルファーが所蔵している［刈田 2004: 16］。

への販売網を拡充し、学校へのリードオルガンの導入を加速させた。他方、西川オルガンは職人気質な経営が災いし、同社のリードオルガンの音色は「西川トーン」と呼ばれて愛されたにも関わらず、結果的には1921（大正10）年に日本楽器に吸収された［平野 2004:38-43］。

今日、世界の鍵盤楽器産業を牽引する日本企業のヤマハやカワイ[7]も、そのルーツはリードオルガン製造にあり、ハルモニウム産業の波及とも間接的には繋がっていると言える。

では、同じアジア諸国の中でもインドにはどのような影響が及んだのであろうか。これについては、次節で検証する。

---

[7] 河合楽器研究所（現・河合楽器製作所）の創始者である河合小市（1886-1955）は、1897（明治30）年に山葉風琴製造所に幼年で入所し、山葉寅楠の下で製造技術を習得した。

2．インドへのハルモニウムの伝播

フランス製ハルモニウムの受容

ハルモニウムやリードオルガンの流通が世界規模で活発化する中、当初インドに伝播した楽器はどのようなものであったのだろうか。

インドでの調査中には、それは「アレクサンドル」という仏製ハルモニウムであったと複数の楽器工房で証言があった。確かに仏製ハルモニウムと今日のインドのハルモニウムを比較すれば、鞴が圧縮型である点、【資料1-8】に見るようにリードの形や設置方法(ネジ穴があり、ネジでリード盤に固定する)が酷似する点等、アメリカや日本のリードオルガンには見られない共通点が存在する。

またインドに1880年製の仏製ハルモニウムが現存し、1874年にハルモニウムについて書かれた文献が出版されている事実からも、遅くとも1870年代までには仏製ハルモニウムが伝播していたことには違いないであろう。

同じ自由簧の気鳴楽器としては、仏ビュッソン(M. Busson)考案のアコーディオンも輸入され、インドでは「ハーモニー・フルート」(Harmoni Flute)と呼ばれた。ビュッソンは1852年にアコーディオンにピアノ式鍵

【資料1-8】インド製の
　　　　　ハルモニウム・リード

【資料1-9】フルーティナ Flutina
　　　　　（浜松市楽器博物館所蔵品）

41

盤を最初に採用した人物であり、代表的な考案楽器に「フルーティナ」(Flutina)【資料 1-9】があるが、これがそのハーモニー・フルートに該当するかどうかは不明である。その楽器は美しい音色を備えていたにもかかわらず、設計が複雑で鞴の操作が難しかったことからインドでは定着しなかったという［Ghosh 1987: 3］。

　ハルモニウムの伝播の話に戻れば、更なる疑問としてどの製造元のどのような形状のハルモニウムが輸入されたかが問題となる。インドで独歩している「アレクサンドル」という言葉は、実際には仏アレクサンドル社とアレクサンドル・ドゥバンとが混同されて伝わっているようである。

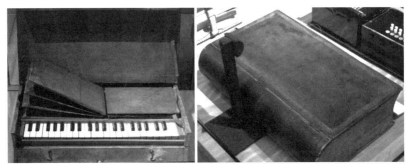

【資料 1-10】ブック型ハルモニウム（リーガル）
（42 鍵、横 58cm、浜松市楽器博物館所蔵品）

　前節で触れたアレクサンドル社は、キャビネット型の足踏みハルモニウムの他にも、小型で単純な構造の楽器も製造していた。現存する楽器の一例として、ボストン美術館（Museum of Fine Arts, Boston）所蔵のアレクサンドル製ブック・ハルモニウム[8]（Book Harmonium 推定 1880 年製）が指摘される。それは手漕ぎの小型ハルモニウムであり、鞴は箱状の蓋を開けた左上部に設置されている。鍵盤については 3 オクターヴ（37 鍵）の各鍵は極めて小設計であり、今日のインドのハルモニウムにも類似する。

8　ボストン美術館・楽器コレクション
　　http://www.mfa.org/collections/object/book-harmonium-50839（2015 年 9 月 27 日閲覧）

これと酷似した楽器【資料 1-10】が、浜松市楽器博物館の所蔵品にも見られる。左半分の鞴を押すことによって、右半分の空気袋に空気が流れ、空気袋が上方に開く仕組みである。上蓋を閉じると大型本のような体裁になり、上部と湾曲した背面には革張りの装丁が施されている。製造番号と思しき「114026」と明記されたラベルが付いているが、製造元は確認不可能であった[9]。こうした携帯型ハルモニウムがどのような使用目的で製作されたかについては、更に追究の余地があるが[10]、主にキリスト教宣教師の布教活動に伴っての使用と推察される。

　インドにおいても、ニューデリーの国立博物館の所蔵品に同じく 1880 年製の携帯型の仏製ハルモニウム【資料 1-11】を確認することができる。それは足踏み式ではあるが、スライド可能な左右の側面を引下げることによって高さが約半分になり、楽器本体が外箱に収まる設計である。この楽器で特に注目すべき点は、ストップの位置にある。仏製の標準的なキャビネット型（非携帯型）ハルモニウムでは、演奏中の操作が容易なようにストップは鍵盤の上部に設置されている。しかしながら、この携帯型ハルモニウムでは 7 本のストップが今日のインド製ハルモニウム同様に鍵盤下部の前面に設計されているのである。こうしたストップの設計は、ドゥバン製ハルモニウム[11]（1870-80 年製）にも見られる。

　このように仏製ハルモニウムは、使用用途に応じて形状も多様化したため、19 世紀後半にインドに伝播したハルモニウムの形態やその伝播経路についても画一的に捉えることには無理がある。事実、その伝播経路についても、ポルトガル人のキリスト教宣教師が手漕ぎハルモニウムをもたらした等の諸説があり、第一に宣教師による伝播が考えられるだろう。また第

9　アレクサンドル社製品の製造番号と対応する年代から、同社製の可能性もあるが特定はできない。
10　当時の製品や使用用途については、国立アメリカ歴史博物館が所蔵するアレクサンドル社のカタログ 'Catalogue -Album des Orgues d'Alxandre Père et fils'（1898）の記載を、今後検証する必要がある。
11　仏サン・ナザール音楽協会（Association Musica Saint Nazaire）所蔵のドゥバン製ハルモニウムにも確認できる。そのストップは、フルート、ホルン、ヴォワ・セレステ（Voix Céleste）の 3 本に加え、補助ストップのフォルテ（forte）とエクスプレッションを装備した合計 5 本のみである。

二の経路として、楽器商を通じての輸入が挙げられ、英植民地下の 19 世紀中頃には英商社による西洋楽器の輸入も行われていたことから、量数では宣教師の影響力を遥かに凌ぐであろう。楽器商を通して輸入されたハルモニウムには、前述した小設計の携帯型以外にも標準型のものも流通していた。インド国内に現存する同時期のハルモニウムは稀少であるが、舶来品であったその楽器がインド人によってどのように使用されたかについては、現存する当時の文献資料からも考察可能である。

【資料 1-11】インド国立博物館所蔵品 1880 年製仏製ハルモニウム

1874 年出版のハルモニウム教則本『ハルモニウム・スートラ』

　19 世紀を代表するベンガル人音楽学者にシュレンドロ・モホン・タクル（以下、S.M.タクル、Hin. シュレンドラ・モハン・タゴール［*Surendro Mohan Thakur*］ Sourindro Mohun Tagore, 1840-1914）が挙げられる。S.M.タクルは、楽器学分野において著名な人物であり、1870-80 年代にかけて国内外の博物館や教育機関へ多数の音楽書や楽器の寄贈を行ったことにより、その功績が評価されている。

　当時のブリュッセル楽器博物館（Musée des Instruments de Musique）

の初代館長マイヨン（Victor Charles Mahillon, 1841-1924）も、その寄贈楽器や資料から古代インドの演劇理論書『ナーティヤ・シャーストラ』（नाट्य शास्त्र [nāṭyaśāstra] Natyashastra）[12]に記されている楽器分類の概念がインドで浸透していることを知った。そしてそれが、発音体による楽器分類の先駆である「4 綱分類法」考案の契機になったと周知されている。S.M.タクルとマイヨンは、S.M.タクルに国外への渡航経験がなかったため、直接の面識はなかったと推測されるが、その息子で西洋音楽に造詣の深かった作曲家プロモド・K・タクル（Hin. プラモド・K・タゴール [*Promod Kumar Thakur*] Pramod Kumar Tagore）の著書[13]が、マイヨンの父親で楽器商の C.マイヨン（Charles Borroméee Mahillon, 1813-1887）の会社から 1883 年に出版されている事実からも、個人的な親交はあったと推察される。

　S.M.タクルの寄贈品は、インド国内ではニューデリーの国立博物館の楽器コレクションに確認され、国外では先のブリュッセル楽器博物館やオクスフォード大学のピットリバーズ博物館（Pitt Rivers Museum）、英王立音楽大学（RCM）付属の楽器博物館（Royal College of Music Museum of

---

12　『ナーティヤ・シャーストラ』は、聖者バラタ（भारतमुनि [bhārata muni] Bharata muni）が説いたとされる。ナーティヤ（नाट्य [naṭya] Natya）とは通常、演劇と訳されるが、厳密に言えば、演劇や舞踊、音楽を含む時間芸術を意味し、この古文献では、それらに関連する事柄が、賢人達と聖者バラタとの問答形式を通じて展開される。実際の著者や成立年代に関しては諸説があり、成立年代に関しては、その諸説も紀元前 2 世紀～紀元後 7 世紀まで幅広いが、演劇に関与する複数の人々の口伝が何世紀にも及んで徐々に集約され、7 世紀頃には現存する形態として成立したという説が最も信憑性が高いように思われる［Rangacharya 1999: xvii］。1865 年に米インド学者のフィッツ・エドワード・ホール（Fitz Edward Hall, 1825-1901）が、全 36 章中の 7 章分（第 17 章～22 章、第 24 章）を発見及び刊行して以降、他章も次々と出版され、現在では全章を網羅したヒンディー語版や英語版も複数刊行されている。全 37 章で刊行（GOS 版）されたものもある。全章の内、「第 19 章・韻律法」、「第 27 章・演劇の成功法」、「第 28 章・器楽全般および旋法の機能」、「第 29 章・装飾法および弦鳴楽器」、「第 30 章・気鳴楽器」、「第 31 章・ターラ（Hin.タール tala リズム周期の意）の機能」、「第 32 章・ドゥルヴァー dhruva（歌曲）と劇音楽」、「第 33 章・膜鳴楽器」、以上が音楽に関連する記述である。
13　*First thoughts on Indian Music, or Twenty Indian Melodies composed for the Pianoforte*. C.Mahillon & Co. 1883.
　C.Mahillon 社はブリュッセルの他にロンドンにも支店をもち、そこから出版されている。V.C.マイヨンの著書 'Bohem Flute'も翌年 1884 年に同社から刊行されている。

Instruments) をはじめとし、多数の機関で所蔵されている。

また日本に寄贈された蔵書の一部は、大坂専門学校（前身は大坂英語学校）を経由して明治 13 年に音楽取調掛にわたり、現在は東京芸術大学の所蔵下にある［塚原 2009: 3］。

そうした日本に現存する寄贈書の中に、ベンガル語で書かれた一冊の文献がある。『ハルモニウム・スートラ』（Ben. ハルモニョム・シュットロ হারমনিয়ম-সূত্র Harmonium-Sutra）【資料 1-12】と題され、1874 年にカルカッタ（現在のコルカタ）で出版されたその本は、当時輸入されていたハルモニウムの教則本といった内容であり、具体的には音組織やリズムについての基礎的な説明に加え、練習曲やインドの旋法を中心とした複数曲が独特の記譜法で収録されている。

S.M.タクルの一連の著作は 1870-90 年代にかけて多く出版され、代表作としては、1877 年第 2 版の *Six Principal Ragas, with a brief view of Hindu Music.*（以下、『主要な 6 ラーグ』）、1882 年第 2 版 *Victoria Sámrájyan, or Sanskrit stanzas.*（以下、『サンスクリット詩曲』）、1896 年 *Universal history of music : compiled from divers sources, together*

 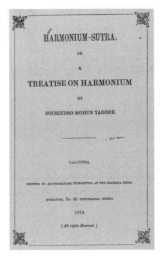

【資料 1-12】S.M.タクル『ハルモニウム・スートラ』（ベンガル語、全 79 頁）

with various original notes on Hindu music.（以下、『万国音楽史』）が列挙される。こうした著作の中でも、この『ハルモニウム・スートラ』は極めて初期に書かれた文献であり、インドの記譜法の歴史を考察する上でも重要な資料である。

　まずその序文では、ハルモニウムがヨーロッパ由来の鍵盤楽器であり、それ以前のインドには類似楽器が存在しなかったために、未だ充分な演奏水準には到達していないと述べられている。そして S.M. タクル自身にシタールの学習経験があったからであろうか、シタールとハルモニウムの演奏方法を比較し、ハルモニウムでは 5 本の指を全て使用するため、演奏が特殊であると言及されている。

　次に本文冒頭では、ハルモニウムの楽器説明として、1700 年に「アレクザンドル」（Ben. アレクジャンダル আলেকজান্ডার）という人物がパリで最初にその楽器を製作したこと、その楽器自体は大型ではなかったが音量が大きく、鍵盤はピアノ同様に象牙が使用されたこと、また空気によって発音する気鳴楽器であり、ストップによって音量の操作が可能なこと等が綴られている。そして、インド音楽ではサーランギーが伴奏楽器として不可欠な存在であるように、ヨーロッパではハルモニウムがその役割を担っており、最近ではインドでもハルモニウムが広く使用され、重要な楽器になりつつあると指摘する。こうした冒頭の記述からは、ハルモニウム誕生についての歴史認識の不正確性もさることながら、一方でハルモニウムが S.M. タクルの周辺、即ち在留外国人だけではなくインド人にも幾らか流通していたことが読み取れる。

　以後の記述では、インドの音組織の概略が説明される。今日の音組織については、凡例でも幾らか示したが、再度補足すれば、オクターヴを示すサプタク[14]は、7 つの幹音であるシュッド・スワルと 5 つの派生音で構成される。記譜法では幹音は、その名称の頭文字（$\overset{サ}{S}\overset{レ}{R}\overset{ガ}{G}\overset{マ}{M}\overset{パ}{P}\overset{ダ}{D}\overset{ニ}{N}$）

---

[14] 凡例でも記したが、音楽用語のカタカナ表記はサンスクリット語読みでは無く、口語のヒンディー語読みに準じ、その場合は、サンスクリット語の語末の潜在母音の a（ア）が省略されるため、サプタカは「サプタク」、シュッダ・スワラは「シュッド・スワル」という具合になる。

で示され、幹音から半音低いコーマル・スワル（R̲ G̲ D̲ N̲）と、半音高いティーヴル・スワル（Ṁ）が加わり、1オクターヴの12音階音は下記の通りである。

```
インド音名： S  R̲  R  G̲  G  M  Ṁ  P  D̲  D  N̲  N  (Ṡ)
           C  D♭ D  E♭ E  F  F♯ G  A♭ A  B♭ B  (C)
           （Cを主音にした場合）
```

『ハルモニウム・スートラ』でも今日の音組織と同様に、1つのサプタクには7個の幹音と5音の派生音の合計12音で構成されると述べられている。そして、サプタクは人間の表現可能な声域に因んで次の3種類に区分される[15]。

```
低音域サプタク    「ウダラ」（Ben. উদারা udara）
中音域サプタク    「ムダラ」（Ben. মুদারা mudara）
高音域サプタク    「タラ」（Ben. তারা tara）
```

楽譜上では、上記の頭文字が「উ」「মু」「তা」と表される。今日では、低音域サプタカを「マンドラ」（Hin. मन्द्र mandra）、中音域を「マディヤ」（Hin. मध्य Madhya）、高音域を「ターラ」（Hin. तार tara）という名称で呼ぶが、3オクターヴ音域での表現という概念自体は同じである。

【資料1-13】は、鍵盤と各音の配置が図表化されたものである。この図から考察可能な点として、第一にインドの音名が記された文字譜であることが挙げられ、今日と同様のS、R、G、M、P、D、Nという表記が次のようにベンガル文字で表される。

15　前述の古代の演劇理論書『ナーティヤ・シャーストラ』の第19章「韻律法」の中に、すでに人間の発声器官や言葉のアクセントやイントネーションに関する論考があり、そこでは人間には3種の発声器官、すなわち、胸声、咽頭声、頭声があり、弦鳴楽器のヴィーナーも人間の発声器官と同様に3種に分類され、これは、3つのサプタクと結びつくと言及されている［Rangacharya 1996: 142-143］。

第1章　ハルモニウムの受容と変遷

　　　　　　サ　レ　ガ　マ　パ　ダ　ニ
　　　　　সা　ঋ　গ　ম　প　ধ　নি

　また第二の考察点として、5オクターヴの鍵盤（61鍵）が伝播していたことが指摘され、この文献が出版された1874年には、そうしたハルモニウムが既に流通していたことが明白である。前述のように、インド古典音楽は通常3オクターヴで構成され、ウダラ、ムダラ、タラの上部3オクターヴは各3本の線上に音名が記されるが、下部2オクターヴは音名の上にムダラやタラの頭文字を付与することで区別されている。また最も高いS音（Ṡ）はウダラの頭文字（উ）を2つ重複させて「সা」と表記される。

　そして第三の考察点として、両手の使用が指摘できる。上部3オクターヴの左端には右手を示唆する省略文字「দ」、下部2オクターヴには左手を示す省略文字「ব」が付記されている。今日のハルモニウムの奏法では、右手で鍵盤を弾き、左手で鞴の操作をするが、この記述からも足踏みハルモニウムならではの両手演奏が試みられていたことがわかる。

　派生音の記号は、半音上げる際には旗を意味する「パタカ」（পতাকা pataka）（P）、半音下げる際には三角の「トリコーナ」（trikona）（△）を音名の上に付与する。1オクターヴの12音階音は下記の通りであり、記譜法の記号については、【資料1-14】に整理している。

　　S.M.タクル譜表記：

সা　ঋ　ঋ　গ　গ　ম　ম　প　ধ　ধ　নি　নি　(সা)
S　R　R　G　G　M　M　P　D　D　N　N　(Ṡ)

　更にこのS.M.タクルの記述で興味深い点は、音名については1オクターヴの12音にしか言及しておらず、楽譜でもその表記しか見られないことである。だが、後年に出版された『サンスクリット詩曲』では、音名について次のような説明が追加されている。

　　「ティーヴルやコーマル・スワルの上に点がある時は、アティ・
　　ティーヴルとアティ・コーマルを示す。これらはヒンドゥスタン

49

第1部 北インドにおけるハルモニウムのローカル化

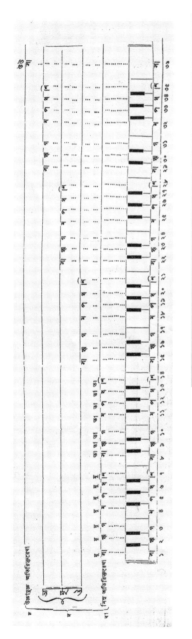

上図：
【資料1-13】『ハルモニウム・スートラ』p. 2
音名の表記と鍵盤の位置についての説明図

右図：
【資料1-14】『ハルモニウム・スートラ』上で
使用される記号（筆者記述）

の旋律のいくつかで使用されるさらに細かい区分である」
［Tagore 1882: ii］

　ここでの「アティ・ティーヴル」（Sk. アティ・ティーヴラ［*ati tīvr*］ati-tivra）と「アティ・コーマル」（Sk.アティ・コーマラ［*ati komal*］ati-komala）とは、12 平均律では表せない微分音を示し、今日では実践上で用いられる「シュルティ」（श्रुति［*śruti*］shruti）（詳細は本章第 4 節で後述）である。したがって、アティ・ティーヴルはティーヴルよりも音高が若干高く、アティ・コーマルはコーマルよりもやや低音である。
　こうした2つの文献の違いは、執筆された年代が後年になるにつれ、S.M.タクルの記譜法がインド音楽に適応するように進化したとも考えられる。また或いは、ハルモニウムは音高が固定された鍵盤楽器であるが故に、微分音やその表記については故意に明記しなかったという可能性も充分にあり得るであろう。
　記譜法の話に戻れば、そこでの拍節の表記は、インドのリズム体系である「タール」（Sk. ターラ ताल／ताल［*tāl*］tal／tala）に沿っているため、古典音楽で用いられるその規則性をもったリズム周期について最初に説明する必要がある。タールの種類は 7 拍子、8 拍子、10 拍子、12 拍子、13 拍子、15 拍子、16 拍子というように多様であるが、どのタールにおいても 1 拍目は「サム」（Ben. ショム सम［*sam*］sam）と呼ばれる開始拍であり、尚かつ周期が反復された後に必ず戻ってくる終止拍でもある。1 周期の中には空拍を示す「カーリー」（खाली［*khālī*］khali）も含まれ、S.M.タクルは1周期を縦棒で区切り、サム（＋）とカーリー（○）が音名の上に記号で記される。「マートラー」（मात्रा［*mātrā*］matra）と呼ばれる拍の単位については、1 拍（▮）、2 拍（▮▮）、3 拍（▮▮▮）、4 拍（▮▮▮▮）の記号が音名の上に記され、1 拍内に複数音が含まれる場合は音名の上部に括弧を繋げて表される。
　またこの楽譜では全ての音に対して指使いが示され、音名の下には使用する指の頭文字が次のように付与される。

51

第1部　北インドにおけるハルモニウムのローカル化

　　　　　親指　　　人指し指　　中指　　　薬指　　　小指
　　　　　ব　　　　ত　　　　ম　　　অ　　　ক

　記譜法の説明後、右手、左手、両手の指練習という順序で7曲の練習曲が記載され、さらにインドの旋法である「ラーグ」(Sk. ラーガ　राग [*rāg*]) rag/raga) [16]についての解説がなされる。そこでは、ラーグには「ラーグ・ラーギニー」(Sk. ラーガ・ラーギニー　राग रागिनी [*rāg rāginī*] Rag-ragini / Raga-ragini) という分類体系があり、主要な6つのラーグである「ラーグ・シュリー」(राग श्री [*rāg śrī*] Rag Shri)「ラーグ・ヴァサント」(राग बसंत [*rāg basant*] Rag Basant)「ラーグ・バイラヴ」(राग भैरव [*rāg bhairav*] Rag Bhairav)「ラーグ・メーグ」(राग मेघ [*rāg megh*] Rag Megh)「ラーグ・パンチャム」(राग पंचम [*rāg pancam*] Rag Pancham)「ラーグ・ナット・ナーラーヤン」(राग नट नारायण [*rāg naṭ nārāyaṇ*] Rag Nat Narayan) から、36のラーギニーが派生し、今日では5音音階、6音音階、7音音階をさらに上行・下行音階で組み合せることによって多数のラーグが用いられていると説明する。こうした概念は S.M.タクルの他の著書『主要な6ラーグ』でも示されている。ラーグ・ラーギニーといったラーグの派生やその分類概念は、古代から幾多の学者によって諸説が展開されてきたが、S.M.タクルが言及するこのラーグ・ラーギニー体系は、12世紀のソーメーシュワラ・デーヴァ（सोमेश्वर देव [*someśvar dev*] Someshvara Deva）著の『ラーグ・ダルパン』(Sk. ラーガ・ダルパナ　राग दर्पण [*rāg darpaṇ*] Rag Darpan / Raga Darpana) (1131年) の説に依拠したものである。

　次に、「ガット」(गत [*gat*] gat) と呼ばれる拍節リズムの楽曲部分では展開する音域によって「アスターイ」(अस्थायी [*asthayī*] asthai) と「アンタラー」(अन्तरा [*antarā*] antara) に分かれ、演奏は緩やかな速度、中間、そして速い速度でという順で構成されると付記されている。

16　ラーグは何百も存在すると言われるが、各々のラーグは、音階音（上行音階・下行音階）や「ジャーティ」(जाति [*jāti*] jati) (5音・6音・7音音階のいずれか)、演奏時間帯、主音・協和音、「パカル」(पकड़ [*pakar*] pakar / pakad) と呼ばれる短い旋律型、演奏時間帯、性別、情感を示す「ラス」(Sk.ラサ　रस [*ras*] ras / rasa) 等、様々な特徴を有する。

第1章　ハルモニウムの受容と変遷

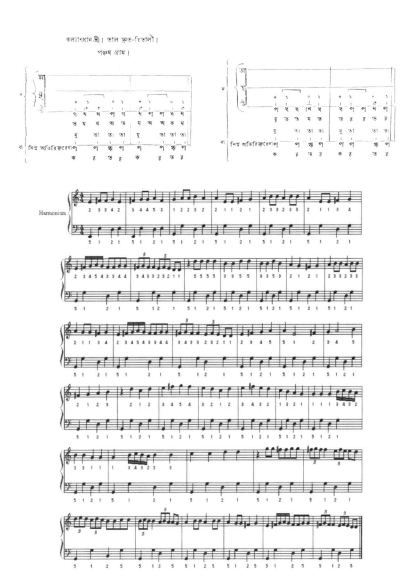

※ 訳譜では便宜上、指使いを数字で示した。左右共に親指が1、小指が5である。

【資料1-15】『ハルモニウム・スートラ』に記載された
ラーグ・カリヤーン・ダナーシュリーの譜面一部と訳譜

こうした説明の後には実際のラーグが複数記載され、「ラーグ・ミシュラ・カーンバージ／カーンボージ」（राग मिश्र खाम्बाज [rāg miśr khāmbāj] Rag Mishra Khambhoj）といった古典的なラーグの他にも、声楽様式の「タッパー」（टप्पा [ṭappā] tappa）の 'Mera nasib men kya baddha hua' 等が譜面で記されている。

【資料 1-15】ではそれら曲集の中から、「ラーグ・カリヤーン・ダナーシュリー」（राग कल्याण धनाश्री [rāg kalyāṇ dhanāśrī] Rag Kalyan Dhaneshwari）の楽譜の冒頭部分と曲全体の訳譜を示している。その楽譜からは右手が旋律を担当し、左手は極めて単純な動きの反復に留まっていることがわかる。また、ラーグ名と併せて「ドゥルット・トゥリタール」（द्रुत तिरताल [drut tritāl] Drut Trital）とあり、「ドゥルット」（द्रुत [drut] drut 速い速度の意味）の16拍子トゥリタールであり、縦棒で区切られた1周期の中は実際の4拍が譜面上は1拍で表され、拍節が4分の1に縮小された記譜であることが理解できる。

また、この曲集の中には、唯一西洋の曲として【資料1-16】で示したヨハン・シュトラウス（J.Strauss）の 'The Duke of Reichstadt's Waltz' が収められている。ピアノフォルテのために作曲された原譜と比較すると、

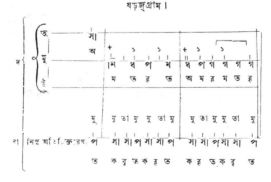

【資料1-16】『ハルモニウム・スートラ』に記載された
J. シュトラウス 'The Duke of Reichstadt's Waltz' の譜面一部

その旋律は装飾音が省略されて単純化されたものである。

　以上のように、S.M.タクルの『ハルモニウム・スートラ』から解読可能な事実を整理すれば、第一に5オクターヴ鍵盤の足踏みハルモニウムが流通していたこと、第二に演奏内容はほぼインド音楽であったこと、第三に記譜法は音名を示した文字譜であり、微分音についての記述はないが、指使いを付与する等、ハルモニウムの教則本ならではの工夫があったことが指摘できる。

　インドに伝播したハルモニウムという冒頭の問題に戻れば、当時輸入されたハルモニウムには、この教則本に見られるような5オクターヴの鍵盤をもつキャビネット型や、前述した足踏みの携帯型、また手漕ぎの携帯型等、幾らか種類があったと考えられる。その中でも1880年代前後のインドで最も流通したのは、【資料 1-11】のような携帯型の足踏みハルモニウムであったと推察される。その第一の理由は、高価なキャビネット型はS.M.タクルを含む当時の文化人や富裕層は例外としても、庶民には遠い存在であり、また第二に、楽器構造の側面においても、携帯型は前述したようにストップの位置が現在のハルモニウムと同位置にある点、約37鍵という小設計の鍵盤、以上からも61鍵のキャビネット型よりかは以後の国産手漕ぎハルモニウムと構造上において共通点が多いことに起因する。現在でも、類似の足踏み型が注文生産ではあるが製造され続けている。そして第三の理由として、コルカタの楽器工房の創業者が「手漕ぎハルモニウム」（hand harmonium）の発明者としてインド国内では広く認知されている点からも、それ以前にはインドでは手漕ぎ型は広くは浸透してはいなかったことが指摘できる。

　このように輸入品であったハルモニウムがインドの地で徐々に浸透していったことにより、国産楽器製造の動きも高まってくるのである。1880年代中頃に、日本では西川や山葉がリードオルガン製作を開始して、洋楽器製造が幕を開けたように、同時期にインドでも国産ハルモニウムの製作が始まったのである。次節では、その取り組みについて考察する。

3. インド国産ハルモニウム誕生

1886 年 国産初の手漕ぎハルモニウム

1886 年イギリス統治下のコルカタで、「ドゥワルキン工房」(Dwarkin & Sons) の初代ドゥワルカナト・ゴシュ (Hin.ドワールカーナート・ゴーシュ Dwarkanat Gosh, 1847-1928)【資料 1-17】は従来の輸入品を改良した国産ハルモニウムを発表した。この事実については、後にヨーロッパの新聞にも小さな記事で紹介され、ドゥワルカナトの概略と共に、小型の手漕ぎハルモニウムが安価で製造されることによって、インドでの音楽の大衆化やハルモニウム取引の活性化の起爆剤になったと書かれている [Ghosh 1987: 3]。

【資料 1-17】
ドゥワルカナト・ゴシュ
(ドゥワルキン工房提供)

当時のコルカタは、英植民地の拠点であると同時に、インド芸術の都と言われ、多くの文化人や音楽家を輩出してきた。ドゥワルカナトは、ピアノの調律・修理師として 1865 年まで英商社「ハロルド社」(Harold & Co.) のコルカタ支社に勤務した。西洋楽器の輸入業を扱うその社内では様々な洋楽器の構造や機能、また製作技術に接することができ、ドゥワルカナトにとっては恵まれた環境であった。当時の西洋楽器の輸入業社としては、他の英資本では「ホッブス社」(H. Hobbes & Co.)、「ゴールド社」 (Gold & Co.)、「ビーヴァン社」(T.E. Bevan & Co.) 等があり、ドゥワルカナトのように独立して起業する例も珍しくなく、現在コルカタでピアノを専門に扱う「H.ポール社」(H. Paul & Co.) の創業者はビーヴァン社でピアノの修理技術を身につけて 1905 年に独立している。

ドゥワルカナトは独立した 1865 年以降、「ゴシュ社」(Ghosh & Co.) を設立してヨーロッパからの西洋楽器の輸入販売や楽器修理に従事し、長

男の誕生を機に 1875 年に社名をドゥワルキン工房に変更した。当初は「オルガンのドゥワルキン」として知られたが［Ghosh 1987: 144］、それは西洋楽器の中でもハルモニウムと並んでリードオルガンも輸入していたことに起因し、当時ドゥワルカナトが実際にリードオルガンの製作を行っていたわけではない。しかしながら、ドゥワルカナトの次男で工房2代目のショロット・チョンドロ・ゴシュ（Hin. シャラット・チャンドラ・ゴーシュ Sarat Chandra Ghosh, 1886-1944）はリードオルガンの製作技術を取得するために、1907 年（明治 40）前後に来日して日本の製造工場を視察した経験を持ち[17]、帰国直後からリードオルガンの製造を開始していた。ドゥワルカナトの意向でショロットがドゥワルキン工房の2代目を継承した後も、ハルモニウムと同時にリードオルガンの製造も続けられた。そして以後、世代交代を経ても 1980 年代後半までは製造および販売がなされた。（詳細は、第2章「3. 事例：インド東部のドゥワルキン工房」にて後述。）

初代の話に戻れば、ドゥワルカナトはリードオルガンやハルモニウムの修理業も行っていたことから、その楽器構造や機能も熟知していたという。また、独立当初から楽器輸入業では英ロンドンの「トーマス・ドキンズ社」（Thomas Dawkins & Co.）と提携し、ドキンズ社は輸出業に加え、アングロ・コンサーティナの製造や新たな自由簧の楽器の設計等も手掛けていたことから、そうした影響もあったのか、ドゥワルカナトの関心も特にリードを用いた鍵盤楽器の製作に向けられた。そして数ある楽器の中でも、彼はハルモニウムの楽器構造やその機能に注目し、鞴を従来の内蔵型から本体背面の外付型に改良した。そして足踏みペダルを使用せず、床に置いて胡座の姿勢で演奏が可能な手漕ぎ鞴の「ドゥワルキン・フルート」（Dwarkin flute）を 1886 年に発表した。その国産ハルモニウム第一号は、リード盤や鍵盤の設置についても小型設計で構造を単純化したため、低価格での製造が可能であり、維持や修理も容易であった［Ghosh 1987: 3］。

---

17 現在のドゥワルキン工房四代目によれば、訪問時期の詳細（現状では 1907 年頃という情報のみ）や訪問場所、すなわち「ヤマハ」といっても当時の日本楽器製造の浜松工場であるのか、あるいは後に日本楽器製造に吸収された西川風琴製造所の横浜工場なのかは、記録が現存しないため不明。

当時の楽器や写真は現存してはいないが、現ドゥワルキン工房4代目のプロタプ・ゴシュ（Hin. プラターブ・ゴーシュ Pratap Ghosh）によれば、その鍵盤は、鍵をスプリングで動かす単純な仕組みのもので、現在では「ソリッド型」と呼ばれる構造（詳細は第2章で後述）である。またリード盤には1列あるいは2列のリードが設置され、ストップは木製や硬化ゴム製、水牛の角製で製造されていたという。また送風機能に関しては、鞴は本体の背面に付帯させ、その形状は下部を固定して上部が開閉するものであった。

　こうして、伝播当初はインドの富裕層や在留ヨーロッパ人、キリスト教宣教師という一部の使用に限定された西洋の楽器が、インド文化に適合した形態や機能に改良されていったのである。

国産ハルモニウムへの反響

　ドゥワルキン・フルート発表の翌年以降、ドゥワルカナトはその試行錯誤を重ねると同時に、普及促進にも意欲的に取組み、当時のコルカタの知識人や音楽家に宛てて楽器を寄贈した。それに対する感想の書簡には次のような人物がいた。前述の音楽学者S.M.タクルや息子のプロモド、児童書作家ウペンドロキショル・ラエチョウドゥリ（Hin. ウペンドラキショル・ロイチョウドゥリ[18] Upendra kishore Roychowdhury, 1863-1915）、詩人でアジア初のノーベル賞受賞者であるロビンドロナト・タクル（Hin. ラビンドラナート・タゴール Ravindranath Tagore, 1861-1941）やその兄で劇作家のヨティリンドロナト・タクル（Hin. ジョティリンドラナート・タゴール Jyotirindranath Tagore, 1849-1925）等がドゥワルカナトの元に書簡を寄せている。その内容は、音色が歌の伴奏に適している点や、小型にも関わらず気鳴楽器ならではの力強い音量について賞賛している点に集約される。ロビンドロナトは次のように記している。

18　作家、画家、音楽家として多方面で活躍し、ドゥワルカナトとも親交が深かった人物。世界的に著名なベンガル映画監督ショトジト・ラエ（Hin. サタジット・レイ Satyajit Ray, 1921-92）の祖父にあたる。

『御社のダルキン・フルート［ドゥワルキン・フルート］を試してみて、大変しっくりとした感触を得ました。この送風機はとても動かしやすく、その音は、強力でいて、やさしい音色を奏でます。シンプルな中に、色々なメリットがこの楽器には詰まっています。民族音楽の繁栄に、御社のこの楽器が有益であることには、間違いありません。私も是非、この楽器を購入したいと思っていますので、お値段をお知らせ下さいますようお願いします。ロビンドロナト・タクル　ウッドストリート10番　ベンガル暦1295年アッシン月7日［1888年9月23日］』
［Ghosh 1987: 146、田中（奥田訳）2006: 50］ [19]

また、複数の返信の中でもS.M.タクルの息子のプロモドの書簡には、その構造や機能についてが最も記述されている。

『ダルキン・フルート［ドゥワルキン・フルート］の音色は、澄んでいて力強いのですね。そしてなんといってもあなたが作った、こんなに小さい楽器が、大変頑丈にできているとは、想像もできませんでした。フルートとトレムラント［原文では'the flute and tremolo stops'］を一つの楽器に採用されたのは大変素晴らしい見解で、シンプルでいて、豊かな表現力を実現しています。あなたが製作した、小さくて持ち運びに優れたこの楽器の機能についても調べてみましたが、配置された鍵盤の原理も大変満足ゆくもので、驚きを隠せません。旧式では複雑だった鍵盤の仕様を、取り除いたのもすばらしいです。これで、奏者にとって、鍵盤を弾くのが問題になるようなことはないでしょう。大きな音も出しやすいでしょう。［原文では'The bellow can be worked very easily'］誠実な職人技はドイツ製の仕上がりを思わせます。

19　［括弧］内は筆者による注記。

結論から言うと、ダルキン・フルート［ドゥワルキン・フルート］はインド音楽を完成するにふさわしい、卓越したものであるということです。神聖なる芸術を愛する、全ての人に喜ばれることは、間違いありません。どうかわたしの祝辞をお受け取り下さい。プロモド・ケイ・タクルより　カルカッタ　1887年9月9日』［Ghosh 1987: 146、田中（奥田訳）2006: 49］

　上記で注視したい点は、第一にフルート・ストップとトレモロ・ストップの装備である。今日のインド製ハルモニウムにおいてはドゥワルキン製も含め、トレモロ・ストップは標準装備されている。構造の詳細については第2章で後述するが、風量を制御することでトレムラントの効果を生成する補助装置である。音色ストップや機能ストップを含め、数多くあるストップの中でもなぜこれらを採用したのかは、複数の書簡での評価にもあるように「歌の伴奏楽器」というハルモニウムの用途を踏まえ、それに適応する音色や効果が吟味された結果であろう。また第二に、音量や音の力強さについての表現が見られることである。弦楽器のシタール等のように、音量が限られ、かつ音が減衰する既存楽器に比べ、ハルモニウムの場合は、鞴に大量に空気を送り込めば大音量を出すことができ、鞴の操作を続ける限り、一音は限りなく持続する。こうした小型の楽器が、大音量の力強い持続音を発することは、当時は驚きの対象であったのだろう。既存のインド楽器が、共鳴音という違う角度から音の響きを追求し、近年ではPAの使用で音量面は克服されているが、そうしたテクノロジー技術のない当時、大音量かつ持続音が可能なハルモニウムは、インドの楽器文化に新しい風を送り込んだとも言えるのではないだろうか。
　そして第三に「小さく持ち運びに優れた［原文では 'portable little instrument'］」との記述にあるように、携帯可能な小型な形状で、床置き式のその楽器は、床面に胡座をかいて演奏するインドの音楽文化に適したものであった。また第四の注目点としては鞴が挙げられ、上記では鞴の操作が容易であったことが言及されている。今日では鞴の形状は4種類に区分され、その中でも、【資料 1-18】のように「上部開閉型」と「左右開閉

第1章　ハルモニウムの受容と変遷

型」に大別される。工房4代目の話によれば、当初ドゥワルキン工房で製作されたのは上部開閉型であり、7重鞴の左右開閉型が採用されるようになるのは随分と後のことだという。

　　上部開閉型　　　　　左右開閉型
【資料1-18】鞴の形状（ビーナー工房提供）

　国産ハルモニウムの製造に伴ってドゥワルキン工房は成長を続け、1893年には約100名もの従業員を抱えるようになり［Ghosh 1987: 25］、ハルモニウム製作におけるドゥワルカナトの功績は、東部のコルカタを中心に高い評価を得た。それは1875年のドゥワルキン工房創業以来、ハルモニウムを通してコルカタの音楽界や知識人と深いつながりを築いてきたことに起因する。次節ではそうした国産ハルモニウムの以後の展開について考察する。

4. ハルモニウムの浸透と禁止論争

国産ハルモニウムの浸透：東部コルカタから北インド広域へ

　1886年の国産初のハルモニウムであるドゥワルキン・フルートに対する返信の書簡には、当時のコルカタの知識人や文化人が名を連ねていた。ノーベル文学賞受賞の詩人ロビンドロナト・タクルや兄のヨティリンドロナト・タクルも、そのハルモニウムを使用した兄弟であり、ドゥワルカナトとの親交もあった。

　当時の有力新聞ザ・ベンガリー紙[20]（*The Bengalee*）には、1890年にインド国民会議派（Indian National Congress）の大会がコルカタで実施された際、兄のヨティリンドロナトがハルモニウムを伴奏し、弟のロビンドロナトが歌唱したという記事が掲載された。またロビンドロナトは、1901年設立の教育機関「シャンティニケトン」（Hin. シャーンティニケタン[21] Shantiniketan）においても自身の作詞作曲による「ロビンドロ・ションギト」（Hin. ラビンドラ・サンギート、別称タゴールソング রবীন্দ্র সংগীত Ravindra Sangeet）の指導にハルモニウムを伴っていた。英キリスト教司祭でインド独立運動にも貢献したC・F・アンドリュース（Charles Freer Andrews, 1871-1940）はそれを目撃し、ヨーロッパ由来のハルモニウムではなく、インドの伝統楽器を伴った方が良いのではないかと進言したが、当時ロビンドロナトはそこでのハルモニウムの使用を止めることはなかった［Ghosh 1987: 8-9］。

　このように当初は、東部コルカタの知識階層から支持を得た国産ハルモニウムは、その後20世紀前後から徐々にインド国内の広域へ波及し、インド古典声楽や宗教歌謡の伴奏楽器として採用されていった。

20　ザ・ベンガリー紙は、1862年から1931年にかけてコルカタで発行された英字新聞。
21　現在のビッショバロティ大学（Hin. ヴィシュヴァ・バーラティー Visva-Bharati University）、別称はタゴール国際大学。

また 20 世紀初頭は「インドのルネサンス期」［長崎 2002: 3-24］とも称され、音楽界においても重要な転換期であった。19 世紀のムガル帝国の衰退に伴い、各地の藩王が強大な富と権力を保持すると、彼等はパトロンとして音楽家の保護や、音楽研究の支援を行うようになる。その結果、19 世紀後半から国家および国民を意識させるナショナル・アイデンティティの気運が植民地下で高まり、そうした社会背景を反映して、音楽をめぐる環境にも様々な変化が及んだ。西洋人の音楽研究者の他にも、V・D・パルスカル（Vishnu Digambar Paluskar, 1872-1931）や V・N・バートカンデー（Vishnu Narayan Bhatkhande, 1860-1936）といったインド人音楽学者が活躍し、音楽理論の体系化や音楽教育の改革、そして音楽会議の実施が活発化し始めたのもこの時期である。

　こうした音楽的環境の変化とハルモニウムの浸透も、無関係ではない。例えば、1916 年に初開催された「全インド音楽会議」（All India Music Conference）では、主に音楽家の地位向上やインド全土に分布する音楽家の相互交流が目的に掲げられ、それ以前の宮廷や流派内での閉鎖的な小集団から、国家内での大規模な交流が実現することによって、音楽に関わる様々な議論の発端の場となった。1925 年までの通算 5 回の会議では音楽学校や音楽研究機関の設立が決議され、こうした場が東部コルカタで登場した国産ハルモニウムが更に全国的に周知される機会の一つであったと考えても不思議ではない。西部の商業都市ムンバイでも 1925 年にはハルモニウムの修理業を手掛ける「ハリバウー・ヴィシュヴァナート工房」（Haribhau Vishwanath Co.）が創業を開始しており、後にハルモニウムの大量生産を手掛けるようになった。

　こうした音楽会議の実施と並んで、音楽学校の設立推進の動きもハルモニウムの浸透と密接な関係にある。従来の師弟制度に対し、音楽教育機関の設立は音楽学習者の規模拡大にもつながり、声楽の授業ではサーランギーに替わって、ハルモニウムが伴奏楽器として浸透していったのである。

ハルモニウム論争とその論点

　国産ハルモニウムが浸透する一方で、ハルモニウムに対する非難や論争

も起こるようになった。その矛先や論点は先の C・F・アンドリュースの進言のようにそれがヨーロッパ由来の「外来楽器」であることよりも、ハルモニウムが「鍵盤楽器」であるが故に、インド古典音楽の要である微分音のシュルティや、「ガマク」(Sk. ガマカ गमक [gamak] gamak/gamaka)、「ミーンド」(मींड [mīnḍ] meend) といった装飾音が表現できない、という点に向けられていた。ここではその論点を下記に整理して検討する。

第一の論点：シュルティ（微分音）

　シュルティという微分音について最初に説明すれば、それはインド古代の音組織に由来し、前述した古代の演劇理論書『ナーティヤ・シャーストラ』の第 28 章「器楽全般および旋法の機能」によれば、1 オクターヴは 22 のシュルティに分割され、そこから選択された 7 つの音階音によって実用音階は構成されていた[22] [Rangacharya 1996: 219-220]。

　20 世紀初頭は、まさにこのシュルティという古代の遺産と現代の音組織との繋がりを証明しようとする動きが盛んな時期であり、当時の音楽会議では英音楽学者のクレメンツやデーヴァルによるシュルティ研究が発表され、以後もそれに批判的な論考が、実践者の立場から声楽家アブドゥル・カリーム・カーン (Abdul Karim Khan, 1872-1937) やその弟子のカピレーシュワリー (Balkrishnabua Kapileswari, 1896-1982) 等によってなされた。

---

[22] 『ナーティヤ・シャーストラ』第 28 章 21 節～23 節では、音階音は、シュルティの間隔によって、次の 4 種類、「主音」「協和音」「不協和音」「従属音」に分類可能であると記される。第一の主音「ヴァーディー」(वादी [vādī] vadi) は核となる音を示し、第二の協和音「サンヴァーディー」(संवादी [sanvādī] samvadi) は主音に対し、完全 4 度もしくは完全 5 度のいずれかの音程を成し、9 シュルティもしくは 13 シュルティ離れた音を示す。第三の不協和音「ヴィヴァーディー」(विवादी [vivādī] vivadi) は主音より 20 シュルティ離れた音を示す。そして第四の従属音「アヌヴァーディー」(अनुवादी [anuvādī] anuvadi) は、前述の 3 種以外の音が含まれる。
　このように 9 シュルティ（完全 4 度）や 13 シュルティ（完全 5 度）の完全協和音程が、実用音階の骨格を形成すること等、音程の協和性や不協和性の概念が、古代には確立していたことが窺える。今日でも、主音と協和音の関係は各ラーグを特徴付ける重要な要素の一つと考えられ、完全 4 度と完全 5 度の音程は、ドローンとして演奏の際にタンプーラー（開放弦を弾くドローン用の 4 弦の弦鳴楽器）の調弦に用いられる。

第 1 章　ハルモニウムの受容と変遷

　しかしながら、北インドの旋法研究に功績を残した現代の音楽学者ジャイラズボイ（N.A. Jairazbhoy）は、古代のシュルティという概念やその痕跡は 17 世紀までに喪失したと主張し、古代の理論と現代の音組織の関連付けを否定する［Jairazbhoy 1971: 35］。理論上のシュルティ考に関しては多数の先行研究があり［岡田 2005］、ここでは割愛するが、音楽実践上で表現されるシュルティについては今日の古典音楽でも生きており、言及する必要があるだろう。

　今日、旋法であるラーグを構成する音階音には、先の S.M.タクルの一部の著作でも言及されたように、若干の微分音を含むものがある。インド音楽における科学的な分析研究の先駆者として名高い音楽学者デーヴァ（B.C. Deva）は、ラーグが異なれば同じ音階音でも微細に音律が違うと述べ、そうした微分音であるシュルティが各ラーグに異なった音響心理学的な価値を与えると指摘する。その例として、「ラーグ・ジョウンプリー」（राग जौनपुरी [rāg jounpurī] Rag Jaunpuri）で用いられる D̥音と、「ラーグ・バイラヴ」（राग भैरव [rāg bhairav] Rag Bhairav）での D̩音は、音律が異なると述べる［Deva 2000: 108］。

　各ラーグは、音組織の特徴以外にも、演奏時間帯や情感の種類、性別等の様々な特徴を有し、例えばラーグ・バイラヴは、『ハルモニウム・スートラ』の中でも主要な 6 つのラーグの一つとして言及されていたように、歴史が深く神格化された早朝に演奏されるラーグである。ここから派生した多くのラーグは頻繁に演奏されるが、このラーグ自体が演奏されることは稀少である。一方、ラーグ・ジョウンプリーは、「カルン・ラス」（Sk. カルナ・ラサ करुण रस [karṇ ras] karuna rasa）（悲しみの情感）を持つ女性のラーグであり、太陽が高い位置に昇った遅い朝に演奏される。両者の音階音を表記すると下記のようになるが、実践ではラーグ・バイラヴの D̩音は、ラーグ・ジョウンプリーの D̥音より高い。

　　　ラーグ・バイラヴ：　S R G M P D N Ṡ　Ṡ N D P M G R S
　　　　　7 音音階　　　（C D♭ E F G A♭ B C　C B A♭ G F E D♭ C）
　　　　　　　　　　　　C を主音とした場合

ラーグ・ジョウンプリー： S R M P D̲ N̲ S S N̲ D̲ P M G R S
上行6音/下行7音音階 （C D F G A♭ B♭ C C B♭ A♭ G F E♭ D C）

　したがって、楽器の特性から見れば、フレットの位置や指の引き具合で音高の調節が可能なシタールやエスラジ、またフレットの無いサーランギーやサロードでは、各ラーグのシュルティを踏まえた調弦が可能である。一方、鍵盤楽器であるハルモニウムでは、各鍵の音高はリードによって予め固定されているため、そうしたシュルティの表現が不可能なのである。

　こうしたハルモニウムの欠点に対し、前述の英クレメンツは、「シュルティ・ハルモニウム」（Shruti Harmonium）という彼らのシュルティ考に沿って調律された楽器の開発に尽力するが、普及には至らなかった［井上 2006: 219-221］。その理由としては、平均律ではないために伴奏楽器であるにも関わらず、歌唱者の声域に応じての転調が不可能な点や、ラーグによっては基音S̈音を異なる鍵で演奏しなければならない等の実用性を無視した機能に問題があった。

第二の論点：ガマクやミーンドといった装飾音

　シュルティと並んで、装飾音の表現もまた論争の種であった。

　古典音楽には様々なポルタメントの技法があり、例えば、ミーンドは音から音への滑らかな移行、ガマクは2つの音を上下に速く繰り返し揺らす技法、また「アーンドーラン」（Sk. アーンドーラナ आंदोलन [āndolan] andolan）と呼ばれ目的の音とその若干高めのシュルティを緩やかに反復して揺らす技法等が列挙される。前述のラーグ・ジョウンプリーを例にすれば、ラーグの特徴を表現する序奏「アーラープ」（Sk. アーラーパ आलाप [ālāp] alap）の部分では、G̈音やD̈音にはアーンドーランの装飾技法が多用される。これはこのラーグの表現に不可欠な要素であり、シュルティが各ラーグの特性の一部として認識されるように、こうした装飾技法から導かれる装飾音もまたラーグのイメージ形成の一端を担っているのである。したがって、鍵盤楽器でのポルタメント技法が不可能なように、ハルモニウムにもその表現に限界があると考えられた。

第 1 章　ハルモニウムの受容と変遷

1939 年　国営ラジオ放送 AIR によるハルモニウム禁止令

　古典音楽への採用に対するハルモニウムの欠陥については議論されていたものの、北インドではその浸透に対して 1920 年代までは対応措置は取られてはいなかった。他方の南インドでは、1927 年に南部マドラスで開催された全インド音楽会議で明確な方針が方向付けられた。それ以前の全インド音楽会議の開催地は北インドに集中し、第 1 回会議がバローダ (Baroda, 1916)、第 2 回デリー (Delhi, 1918)、第 3 回ヴァーラーナスィー (Varanasi, 1919)、第 4 回ラクノウ (Lucknow, 1924)、第 5 回ラクノウ (1925) であったが、これに対抗して会期されたマドラス会議は、以降の音楽研究が南北で別々に行われていく発端となった。会議で採択された決議の一文に、「この会議は、音楽の演奏や教授にハルモニウムを、シュルティとしても伴奏としても使用すべきではないと考える」［井上 2006: 253］とある。ここでいうシュルティとは「シュルティ・ボックス」(shruti box) の省略語であり、それはハルモニウム同様に鍵盤を備えた気鳴楽器である。それは旋律を奏でる目的では無く、ドローン用の弦楽器であるタンプーラーの代用とされる場合が多かった。したがって、この決議文では、ハルモニウムで旋律を演奏することは勿論、それをドローンとして用いることさえも否定しているのである。こうしてハルモニウムの使用を全面的に禁止したことは、以後の南インドでのハルモニウムの普及にブレーキをかけることに繋がった。

　これに遅れて、北インドでも 1939 年に「国営ラジオ放送」(以下、AIR、All India Radio) が同放送でのハルモニウムの全面的使用禁止を敢行した。AIR は 1936 年に創設された政府直轄の機関である。ラジオが主要な情報手段であった当時は、音楽界や音楽家にとってその存在は強力であり、AIR 所属の音楽家は「特級」(top grade) や「A 級」(A grade) という具合に格付けがなされていた。しかしながら、それ以後 1971 年までその使用禁止が解かれることはなく、ハルモニウムの冬の時代が続くのである。この規制によって同放送でのハルモニウムの演奏録音は一切放送されず、声楽の演奏会を中継する場合でさえも伴奏楽器のハルモニウムは除外された。

　AIR のこの決断に深く関与した人物こそが、先のロビンドロナト・タ

クルである。彼は 1938 年初旬に、当時 AIR コルカタ支局のディレクターであったオショク・シェン（Hin. アショーク・セーン Ashok Sen）にハルモニウムの使用禁止を進言し、それが総ディレクターのライオネル・フィールデン（Lionel Fielden）に伝わった[23]。フィールデンは英統治下の 1938 年に英 BBC からインドの AIR に派遣されたイギリス人で、同時期に AIR のディレクターであった英作曲家のジョン・フォールズ[24]（John Foulds, 1880-1939）による記事、それは微分音をもつインドの音楽にハルモニウムは適さないという内容であったが、その考えにも感化され、翌 1939 年の AIR の局内会議（Station Directors Conference）において同放送局におけるハルモニウムの禁止を決定したのである［Baruah 1983: 8］。

　こうした経緯が、今日ロビンドロナトがハルモニウムの採用に反対した主要人物として周知されている所以と考えられる。しかしながら、ドゥワルキン工房提供の資料の中では、前述したように、国産初のハルモニウムであるドゥワルキン・フルートに対するロビンドロナトの好意的な書簡（1888 年）や、タクル兄弟がハルモニウムを使用していた事実を語る記事（1890 年）も現存していた。また 1931 年ロビンドロナトの誕生日には、タクル兄弟の姪で声楽家のインディラ・デビ・チョウドゥラニ（Hin. インディラー・デーヴィー・チョウドゥラーニー Indira Devi Chowdhrani, 1873-1960）やディネンドロナト・タクル（Hin. ディネンドラナート・タゴール Dinendranath Tagore, 1882-1935）が監督する音楽祭の中でハルモニウムは大々的に使用され、当の本人もその音楽祭には出席し、ハルモニウムの使用に対して何も意見することはなかったという［Ghosh 1987: 7］。

23　インド全国紙の英字新聞テレグラフ紙 'The Telegraph' 1989 年 3 月 19 日付の記事。
24　20 世紀初頭のイギリスで活躍した作曲家で 1935 年に家族でインドに移住し、1937 年から AIR のヨーロッパ音楽のディレクターの職に従事した。毎週ピアノリサイタルを行う傍ら、'Indo-European Orchestra' を設立して西洋と東洋が融合した交響曲の作曲を構想していたが、1939 年コレラを患ってコルカタで急死した。（英ガーディアン紙 'The Gardian' 2006 年 4 月 28 日付記事）
　　2006 年には、世界的な指揮者サカリ・オラモ（Sakari Oramo, 1965- ）が率いるバーミンガム市交響楽団（City of Birmingam Symphony Orchestra）がジョン・フォールズの作品を多数取り上げ、21 世紀に入ってその再評価が高まっている。

したがって、なぜロビンドロナト（1941年没）がハルモニウムの使用に対して反対の立場に転じたのか、そしてなぜ晩年の1938年にそうした行動を起こしたのかは謎である。推察される理由としては、第一に「鍵盤楽器」としてのハルモニウムの欠点が挙げられる。20世紀初頭からインド音楽研究では国内外の研究者によってシュルティが盛んに議論されるようになり、先のジョン・フォールズの指摘にもあるように、ロビンドロナトがそうした議論の影響を受けたことは多分に考えられるであろう。また第二に、イギリスからの独立運動の興隆や民族文化尊重の動きに伴って、ヨーロッパ由来の「外来楽器」であった点も、障害になったのであろう。更に第三として、急速なハルモニウムの浸透に不安を抱いたことも指摘できるのではないだろうか。以後のロビンドロ・ションギトを継承する音楽機関では、長期にわたってハルモニウムの使用は禁止され、サーランギーやエスラジが伴奏に用いられた事実からも、声楽の伴奏楽器としてハルモニウムが浸透することは、それ以前の伴奏楽器であるサーランギーやエスラジの地位が失われることにも繋がり、そうした懸念が引き起こした行動であったとも推察される。

ハルモニウム奏者の活躍

AIRや一部の音楽機関の規制とは裏腹に、古典声楽家の多くは伴奏楽器としてハルモニウム奏者の採用を続けていった。古典声楽の巨匠であり、パティヤーラー流派（पटियाला घराना [paṭiyālā gharānā] Patiala Gharana）の創始者であるバデ・グラム・アリ・カーン（Ut. Bade Ghulam Ali Khan, 1902-1968）もまた、ハルモニウム奏者アミール・アリー・カーン（Amir Ali Khan）を伴った多くの演奏録音を残している。「ジャイスィ・カリイェ」（Khan, Ut. Bade Ghulam Ali. *Jaisi Kariye*. Saregama: (MPEG-4 AAC), released 2004.）等、彼の録音の多くでは、伴奏楽器としてタブラーやタンプーラー以外に、サーランギーとハルモニウムの両方が採用され、歌唱者の速い旋律の動きをサーランギーとハルモニウムが追随しながら支えていることがわかる。ハルモニウムはこのように声楽家を支える役割であると同時に、複数編成の伴奏楽器の中で、唯一演奏中に調律が狂いにくい楽

器であり、皮肉なことに調律の意味でもその存在が重宝された。また彼は、「スワルマンダル」（स्वरमण्डल [swarmandal] swarmandal）と呼ばれる枠型のハープ系複合弦鳴楽器を手にして歌唱することも多く、その場合はハルモニウムに合わせて調律したという[25]。

　こうして AIR の規制以降もハルモニウムは北インドで急速に浸透していき、声楽家だけではなく、音楽学校の教授においても従来通りハルモニウムが用いられていた。インド独立の 1947 年以降も、東部のコルカタでは一部のハルモニウム禁止の推奨派を除いて、その浸透は更に加速し、古典声楽やロビンドロ・ションギトでさえも草の根では伴奏楽器として広く使用された。こうした需要の拡大と平行して、卓越した演奏技術をもつハルモニウムの演奏家も頭角を現し始めた。その代表的な存在としては、1940 年代からインドの音楽界で活躍したギャン・プロカシュ・ゴシュ（Hin. ギャーン・プラカーシュ・ゴーシュ　Jnan/Gyan Prakash Ghosh, 1912-1997）の名が挙がる。ここではその功績にまず注目する。

　音楽界で尊敬され、ギャンバブー（Gyan bhabu）の呼称で愛されたギャン・プロカシュは、国産ハルモニウムを製作したドゥワルキン工房初代ドゥワルカナトの孫にあたり、その父親も一時期はドゥワルキン工房の無線部門の経営に携わっていた。したがって元々は音楽家の家系ではなかったが、楽器や音楽は生来から身近なものであった。青年期から声楽をギリジャ・ションコル・チャクロボルティ（Hin. ギリジャ・シャンカール・チャクラバルティ Girija Shankar Chakrabarty, 1885-1948）等に師事し、打楽器タブラーはファルカーバード流派（फर्रुखाबाद घराना [farrukhabād gharānā] Farrkhabad Gharana）のマスィット・カーン（Ud. Masit Khan）から指導を受けた。カルカッタ大学ではパーリ語を専攻し、卒業後は 1943 年のベンガル映画《ビチャール》（Bichar）を皮切りに映画音楽の作曲やその音楽監督として活躍を続け、1940-50 年代に手掛けた映画音楽は 10 本以上にのぼった。ベンガル語の他にも、ウルドゥー語やヒンディー語、サンスクリット語に堪能であったため、自ら声楽様式の「トゥムリー」（ठुमरी

25　テレグラフ紙 'The Telegraph' 1989 年 4 月 28 日付の記事。

[ṭhumrī] thumri）や古典声楽の「バンディッシュ[26]」（बंदिश [bandiś] bandish）等の作詞・作曲も手掛けた。

　1955年から15年間はAIRの音楽監督に従事すると同時に、演奏者としても多彩な才能を発揮し、ハルモニウム奏者としてのみならず、タブラー奏者としても活躍した[27]。1968年にはインドの打楽器の演奏を自ら収録した2枚組レコード《*Drums of India*》を発表し、そこにはタブラー、パカーワジ、コール、ムリダンガム、カンジーラ等、多数の打楽器が良質の録音で収められ、2007年には復刻盤が発売された。また演奏活動と同時に後進の指導にも熱心であり、弟子には今日のタブラーの巨匠オニンド・チャタルジー（Anindo Chatterjee, 1954-）等、現役で活躍する多数の演奏家がいる。また1968年には音楽学校の創立にも尽力し、現在でもコルカタ市内にあるその学校（Saurabh Academy of Music & Dance）は古典音楽・舞踊の学校として機能している。

　そしてハルモニウム奏者としてのギャン・プロカシュの活動も、複数の演奏録音が現存することから、その活躍振りを窺い知ることができる。その功績を端的に示すならば、古典音楽におけるハルモニウムを従来の伴奏楽器の位置付けから「ソロ楽器」の領域にまで高めようと尽力したことにある。ヴァイオリン奏者のV・G・ジョーグ（V.G.Jog, 1921-2004）やピアノ奏者のV・バルサラ（V.Balsara, 1922-2005）との競演は、ソロ楽器としてのハルモニウムの可能性を追究しようとした表れであろう。

　ここでは、バルサラとギャン・プロカシュによるピアノ＆ハルモニウム演奏の「ラーグ・シンドゥ・バイラヴィ」（राग सिंध भैरवी [rāg sindh bhairavī] Rag Sindu Bhairavi）［Ghosh, Jnan Prakash & Balasala, V. *Raag Shindhu Bhairavi*. Saregama: (MPEG-4 AAC), released 2004.］を考察する。

　バルサラは、ギャン・プロカシュと親交の深かったピアノ奏者である。

26　トゥムリーは北インド古典音楽のラーグやタールに基づく軽古典音楽の声楽様式であり、ヒンドゥー教のクリシュナ神の伝説等が歌詞に多い。バンディッシュは、古典音楽で用いられる声楽曲。
27　コルカタ英字新聞ステイツマン紙 'The Statesman' 1997年2月19日付の死亡記事。

第 1 部　北インドにおけるハルモニウムのローカル化

ムンバイ出身のパールスィー（ゾロアスター教徒）で 1947 年からムンバイの HMV オーケストラの音楽監督を務めていた。1954 年にギャン・プロカシュの招待でコルカタに移住した後は、ベンガル地方の民俗音楽やロビンドロ・ションギトにハーモニーを付けて編曲・演奏活動を行い、その音楽はコルカタの人々から愛された。1960 年代にはピアノ演奏の他にも、UNIVOX[28]や電子オルガン等を用いた演奏録音が現存しており、電子鍵盤楽器を早期から導入したインド人演奏家、という視点からも注目に値する人物である。

　両者が共演したラーグ・シンドゥ・バイラヴィは、基本的には「ラーグ・バイラヴィー」（राग भैरवी [rāg bhairavī] Rag Bhairavi（音階音：S R G̱ M P Ḏ Ṉ Ṡ）と同様に早朝の時間帯のラーグであるが、演奏中には 1 オクターヴの 12 音全てが効果的に使用され、演奏会の最後に行われることの多い、美しいラーグである。この演奏ではピアノもハルモニウムも基音S̯音を A とし、彼らの他の演奏でもこれは同様である。全体で 7 分 45 秒と古典音楽の演奏としては短く、楽曲構成においても多くの部分が省略されている。まずピアノ、ハルモニウムという順で、緩やかな自由リズムでラーグの特徴を描くアーラープが続く。その後にタブラーが加わり、6 拍子の「ダードラー」（दादरा [dādrā] Dadra）（Dha Dhin Na Dha Tin Na）のリズムの中で「ヴィスタール」（विस्तार [vistār] vistar）と呼ばれる展開部が繰り広げられる。ハルモニウムは「ムルキー」（मुरकी [murkī] murki）というトリルのように速い動きの装飾法を頻繁に用い、またピアノは左手パートでハーモニーをつけ、両者が交互に支えながら演奏し、終盤では速度や音量も加速してピアノはユニゾンを多用して終結する。この演奏からもハルモニウムが声楽の伴奏楽器という領域を超えて、他の楽器と対等に共演可能な楽器であることが示唆される。

　ハルモニウムの特性に関しては、気鳴楽器ならではの音量や力強さに加え、独学の容易さ、調律も頻繁にする必要がないといったハルモニウムが

---

[28] 1960-70 年代に米ユニコード社（Unicord Corporation）が発売していた楽器ブランド名で、電子鍵盤楽器も含まれていた。ギター部門以外は、1985 年に日本のコルグ社（Korg Inc.）に買収されている。

もつ利便性が、国内での急速な浸透に繋がったと考えられている［Ghosh 1987: 9］。

　ギャン・プロカシュはハルモニウムの利点について次の5点を指摘する。第一に歌唱者が伴奏をしながら同時に歌うことが可能なこと、第二に歌唱者の声に対応するようにハルモニウムの音が調節できること、つまり歌唱者の声域や声質によって、ハルモニウム側でもストップを選択しながら音域や音量の調整が可能という意味であろう。また第三に優れた伴奏者は歌唱者にとって大きな助けとなり、第四にはオーケストラ音楽の一部にもなると述べる。そして最後の第五には、ソロ楽器としてリズムにおいては格別な利点があり、装飾技法であるミーンドやガマクが無い分、速いテンポでの演奏が可能なことを指摘している［Ghosh 1987: 9］。

　特に最後の点は、卓越したタブラー奏者でもあったギャン・プロカシュならではの指摘であり、素早い発音や減衰しない音はタブラーのリズムや速さにも対応できるため、ソロ楽器としても充分に魅力的な楽器に映ったに違いない。

　1997年2月のギャン・プロカシュの死去（享年85歳）を伝える記事は新聞各社に掲載され、その内容から彼がいかにコルカタの文化界や古典音楽界で重鎮であったか、また演奏家としての功績や、後進や音楽教育への貢献がいかに高く評価されているかが理解できる。生前の1984年には国家勲章の「パドマ・ブーシャン[29]」（Padma Bhushan）が授与された。

　近年はインド国内での復刻盤やアーカイヴ盤の再版ブームも相まって、バルサラとの録音盤は2004年に「サレガマ社[30]」（SaReGaMa India Ltd.）から発売されている。こうした貴重な音源の入手が各地で可能になると、時代や地域を超えて演奏家やその音楽性の再評価にも今後は繋がっていくであろう。

---

[29] 国家勲章の内、「バーラト・ラトナ」（Bharat Ratna）「パドマ・ヴィブーシャン」（Padma Vibhushpadaan）に次ぐ勲章。
[30] 前身は「グラムフォン・インディア社」（The Gramphone Company of India）であり、現在もコルカタに本社を構えるインド最大レーベルの一つで音楽CD・家庭用VCD/DVDの製作販売を手掛ける。

【資料 1-19】ギャン・プロカシュ・ゴシュの死亡記事
（テレグラフ紙 'The Telegraph' 1997 年 2 月 19 日付）

1971 年 AIR 主催ハルモニウム討論会と規制緩和

　北インド各地でのハルモニウムの浸透やその演奏家の増加によって、すでに古典音楽にとってハルモニウムは不動の存在であった一方、AIR の規制は容易には緩和されなかった。

　そうしたハルモニウムの冬の時代は 1939 年から 30 年以上も続いたが、1971 年に入ると新たな動向が見られた。それが AIR 主催のハルモニウム討論会であり、その議題には、ラジオ放送番組におけるハルモニウム使用禁止に対しての再検討が掲げられていた。討論会には音楽学者や音楽家を

含む多方面からの音楽関係者がインド各地から参加し、インド芸術学者のカピラ・ヴァーツャーヤン（Kapila Vatsyayan, 1928-）による司会進行の下で、発表者は事前準備した小論文について発表し、その内容に対して参加者間では意見交換も行われた。7 名の発表者の論文および各発表後の討論についてが、同年のサンギート・ナータク・アカデミー[31]（以下、SNA）の機関誌 SNA ジャーナル 20 号（1971 年 4〜6 月号）に特集記事として掲載された。以下、その概要を考察する。

　最初の 2 名の発表者は南インドの音楽学者と批評家、サンバムルティ（P. Sambamoorty）とスブラマニアム（P.V. Subramaniam, 1917-2007）である。サンバルムルティの論文「ハルモニウムとカルナータカ古典音楽」'Harmonium and Karnatak Classical Music' では、ハルモニウムが南インドの古典音楽において早期段階から不採用になった理由として、第一にシュルティの問題、第二にガマクに代表される装飾音の問題を挙げた。ここまでは従来のハルモニウムの論争と同じ論点である。そしてこれらに加え、旋法の上行音階と下行音階のいずれかのみでシュルティが使用される場合についても問題が生じると指摘している。

　またその他の興味深い点は、国産リードの品質について言及していることである。仏カスリエル（Kasriel）製等の輸入リードが使用されていた時期は音色も良く、耐久性にも優れていたが、国産リードが用いられるようになると、その品質は輸入品に劣り、今後も演奏会でハルモニウムを使用するのであるならば品質改善の余地がある、と述べている［Sambamoorty 1971: 5-7］。

　仏カスリエル社は 1838 年に楽器工房として創業し、19 世紀後半には仏アレクサンドル社同様にハルモニウム製作で成長した会社である。一方の国産リードは、1947 年のインド独立後に輸入品に対する関税が大幅に引上げられたため、グジャラート州のジャイナ教の一聖地であるパーリーターナーでの国産品に注目が集まった。今日では、北部デリーでは工房自体が

---

[31]　国立の音楽・舞踊研究機関であり、ニューデリーに本部、インド各都市に支部をもつ。図書資料・音源資料のアーカイヴや楽器資料館を備え、機関誌の発行や、SNA 賞の授与、音楽や楽器についての各種プログラムの実施等を司る。

リードを製造しているが、東部や西部のハルモニウム工房ではパーリーターナー製リードが使用される場合が多い。(詳細は第2章で後述。)

　また、次の発表者でムンバイ在住の北インド音楽学者ラタンジャンカル（Pt. S.N. Ratanjankar）は、冒頭でサーランギー奏者の減少について指摘する。サーランギーは他楽器と比較しても演奏技術の習得が難しく、長年の修行が必要な上に、その演奏法からも指の痛みを伴い、これらが奏者減少の一理由として考えられる。また、そうした修行を積み、優れたサーランギー奏者になれば、今度は声楽の伴奏者ではなくソロ奏者として活躍するようになり、それがまた声楽伴奏という位置付けでのサーランギー奏者の減少に繋がっている、と述べる［Ratanjankar 1971: 11］。確かに東部や北部には世襲制のサーランギー家系が存在することから、減少傾向にあるとはいえ、ある程度の演奏家の数は保持されるが、そうした伝統のない西部ではサーランギー奏者の確保は難しい問題であり、ハルモニウムの浸透は伴奏楽器の必要に迫られたものであったと容易に推察される。

　以後は音楽実践者の発表が続き、デーシュパーンデ（V.H.Deshpande, 1907-1990）は、古典声楽家の立場から伴奏楽器であるハルモニウムについて意見した。彼は、西部マハーラーシュトラ州の「デーシュパーンデ流派」（देशपांडे घराना [despand gharānā] Deshpande Gharana）の家系に生まれ、AIR 専属の音楽家として活動する他にも、研究家や批評家としても著名な人物であった。論文の中では一貫してハルモニウムの必要性が強調されると同時に、声楽家に伴奏楽器を選択する自由がないことに対して、強く異議が唱えられている。ハルモニウムは他の伴奏楽器と比較しても、強力で持続的な音色やドローンが歌唱者の状態を高揚させ、また調律の必要がないといった利点もあり、ハルモニウムの欠陥とされるシュルティについても、鞴を巧みに操作しながら隣接する音に僅かに触れることによって類似した効果が得られると指摘する。更には、ハルモニウムに対するこれまでの論争は現実味を帯びておらず、音楽学者達は演奏家がただ演奏するだけで何も考えず述べもしない存在として切り離してきた傾向にあり、こうした意味において我が国は音楽においては後進国である、と手厳しい意見が綴られている［Deshpande 1971: 15-20］。

次のディーパーリー・ナーグ（Dipali Nag）もハルモニウムの使用に肯定的な意見であり、「アーグラー流派」（आगरा घराना [āgrā gharānā] Agra Gharana）の声楽家である彼女は、インド音楽の教授におけるハルモニウムの存在について取り上げている。その冒頭で、この半世紀で音楽学習に関心を抱く生徒が急増し、それは音楽家系の出身者だけではなくあらゆる社会層に及んでいると指摘する。音楽の教授が教室において大小の集団で行われる場合、そうした環境下において教師にとっての救いとは、「バートカンデーの記譜法」と「ハルモニウム」であったと述べる。具体的なハルモニウムの利点としては、調律が不要なため時間が節約できる点、教師は生徒が理解するまで何度もハルモニウムで旋律を反復することが可能な点、また学生の声域に合わせて一瞬で移調が可能な点が列挙される［Nag 1971: 20］。最後の点について補足すれば、ハルモニウムには、一部のリードオルガン同様に「スケールチェンジャー」（scale changer 以下、移調鍵盤と表記）と呼ばれる移調鍵盤の機能（詳細は第 2 章で後述）があり、それを使用すれば、指で押さえる鍵の位置は変えずに、半音ごとに段階的に音高の上げ下げが可能となる。したがって、そうした機能が音楽の教授に活用されていることがわかる。

　次の発表者であるギャン・プロカシュ・ゴシュは、ハルモニウム奏者として、ソロ楽器としてのハルモニウムについて言及している。その論考では、ハルモニウムの味わい深い音色や、鞴の操作によって音色に変化がつけられること、また演奏中にも調律が狂わないこと等が指摘されている［Ghosh 1971: 24］。だが、30 年以上という長期の放送禁止に対して、デーシュパーンデほどの強い意見を露にしてはいない。前述したように、ギャン・プロカシュはハルモニウム工房の一族に生まれ、映画音楽監督やタブラー奏者として多方面に活躍しながらも、AIR に 15 年間にわたって従事した経験（1955〜1970 年）をもつ。この 1971 年の討論会に至るまで、ハルモニウムのソロ奏者として築いた功績を考えても、どのような心境でこの討論会を迎えたか、その想いを計り知ることは困難であろう。

　以上のような各専門家の討論を受け、AIR は遂にハルモニウムの放送禁止を部分的に撤回する決断を示し、次の 4 点を許可する方向に動いた。

> 1. 特級やA級の音楽家は、古典音楽や軽古典音楽において伴奏楽器としてハルモニウムを使用することを許可する。
> 2. AIR認可のカッワーリーの団体では、級に関わらず、ハルモニウムを伴った公共の演奏を放送することを許可する。
> 3. 古典音楽や軽古典音楽においてAIR認可の合唱団体は、関係各局のディレクターの許可があればハルモニウムの使用を認める。
> 4. 古典音楽や軽古典音楽の番組で特別に編成され、関係プロデューサーの助言があればハルモニウムの使用を許可する。
>
> [*Sangeet Natak Akademi Journal*. Vol.20, 1971: 29]

　上記からも明白なように、規制の撤回は一部に限定され、古典音楽や軽古典音楽においては特級やA級ではない音楽家の番組については、依然としてハルモニウムの使用禁止は続いた。同様にハルモニウムのソロ演奏についても、放送が許可されることはなかった。
　1971年のこの決定以後も、ハルモニウムについての論議は各方面で続いていった。先のロビンドロナト・タクルのロビンドロ・ショ ンギトにおいても例外ではない。その中心的機関であり、1944年に設立された「ビッショ・バロティ音楽委員会」(Hin. ヴィシュワ・バラーティー Vishva Bharati Music Board/Visva Bharati Sangit Samiti) は、1988年3月の会議で、ロビンドロ・ショ ンギトで使用する伴奏楽器についての討論会を実施した。そこでは、エスラジ奏者で同組織の主要な指導者マジュンダール (Sailaja Majundar) が率いるハルモニウム禁止の推奨派と、同じく指導者の一人であるシャンティデブ・ゴシュ (Shantidev Ghosh, 1910-1999) やシュビノエ・ラエ (Subinoy Roy) といったハルモニウム禁止の反対派が真っ向から対立した。その結果、ロビンドロ・ショ ンギトにおいて伴奏楽器の過度の使用は認めないが、声楽家が楽器を選択することは自由であ

　　　　　　　　　　　　　　　　　　　　　第 1 章　ハルモニウムの受容と変遷

る、という柔軟な対応策が示された[32]。それは AIR に対するロビンドロナートの進言から 50 年を経過しての出来事であった。

　その一方で、ハルモニウムやその奏者の扱いにおいて、AIR への不満の声は依然として沸き起こっていた。1997 年にも西部ムンバイの音楽家がハルモニウムのソロ演奏禁止を撤回するように弁護士を通して AIR に陳述したが、AIR プロデューサーからその弁護士に宛てた返信の書簡では、AIR 主催の全国規模の音楽祭にハルモニウム奏者が出演しない理由は、そうした音楽祭では単に A 級の音楽家の出演を認めているためであり、また AIR が開催する音楽家審査会（AIR competition）にハルモニウムの審査枠が存在しないのは、AIR でも南北のあらゆる楽器に対応するのは不可能であるから、と弁明されている［Bhalodkar 2006: 20-21］。

　すなわち、ハルモニウム奏者は審査会への参加資格すらないために格付けがなされることもなく、よって AIR 主催の音楽祭に出演する道は最初から閉ざされているのである。音楽家の格付けを目的としたこうした審査会については、それが AIR スタジオ内で非公開によって実施されることからもその閉鎖性や妥当性については疑問視されているが、他方で音楽家の肩書きとして通用している現状もあり、困難な問題である。

　次節では、ハルモニウムの長期に渡る論争を経て、2006 年にハルモニウム奏者として初めて国家勲章が授与された音楽家に最初に注目し、後半では、ハルモニウムの改良楽器の開発者および演奏家について取り上げる。

32　テレグラフ紙 'The Telegraph' 1989 年 4 月 28 日付の記事。

5. 演奏家による貢献と新たな改良楽器の登場

ハルモニウム奏者初のインド国家勲章：マフムッド・ドウルプリーの半生

　1971年のAIRの規制緩和以後、A級以上の古典声楽家は、演奏会は勿論のこと、番組放送においても躊躇することなく、ハルモニウム奏者の登用が可能となった。それに伴ってハルモニウム奏者の更なる活躍は続き、前述したギャン・プロカシュ・ゴシュも1984年に国家勲章を授章した。だがこれはハルモニウム奏者としてではなく、タブラー演奏やAIRでの音楽監督としての功績を含むインド音楽界への多彩な貢献が総合的に評価されたもので

【資料 1-20】マフムッド・ドウルプリー（2007年8月、デリー）

あった。したがって、毎年の授章者に器楽奏者の名が挙がる中で、ハルモニウム奏者にはその機会が与えられなかった。21世紀の2006年にようやく、ハルモニウム奏者としての初の国家勲章パドマ・シュリー（Padma Shri）の称号が授与される音楽家が現れた。それが、マフムッド・ドウルプリー（महम्मद दौलपुरी [Mahmmad Doulpurī] Mehmood Dhaulpuri, 1954-）である。

　ドウルプリーは、1954年に古典声楽の「グワーリヤル流派」（ग्वालियर घराना [gwāliyar gharānā] Gwalior gharana）のサーランギー奏者の家系に生まれ、ラージャスターン地方のドウルプル村（दौलपुर [Daulpur] Daulpur）で成長した。一族は、全員サーランギーを生業とする奏者であり、ドウルプリーも幼少から祖父のブッダ・カーン（Buddha Khan Dhaulpuri）にサーランギーを師事したが、彼が10代初めの時期に、彼の住む村周辺でもハル

モニウムが浸透し始め、たちまちその楽器に魅せられた彼は、サーランギーではなくハルモニウムの演奏に献身するようになった。

　以後は、「デリー流派」(दिल्ली घराना [dillī gharānā] Delhi gharana)の声楽家ナスィール・アフメド・カーン (Naseer Ahmed Khan, 1930-1986)に師事し、1976年に22歳の若さで、「ランプル流派」(रनपुर घराना [runpur gharānā] Runpur gharana)の声楽家グラム・ムスタファ・カーン (Ghulam Mustafa Khan, 1931-2005)の伴奏で初舞台を踏んだ。そして声楽界の巨匠、「キラーナー流派」(किराना घराना [kirānā gharānā] Kirana gharana)のビームセーン・ジョシ (Bhimsen Joshi, 1922-)、クマール・ガーンダルヴァ (Kumar Ghandharva, 1924-1992)、「メワーティー流派」(मेवाती घराना [mewātī gharānā] Mewati gharana)のジャスラージ (Pt. Jasraj, 1930-)、パティヤーラー流派のパルヴィーン・スルターナー (Parveen Sultana, 1950-)等、多数の声楽家の伴奏を努め、古典音楽屈指の伴奏者として高い地位を築いた。

　ハルモニウムの場合は、伴奏者といえども、北インドの古典音楽はラーグの規則に準じた上で、即興が繰り広げられる音楽であるため、声楽家が表現するラーグに直ちに対応できるように膨大なラーグの知識を習得しておくことは最低条件となる。また各々の声楽の流派の特徴も熟知しておく必要があり、即興的に紡ぎ出される歌の節に対して、追随しながら支える役割を担っている。したがって、ドウルプリーのようにあらゆるラーグの知識や声楽流派の特徴を熟知した奏者は、声楽家を支える名伴奏者として信頼も厚く、現在は国内の音楽祭や、近隣の南アジア諸国、また欧米といった国外の演奏会において、引く手数多な状態である。

　こうした「サーランギー家系出身のハルモニウム奏者」というドウルプリーの経歴は特殊であると同時に一見皮肉にも映り、事実、その息子のファクルッディーン・ドウルプリー (Fukruddin Dhaulpuri, 1979-)は、父親が一代で築いたハルモニウムの看板を継承せずにサーランギー奏者となったが、その一方で、同じ伴奏楽器として幼少からサーランギーで培った知識と技法は、ハルモニウムにおいて「ドウルプリー・スタイル」と呼ばれる独特の演奏技法を生み出す根源でもあった。装飾技法の「カットカー」

（खटका [*khaṭhkā*] khatka）やムルキー等の各種トリルが多用された技巧的な奏法、またガマクのような装飾技法においても、持続的な音高の変化が鍵盤では不可能な分、実際に強調したい音以外の微細な音も拾って素早く弾くことで、声楽で表現されるガマクに類似した「音」に聴こえるのである。このように、ハルモニウムの弱点を奏法で克服している点は、特にドゥルプリーが古典音楽界において高い評価を受ける所以であろう。また身体を大きく動かしながらのドラマティックな演奏は、舞台上の声楽家の気分を高揚させ、観客を魅了する。古典音楽の演奏中に、通常タブラー奏者にはソロ演奏の時間が与えられるが、ドゥルプリーの場合には、大概の声楽家はハルモニウムにもソロ演奏の機会を演奏中に設けるのである。

彼の自宅を訪れて行ったインタヴューでは、息子がデザインしたというピンク色の鍵盤の特注ハルモニウム（42鍵、左右開閉型7重鞴）の前で、ドゥルプリーは精力的な演奏活動を行うことは自身の成功だけではなく、ハルモニウム全体の成功にも連結すると力説する。そのため、映画音楽等の仕事は一切引き受けず、今後も古典音楽だけに献身し続けると述べる姿が印象的であった。

改良楽器サンヴァーディニーと演奏家マノーハル・チモテ

ドゥルプリーのように声楽伴奏の位置付けで、ハルモニウムの演奏技法を洗練させ、ハルモニウム奏者の地位向上に尽力する演奏家がいる一方で、従来のハルモニウムを改良して、ソロ楽器として新たな方向性を築いた人物もいた。それが、「サンヴァーディニー」（संवादिनी [*samvādinī*] Samvadini）と呼ばれる改良楽器を開発し、自ら演奏家として活躍したマノーハル・チモテ（मनोहर चिमोटे [*Manohar Cimote*] Manohar Chimote, 1929-2012）である。

ムンバイ在住の古典声楽家・音楽学者プラバー・アトレ（Prabha Atre）の紹介によって、チモテとその弟子で演奏家のジテーンドラ・ゴレ（Jitendra Gore, 1966-2013）への取材が可能となった。2008年8月21日、22日に両氏のムンバイ郊外の自宅にて、2日間にわたってインタヴュー調査を行った録画資料の一部は、【映像資料1：サンヴァーディニーとその

演奏家】[33]に収録している。

【資料 1-21】マノーハル・チモテと楽器サンヴァーディニー（2008年8月、ムンバイ）

【資料 1-22】ジテーンドラ・ゴレと楽器サンヴァーディニー（2008年8月、ムンバイ）

　マノーハル・チモテは、1929年にマハーラーシュトラ州ナーグプル（Nagpur）の音楽一家に誕生した。1950年代から西部を中心に活躍していたハルモニウム奏者ビーシュマデーヴ・ヴェーディー（Bhishmadev Vedi）に師事し、北インド古典音楽の演奏家となるべく修練を積んだ。チモテは、ハルモニウムだけではなく弦楽器であるシタールの演奏経験もあり、その音楽経験が、後の1960年代に考案したサンヴァーディニーの楽器構造や、ソロ楽器としての独自の演奏表現に深く関与している。以後は、シタール奏者シャヒード・パルヴェーズ（Shahid Parvez, 1955-）やバー

33　映像資料《北インドにおけるハルモニウムのローカル化》www.youtube.com/watch?v=HnrX5yEWJd0（公開中）

ンスリー奏者ロヌ・マジュンダール（Ronu Majumdar, 1963-）等、古典音楽界の第一線で活躍する器楽奏者とも競演し、演奏や録音活動を通してサンヴァーディニーの魅力を広めた。声楽を模した独特の表現技法や音色は音楽関係者からも高い評価を得て、権威ある「ITC 音楽研究協会」（ITC Sangeet Research Academy）の賞をはじめ、多数の音楽機関からその功績を表彰されている。

2008年の調査時には、79歳という高齢のために演奏会の頻度は年に数回にまで減少してはいたが、後進の育成には意欲的であり、弟子のゴレはチモテの演奏技法を継承し、サンヴァーディニー奏者として積極的な演奏活動に取り組んでいた。しかしながら、2012年にチモテ、2013年にゴレが相次いで他界し、貴重なサンヴァーディニー奏者を失ってしまったことは非常に悲しく残念な事である。

調査時はチモテの体調を配慮し、初日はゴレに単独取材を行い、サンヴァーディニーの特徴について、「何がハルモニウムと異なるのか」を重点として説明を求めた。以下にその内容を整理する。「特徴1～5」までがサンヴァーディニーの構造面における特殊性、そして「特徴6～8」が演奏面における特徴を列挙している。

特徴1：調律（ガーンダール・チューニング）

過去のハルモニウムの論争では、微分音であるシュルティの扱いがその論点として議論されたように、ハルモニウムにとって音律は極めて深刻な問題であった。各ラーグにおけるシュルティの問題も、その根源は詰まるところ、ハルモニウムに西洋の12平均律が採用されることにあった。

北インド古典音楽の実践では純正律を基本とし、その上で前述したように、ラーグによっては部分的にシュルティが用いられる。インドの伝統楽器、すなわち可動式のフレットをもつシタールやエスラジ、フレットレスのサーランギーやサロードといった楽器では、主音である$\overset{+}{S}$音をCに調弦しようがDにしようが、相対音高によって融通がきく構造である。しかしながら、リードがあらかじめ調律されているハルモニウム、特に移調鍵盤を備えた楽器では、ピアノ同様に、音の響きよりも数学的に弾き出された

12平均律の方が、選択肢としてはより現実的である。これを克服しようと、古今東西において「純正律の鍵盤楽器」の追究、例えば日本では田中正平が純正調オルガンを発明し、インドでもシュルティ・ハルモニウム試作の事例があるが、普及はおろかいずれも実用化に漕ぎ着くことはなかった。

　こうした平均律の採用を最初に問題視していたのは、チモテの師匠であるビーシュマデーヴ・ヴェーディーであった。そして師匠の考えを踏襲し、「伴奏楽器」から「ソロ楽器」へと発想を転換することで、純正律の鍵盤楽器を実用化したのが弟子のチモテなのである。声楽家の声域に合わせて、移調が可能なハルモニウムに対し、チモテは自身の考案楽器をソロ楽器として独立させることで、移調の必要を除外し、また通常ハルモニウムに付属するドローンのストップ機能も省いた。これによって純正の響きが得られる鍵盤楽器が誕生し、マラーティー語でハーモニーを意味する「サンヴァーディー」（संवादी [sanvādī] samvadi）にちなんで、チモテの楽器はサンヴァーディニーと命名された。

　【映像資料 1】の「特徴 1」では、ゴレがサンヴァーディニーの音律と平均律に調律されたハルモニウムとを比較しているが、それは特に G 音（S 音から長 3 度高い音）、D 音（S 音から長 6 度高い音）、N 音（S 音から長 7 度高い音）に顕著な違いが見られる。またサンヴァーディニーの演奏では、どのようなラーグの場合も必ず F 鍵を主音である$\overset{\sharp}{\text{S}}$音にする。ゴレによれば、調律はムンバイ在住の特定の調律師に定期的に依頼するという。

特徴 2：共鳴弦の付与

　サンヴァーディニーとハルモニウムにおける外見上の相違点として、最も顕著な部分は、共鳴弦の有無である。ハルモニウムでは着脱可能な上蓋に該当する部分に、サンヴァーディニーでは複数のスチール弦が張られる。ゴレの楽器では 12 弦、チモテの楽器では 14 弦が張られ、ギター用のペグを回して音高を調節できる仕組みになっている。

　インドの弦楽器の多くは、こうした「タラブ」（तरब [tarab] tarab）と呼ばれる共鳴弦を備え、演奏するラーグの音階に合わせてそれらを正確に調律することによって共鳴音が生まれる。それは器楽演奏の味わいにおいて

第 1 部　北インドにおけるハルモニウムのローカル化

【資料 1-23】サンヴァーディニーの共鳴弦（2008 年 8 月、ムンバイ）

も重要な要素を占め、チモテもこうした弦楽器の共鳴弦から着想し、鍵盤楽器においてもその要素を取り入れた。【映像資料 1】の「特徴 2」からは、鍵盤を弾いた音に該当する弦が共鳴しているのがわかる。

　また共鳴弦は、共鳴音を生成する以外にも、ハープのように複数弦を連続して爪弾き、リズムやアクセントの効果も可能にする。左手の人指し指には、シタール用の「ミズラーブ」（मिज़राब [mizrāb] mizrab）と呼ばれるスチール製のプレクトラムを装着し、鞴の操作の合間に、共鳴弦を弾くことによって、演奏に彩りを加えてゆくのである。

特徴 3：鍵盤の仕様（タッチレスポンス効果と 4 オクターヴ以上の鍵盤）

　サンヴァーディニーの鍵盤では、ハルモニウムよりも更にタッチレスポンスの効果が得られる。鍵の動き、すなわち鍵盤のアクションは、かつて欧州諸国のピアノ産業において、シングル・エスケープメントやダブル・エスケープメントといった様々な仕組みが考案されたように、インドのハルモニウム産業も同様に各都市で改良が進行し、各々の特性が見受けられる。その詳細は第 2 章で後述するが、サンヴァーディニーの鍵盤に関しては、構造的にはムンバイ製ハルモニウムに特有のスプリングとパレット（弁）を用いた仕組みである。しかしながら、それらハルモニウムとの違いは、

スプリングの強度と弾力性にあり、サンヴァーディニーの強いスプリングは鍵により重圧をかけ、指圧による音の強弱の操作を可能にする。

また、鍵数に関しては、通常ハルモニウムが 3 オクターヴ強（37〜46 鍵）であるのに対し、ゴレの楽器では 51 鍵、チモテの楽器では 49 鍵と、4 オクターヴ以上であるのが特徴である。

特徴 4：リードの厚み

サンヴァーディニーのリードは、ハルモニウムのものよりも厚く、グジャラート州パーリーターナー製のリードが使用される。リードの厚みと音色は大きく関与し、【映像資料 1】の中では両者の音色を比較しているが、サンヴァーディニーの音色がより重厚であることは明白である。

特徴 5：鞴の仕様（上部開閉型の一重鞴）

ゴレによれば、優れた鞴の条件として、第一に大容量であること、第二に素早い発音を可能にすること、これらの 2 点が要求される。サンヴァーディニーの鞴は、こうした条件を満たす上部開閉型の一重鞴が装備され、二重鞴や左右開閉型の七重鞴は使用されない。

容量に関しては、一重鞴の場合はその他の鞴よりも、開いている鞴を閉じる一回の動作によって、並列した二箇所の空気孔から大量の空気を一度

【資料 1-24】サンヴァーディニーの上部開閉型の一重鞴
（2008 年 8 月、ムンバイ）

に取り込むことが可能である。その結果、鞴の操作を行わないでも発音可能な状態が長く持続する。また音のアタックについても同様に、一重鞴は、より圧縮した空気を瞬間的に送り込むことが可能なため、素早い音の立ち上がりを実現する。

特徴6：装飾音の技法（ガマク、ミーンド、ガスィート）

　古典音楽へのハルモニウム採用をめぐる議論では、シュルティと並んで、装飾音の表現もまた論争の種であったが、ハルモニウム奏者の演奏技法が徐々に洗練化されてその問題を克服したように、サンヴァーディニーにおいても装飾音の技法は多用される。技法自体は、ハルモニウムと違いがある訳ではないが、ゴレの卓越した鞴の操作について、ここでは記しておく。

　特にガマクやミーンドの技法は鞴の操作と深く関わる。例えば、ガマクの場合は、鞴から充分に空気を送風した上で、鍵盤上の親指と人指し指で2つの音を速く反復させることで表現される。またミーンドの場合は、鍵盤で1音を弾いた直後に、鞴から空気を送り込んで気圧を高め、その後、次の目的音に移行した時には鞴を離して気圧を緩める。これによって、弦楽器のミーンドに類似した効果が得られる。

　次にガスィート（घसीट [*ghasīt*] ghasit）の技法は、親指と人指し指の先を合わせて1音を弾いた後に、勢い良く次の目的音まで鍵盤上をスライドさせることによって表現される。

　ゴレは、サンヴァーディニーの演奏はこうした演奏技法と切り離すことができず、ひたすら練習を積み重ねることによって、演奏中での様々な装飾音の表現が可能になると強調する。

特徴7：ソロ楽器としての楽曲構成とその奏法

　サンヴァーディニーの楽曲構成は、【資料 1-25】で示すように、シタールやサロードといった北インド古典音楽の器楽演奏の構成と同じである。

　演奏は、ラーグの特徴を描く序奏のアーラープから始まる。そこでは各ラーグの特有の旋律型や展開形式の規範に準じた上で、即興的に演奏される。そうした旋律型を軸として展開するヴィスタール部分は、低音域、中

音域、高音域の順に展開される。古典音楽の味わいの一つは、このアーラープ部分で演奏家が展開形式に沿いながら、いかにラーグの特徴を描くかにある。例えば、演奏家は時に意図的に同じフレーズを反復し、次の音に到達するまでの時間を引っ張ることがある。そうした場面では、展開形式を認識し、かつ次の音を期待している聴衆は、演奏家の戦略を感知し、音楽を通して緊張感のある対話が行なわれる。したがって、こうした演奏家の戦略と聴衆の期待との相互作用がサンヴァーディニーも含む、古典音楽演奏のダイナミズムであり、美的経験にも深く関与すると同時に、アーラープ部分の醍醐味と考えられる。アーラープ後のジョールやジャーラー部分については、演奏時間の制約によって、臨機応変に省略されることも多い。

次のマスィートカーニー・ガット（मसीतखानी गत [masītkhānī gat] masitkhani gat）では、打楽器タブラーが伴奏として加わる。別名「ヴィランビット（緩やかな）・ガット」（विलंबत गत [vilambit gat] vilambit gat）とも言われ、緩やかな速度でガットと呼ばれる基本のフレーズが最初に演奏される。通常、ガットの長さはリズム1周期分であり、その旋律は演奏するラーグによって異なり、演奏家や流派によっても様々な固有フレーズが存在する。最初にこのガットが提示されることによって、聴衆はこれから何拍子のタールが演奏されるのかを察知することができる。そして、こ

楽曲部分の名称	打楽器	各部分の特徴
アーラープ	無	緩やかな自由リズムで、ラーグの特徴を描く序奏。
ジョール		自由リズムのアーラープが、拍節リズムに変化したもの。
ジャーラー		主音のS音を効果的に用い、速いテンポで技巧的に演奏される。
マスィートカーニー・ガット	有	緩やかなテンポで、ガット（基本フレーズ）とヴィスタールやターン（即興による変化形）を組み合わせて演奏される。この部分から打楽器が加わる。
マディヤ・ガット		倍速のテンポで、異なるガットとターンが演奏される。
ラザーカーニー・ガット		さらに倍速のテンポで、異なるガットとターンが演奏される。
ジャーラー		主音のS音を効果的に用い、速いテンポで技巧的に演奏される。

【資料1-25】サンヴァーディニー演奏での楽曲構成

こでもヴィスタールや「ターン」(तान [tān] tan) と呼ばれる即興的かつ技巧的なフレーズがガットの間に織り込まれていく。すなわち、ガットという「安定」の部分とその他の「変化形」の部分との対比で成立している。【映像資料1】の「特徴7」では、ゴレが16拍子のガットを2回(2周期)反復した後に、ヴィスタール・アーラープに続く様子が収録されている。

　次の「マディヤ・ガット」(मघ्य बत [madhya gat] madhya gat) や「ラザーカーニー・ガット」(रजाखानी गत [razaākhānī gat] razakhani gat) も構成は同様であるが、速度が前者は約倍速、後者は更にその倍速というように増していく。したがって後者は、別名「ドゥルット(速い)・ガット」(द्रुत गत [drut gat] drut gat) と呼ばれる。

　そして最後の「ジャーラー」(झाला [jhālā] jhala) 部分に関しては、弦楽器の場合は「チカーリー」(चिकारी [cikārī] chikari) という高音の $\overset{+}{S}$ 音に調律された弦でリズムを刻み、最速で技巧的に演奏される。例えば、16拍子であれば、〔(Da　c　c　c)×4〕(4×4=16) が基本であり、Daは旋律弦、cはチカーリー弦で演奏される。その他にも〔(Da　c　c)×2 ＋ (Da　c) ＋ (Da　c　c　c)×2〕(3×2+2+4×2=16) や、〔(Da　c　c)×4 ＋ (Da　c)×2〕(3×4+2×2=16) 等の変型が間に盛り込まれて演奏される。しかしながら当然、チカーリー弦のないサンヴァーディニーでは、こうしたジャーラー部分をどのように表現するかが問題となる。ゴレの奏法を観察すると、Daに該当する部分は旋律の流れに沿い、一方のチカーリー弦に相当してリズムを刻む部分では、親指と人指し指で中音の $\overset{+}{S}$ 音を巧みに奏でている。すなわち、〔Da　c　c　c〕の場合の音高および指使いを示すと、【資料1-26】のようになり、サンヴァーディニーが、弦楽器と同様の楽曲構成で演奏を成立させるために、様々な工夫を導入していることがわかる。

シタールでの奏法	音高	旋律音	S	S	S
	奏法	Da (旋律弦)	c (チカーリー弦)	c	c
サンヴァーディニーでの奏法	音高	旋律音	S	S	S
	奏法	親指以外	親指	人差し指	親指

【資料1-26】サンヴァーディニーにおけるジャーラー奏法

特徴 8：声楽的な演奏表現

　古典音楽における器楽演奏は、古典声楽から発展したように、ゴレによれば、ソロ楽器としてのサンヴァーディニーの演奏にもそうした声楽的な要素は不可欠であるという。その中でも、音の持続は最大の要素であり、声楽を模した伸びやかな表現はサンヴァーディニーの魅力である。【映像資料 1】のゴレやチモテの演奏やその歌声からも、楽器演奏者であると同時に、優れた声楽家であることが窺える。

　以上、ゴレへのインタヴューを基に、サンヴァーディニーの特徴を構造面や演奏面から検証し、整理して列挙した。第二日目のチモテに対する取材の一部は【映像資料 1】の後半部分に収録されている。

　チモテの演奏は、ゴレもサンヴァーディニーの伴奏で参加する中、和やかな雰囲気で約 1 時間に及んだ。家族やゴレからのリクエストに沿って、10 種以上のラーグが少しずつ披露された。チモテは各ラーグを演奏する前には共鳴弦の調律を手際よく行い、鍵盤を弾く右手指先には、滑り防止のためのベビーパウダーを付けた。始終、歌を伴ってサンヴァーディニーを弾く様子から、鍵盤楽器でありながらもその根底にある声楽と直結していることが窺えた。チモテの演奏は、ゴレよりもさらに装飾音が多用され、鍵盤奏法においても、一度に一鍵ずつの移行ではなく、同時に複数鍵にまたがって移動しながら、旋律の動きを捉えていることが観察可能である。

　自らハルモニウムを改良してサンヴァーディニーを開発し、そのソロ楽器として新たな演奏様式や奏法を導いたマノーハル・チモテ、その取り組みは「変革」であり、チモテは「変革者」であった。しかしながら同時に、その基盤には古典音楽への献身とその深い造詣があり、古典音楽の規範、すなわち「古典音楽はこうあるべき」という要素をサンヴァーディニーにおいて「保持」し、さらに体現した半生であった。そうした意味から、このチモテのサンヴァーディニーは、楽器改良からみえる、古典音楽におけるローカル規範を顕著にさせた事例と言えるだろう。

　続く第 2 章では、楽器製作の側面を取り上げ、製作側からみた楽器のローカル化に注目する。

第2章

国産ハルモニウム製作にみる都市単位でのローカル化

　第2章では、インド国内におけるハルモニウムの楽器製作の側面に焦点化する。第1節では、1947年のインド独立を境に、国産ハルモニウム製作が転換期を迎えた点に着目する。続く第2節では、ハルモニウム産業の主要3都市、東部コルカタ、西部ムンバイ、北部デリーにおけるハルモニウム産業の特徴を考察し、第3節以降では、各都市の具体的な工房を事例として取り上げながら、そこでの現地調査および収集資料から、工房の沿革、製品の構造や機能、製作工程や生産・流通体制を考察し、製作面における都市単位でのローカル化について論及する。

1. 国産ハルモニウム製作の転換期

　仏製ハルモニウムのグローバル化の結果、インドでは 1886 年から独自に改良した国産ハルモニウムの製作が進行したが、「国産」と言っても、楽器の心臓部であるリードについては、長年にわたって輸入に依存していた。そうしたリードの製造元は、前述したカスリエル社をはじめとしたフランスやドイツの工房であり、ドイツのハルモラ社 Harmola の 1930 年代の製品目録からは、【資料 2-1】のような、インド向けに特化した真鍮製リードが当時製造されていたことが判明した。

　ハルモラ社は 1890 年に創業し、リードオルガンの部品を中心に製造する工房であった。同社の目録には、オルガンリードやリード盤、カプラー

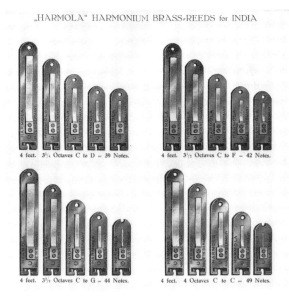

【資料 2-1】独ハルモラ社の部品目録（1930 年代）の一部（横浜開港資料館提供）

装置、ストップ・ノブ等、様々な部品が記載されているが、特定地域に特化した部品は、「日本・中国輸出用」のオルガン・リードと、「インド輸出用」のハルモニウム・リードのみである。

インド輸出用リードは、形状に関して言えば、片側が丸みを帯びている点はオルガン・リードに類似しているが、上下にはハルモニウム用のネジ穴があり、ネジで固定できる形になっている。またリード一式の個数についても、「39」「42」「44」「49」と 3〜4 オクターヴの間であり、ヨーロッパで標準的な 5 オクターヴ・リード（61 個）の記載はない。

こうした事実は、国産ハルモニウムに適応するようなリードの開発が、輸入側であるインドの楽器工房とハルモラ社等の輸出側とで調整された結果を示している。したがって、輸入リードに依存していた当初の国産ハルモニウムは、国産とは言いながらも、国内外の部分調整によるグローカル化の賜物であったと言えるだろう。

リードの他にも、白鍵盤の表板であるセルロイドは日本からの輸入品であり、大正 14 年に神戸税関が発行した『神戸港外国貿易概況』では、対英領印度輸出重要品表の品目に「セルロイド製品」が記され、主要な輸出品であったことが考察される。

これらの輸入品は、1947 年のインド独立を契機に輸入関税が引上げられたことによって価格が高騰し、国産ハルモニウム製作は転換を余儀無くされた。その結果、リードに関しては、国産供給への注目が一気に高まることとなった。

国産リードの製造は、それ以前の 1900 年代から前述したグジャラート州のパーリーターナー（पालिताना [pālītānā] Palitana）で小規模ながら製造は始まっていた。なぜその土地なのかと言えば、1901 年にパーリーターナーを支配下とするバーウナガル藩国（भावनगर [bhāunagar] Bhavnagar）の藩王バーウスィンジー2 世（Bhavsinghji II、1875-1919、在位 1896-1919）が、自身が所有するドイツ製ハルモニウムの修理のために、当時ブロンズ彫刻といったブロンズ製品の製造加工で栄えたパーリーターナーの街から 2 人の鉄工職人を召喚したことに始まる。港を有する同藩国は海上貿易で栄え、宮廷には専門の宮廷音楽家も抱えていた。また 1859 年建設のニー

第 1 部　北インドにおけるハルモニウムのローカル化

ラムバーグ宮殿（Nilambag Palace）もドイツ人建築家の設計であり、ドイツ製楽器が所有されていたことは別段不思議でもない。召喚された2人の職人ジーヴァンラール（Jivanlal Mistri, 1882-1952）とマハンラール（Mahanlal Mistri）は、その楽器を直ちに修理することはできなかったが、それを機会にブロンズと真鍮で加工されたリードの形状や構造を学び、2、3年後に製造を開始した。第二次世界大戦そしてインド独立後に国内需要が拡大し、2009年時点でパーリーターナーには7つの工房があり、何れも2人の職人の血筋を引いた子孫を中心に産業が活発化している。同地でリード産業に従事する労働者は約500人、各工房では一日平均20セットが製造される。

【資料2-2】職人ジーヴァンラールと1930年発行パーリーターナー製リード・カタログ

パーリーターナーで現在もリード製造を手掛けるラティラール・ジーヴァンラール・ミストリ工房（Ratilal Jivanlal Mistri, 1905年創業）は、創業当初は仏カスリエル製を模倣したリードの製造から始まったが、今日では4種のリードを製造する。第一の種類は「標準型リード」（standard reed）と呼ばれ、ブロンズと真鍮製の幅広の舌をもち、大音量が可能なリードである。また第二の「ハープ・リード」（harp reed）は舌の横幅が狭いものである。これは空気が漏出しにくいため、発音の速いシャープな音を可能にする。第三の「高品質クラシック・リード」（classic super reed）は、高品質なハルモニウム用に最善の注意を払って緻密に調律されたリードであり、特にコルカタ製の移調鍵盤機能付きのハルモニウム用に使用される。そして第四に「小型低音リード」（male size bass reed）という、通常より長さが短い低音のものがある。

　このように国産リード製造も単一に規格化されるのではなく、ハルモニウム本体の機能や要求される音色・音域に応じて種別化され、インド独自の展開を遂げてきたことが考察される。またセルロイドについては、ムンバイ等の一部の都市では代替素材として、国内調達が可能なナイロン材が使用されるようになった。

　こうして独立を機にハルモニウム産業は変革を迫られた結果、完全に国産供給が可能な生産体制へと移行していったのである。次節ではハルモニウム産業の主要3都市の特徴について考察する。

2．各都市のハルモニウム産業の特徴

　1886年にコルカタで国産ハルモニウム製作が開始され、ハルモニウムが広域に浸透し始めると、その産業は他の都市にも波及した。ムンバイでは1935年に楽器修理業からハルモニウム製作に進出した工房が創業を開始し、以後少し遅れてデリーでは、インド独立前後の時期から本格的な生産が始まった。その他ではパンジャーブ州のルディヤーナー（लुधियाना [*ludhiyānā*] Ludhiana）やチャンディーガル（चंडीगढ [*candhīgarh*] Chandigarh）にも製作工房がある。本節では、その中でも都市と産業が結びついて発展した主要3都市、コルカタ、ムンバイ、デリーのハルモニウム産業の特色を順に考察していく。

インド東部コルカタのハルモニウム産業

　国産ハルモニウム誕生の都市であるコルカタには、前述のドゥワルキン工房（1875年創業）の他にも、ハルモニウムを主楽器として扱う製作工房が多数存在する。楽器街のラル・バジャル(Hin. ラールバーザール লালবাজার Lalbazar) 地区には、R.B.ダシュ工房（Hin. R.B.ダース　R.B.Das 1890年創業）や、マノジュ・クマル・ショルダル工房（Hin. マノッジ・クマール・サルダール工房　Manoj Kumar Sardar Bros. 1919年創業）があり、楽器工房が軒を連ねるラシュ・ビハーリー（রাস বিহারী [*rasbihari*] Rash Behari Avenue) 地区には、パクラシ工房（Pakrashi & Co. 1930年創業）やメロディー工房（Melody 1935年創業）等が店を構える。また、ボトクリシュナ・ポール（Hin. バタクリシュナ・ポール　Bhattakrishna Paul)によるポール工房（Paul & Co.）のように優れた職人が独立して新たに製作工房を設立する例も少なくない。これらの工房で製作・販売されるハルモニウムは、一部の作業工程や部品製造をコルカタ郊外に集中する専門の部品工房に外注し、そうした工程が組み込まれて完成したものである。

こうしたコルカタのハルモニウム産業に関して、ドゥワルキン工房の 4 代目プロタプ・ゴシュは、次の四点をその特徴として指摘する。第一にコルカタのハルモニウム産業は、製作工程が細かく分業化された家内制手工業で成立し、中小の部品工房では職人の組合制度もなければ、工房設置の登録すらもされていない場合が多い。プロタプの 1987 年の調査では、コルカタでハルモニウム産業に従事する専門の職人は約 1000 人、その他にも兼業の補助的産業として、鞴の製作、牛角材やプラスチック材でストップを成形する作業、「リード・ヴォイシング」（Reed voicing）と呼ばれるリードの調整作業、また「フレットカッター」（Fret cutter）というリード盤の作成作業を含めると、更に約 350 人の職人がいた。

　また第二の特徴として、部品工房での仕事は請負制であり、職人の賃金も基本的に出来高制となる。熟練した職人の数は多くはないが、一度技術を習得すればその賃金は他の手工業と比較しても割高である。

　第三に、部品工房の多くはコルカタに隣接する街ハウラー（হাওড়া [houṛa] Howrah）やフグリー（হুগলী [fugli] Hoogly）に林立する。古くはコルカタ市街地中心地に部品工房があったが、敷地不足の問題によって、その多くは次第にハウラーのアムタ（আমতা [amta] Amta）地区やフグリーのダンクニ（ডানকুনি [dankuni] Dankuni）地区に移転した。また従事する職人は当初から大工のカーストや下層のベンガル・イスラーム教徒が多く、1987 年時点においても、依然として職人の約 60%はそれらの地域に住むイスラーム教徒であり、他の産業と異なりバングラデシュからの移民は殆ど従事していない。

　そして第四に、大多数の部品工房は 5 人以下の職人で構成され、社名もなく職人自身で切り盛りされ、農業と兼業される場合さえある。通常、見習い職人は熟練者から製作技術を習得したが、それは秘密として家族以外には口外されなかった。その理由は、知識や技術をもった職人が増えないように抑制するためであったという［Ghosh 1987: 12-14］。

　このようにハルモニウム 1 台の製作にも多くの職人が関わり、各作業工程が完全に独立していることは明白である。こうした分業制についてはインド西部やインド北部のハルモニウム工房でも同様に見られるが、その場

合も工房は自ら各工程の職人を抱えており、コルカタのように請負制の部品工房が多数存在する例は異例である。また、職人の多くがイスラーム教徒という点もコルカタのハルモニウム産業の特性であり、イスラーム居住区での閉鎖的な生産体制が、職人の高度な技術力の継承に一役買ってきたと考えられる。

インド西部ムンバイ、インド北部デリーのハルモニウム産業

　コルカタに次いで、国産ハルモニウムの産業化が進行したのが、インド最大の商業都市ムンバイ（旧ボンベイ）である。ムンバイを含むマハーラーシュトラ地域（現マハーラーシュトラ州）では、国産製作の開始以前にも、コルカタ同様に輸入ハルモニウムが受容され、主として19世紀後半から20世紀初頭にかけて同地域で流行したマラーティー語の舞台歌劇（Marathi Proscenium Music Theater）で使用されていた。

　その起源となるマラーティー劇は、1843年にサーングリー[1]（सांगली [sāṅglī] Sangli）の藩王パトワルダン（चिंतामणराव पटवर्धन [chintāmanrāu paṭwardhan] Chintamanrao Patwardhan）が、彫刻家ヴィシュヌダース・バーヴェー（विष्णुदास भावे [viṣnudās bhāve] Vishnudas Bhave）に依頼し、ラーマーヤナ神話の一部を舞台化したのが始まりである。バーヴェーの劇団はマハーラーシュトラの都市を巡業して人気を博し、バーヴェーは1862年までに52作品もの物語を創作した。徐々に劇団員が独立し、1879年までには同地域で活動する劇団は、35団体以上に増加した［Bakhle 2005: 82-88］。

　そうした劇団から頭角を現した演出家に、キルロスカル（बलवंत पांडुरंग किर्लोस्कर [balavant pāṇḍurang kirloskar] Balwant Pandurang Kirloskar, 1843-1885）がいる。彼はグプタ朝時代の詩人カーリダース（कालिदास [kālidāsa] Kalidasa）のサンスクリット戯曲『シャクンタラー』（शकुन्तला [śakuntalā] Shakuntala）を歌劇化し、マラーティー語で初の舞台歌劇「サ

1　サーングリーは、ムンバイから南南東に約300km離れた街であり、タンプーラー製作やパルスカル創設の音楽学校があることで有名なミラージ（मिरज [mirāj] Miraj）の街に隣接する。

ンギート・シャクンタラー」（संगीत शकुन्तला [sangīt śakuntalā] Sangit Shakuntala）を 1875 年に初演した。その歌劇では古典音楽が採用され、俳優には歌唱の場面も与えられた。そして 1882 年 11 月の公演でハルモニウムは最初に舞台で使用されたと伝えられている［Bhalodkar 2006: 18、Bakhle 2005: 88］。

当時、使用された輸入ハルモニウムの多くは仏製の足踏み式であり、こうした輸入品に加え、19 世紀末からコルカタでハルモニウム産業が興隆して、その製品がムンバイに流通するにつれ、舞台におけるハルモニウムの使用は拡大した。ムンバイ随一の老舗ハルモニウム工房であるハリバウー工房の現経営者によれば、こうした歌劇でのハルモニウムの採用が、以後 1930 年からムンバイで開始されるその楽器製作にも影響しているという。

今日のムンバイ製ハルモニウムの構造をコルカタ製と比較すると、まず音色や機能に顕著な違いがある。コルカタ製の場合は、古典声楽と同時にロビンドロ・ションギトの伴奏楽器としての需要もあるため、使用されるリードやその配置方法は、大音量で音の立ち上がりに優れた古典声楽用と、緩やかに発音するロビンドロ・ションギト用の両方が装備される。他方、ムンバイ製ハルモニウムでは、主な使用は古典声楽、軽古典声楽の伴奏であり、ロビンドロ・ションギト用の装備はされず、音量と発音の鋭さを重視した構造である。

このように楽器構造の特性は、ハルモニウムが使用される音楽様式や使用の場と関わると同時に、各都市の工房における生産体制とも深い関連がある。例えば、コルカタの工房の場合は、製作過程の多くの部分を請負制の小規模な部品工房に外注することで成立しているのに対し、ムンバイの工房では、同一工房内に各作業工程の専任職人を抱え、工房内で全工程が自立する組織形態になっている。更に、そこではコルカタ製に見られる移調鍵盤機能を付属した楽器は製造されず、鍵盤の構造も簡略化されている。したがって、製作時間の短縮や生産コストの側面を考えるならば、ムンバイの生産体制の方がより効率的で便益が見込めるのは明らかである。

またムンバイよりも更に独立生産体制を確立しているのが、デリーのハルモニウム産業である。ムンバイの工房の場合は、リードはパーリーター

ナー製品を外注しているが、デリーの工房ではリードも自社製造している場合が多い。それに加え、製造工場の規模もより大型であり、デリー市内での工場設置が法律上で禁止されているため、デリー市内から程近いウッタル・プラデーシュ州（以下、UP 州）ノイダ（ノエダー नोएडा [noeḍā]）Noida や、パンジャーブ州のチャンディーガル等に工場を所有し、大量生産可能な体制が構築されている。

　また、楽器産業に従事するヒトの側面に注目すれば、ハルモニウム製作に関わらず、今日デリーで楽器製作を営む工房の創始者は、1947 年のインド・パキスタン分離独立にともなう、現パキスタンのラホールからの亡命者が多い。例えばシタール製作においては、1920 年にラホールで楽器工房を創業したヒンドゥー教徒のリキ・ラーム（Rikhi Ram）は、独立の際にインドに亡命し、新たにデリーの地でリキ・ラーム工房（Rikhi Ram Musical Instruments Mfg. Co.）を開業した。同工房製のシタールは、ビートルズやラヴィ・シャンカールの使用によって世界的に著名になった。また同じくデリーのカルタール・チャンド工房（Kartar Chand Hari Chand 1961 年創業）やラージ・ミュージカル工房（Raj Musical 1962 年創業）の創業者もリキ・ラームと同じ家系出身である。

　ハルモニウム製作を手掛ける工房においても状況は類似し、その創始者の多くはラホールやパンジャーブ地方からデリーに移住したスィク教徒である。彼らは旧市街に位置するダリヤーガンジ（दरियागंज [dariyāganj] Daryaganj）やナイーサラク（नई सड़क [naī saṛak] Nai Sarak）地区、新市街のパハールガンジ（पहाड़गंज [pahāṛganj] Paharganj）やラージパト・ナガル（लाजपत नगर [lājpat nagar] Lajpat Nagar）地区に、工場とは別に創業当時からの中小の販売店を構えている。中でもダリヤーガンジ地区はデリー最大の楽器街と化し、ハルモニウム製作を主な足掛かりとして、経営を大規模化するビーナー工房（Bina Musical Store / Bina Enterprises 1941 年創業）や、ラホール・ミュージック・ハウス工房（Lahore Music House 独立以前 1940 年代にラホールで創業）、DMS 工房（Delhi Music Store 1970 年創業）等が軒を連ねる。

　デリーのハルモニウム産業の特徴は、前述したように、まず完全な独立

生産体制による、低価格で大量生産可能な環境の配備が挙げられる。そしてこれに加え、流通面では国外輸出量の占有率が非常に高いことが指摘できる。今日、欧米に販売店を設置し、流通販路を拡大していることもその特徴と言えるであろう。

　以上、本節ではハルモニウム産業の主要3都市の特徴を包括的に概観してきたが、次節以降では各都市の老舗工房に注目し、具体的事例としてコルカタのドゥワルキン工房、ムンバイのハリバウー工房、デリーのビーナー工房を順に取り上げる。考察項目には、第一に工房の沿革、第二に各製品の構造や機能、また製作工程や生産・流通体制が包含され、比較的な考察をすることによって、製作面における各都市単位でのローカル化を抽出していく。

3. 事例：インド東部コルカタのドゥワルキン工房

ドゥワルキン工房の沿革

　コルカタでは「ドゥワルキン」の知名度は高い。1976 年配給のトポン・スィン（Hin. タッパン・スィンハ তপন সিনহা Tapan Sinha, 1924-2009）監督のベンガル映画『ハルモニウム』は、競売に付されたドゥワルキン製のハルモニウムが次々と人手に渡っていくという人間ドラマが描かれた作品であるが、その中でもハルモニウムを指して「ドゥワルキン」と呼ぶ台詞が確認できる。

　コルカタのハルモニウム産業を牽引してきたドゥワルキン工房では、1875 年の創業後、ドゥワルカナトは 50 年にわたって事業を拡大させ、楽器製作と同時に見事な経営力も示した。晩年の 1925 年に、当時別の楽器工房を独立開業していた次男のショロットにドゥワルキン工房の後継者として経営を任せた。長男のキロン・チョンドロは 1924 年からラジオ・サプライ（Radio supply）という同工房の無線部門を担当し、その息子が前

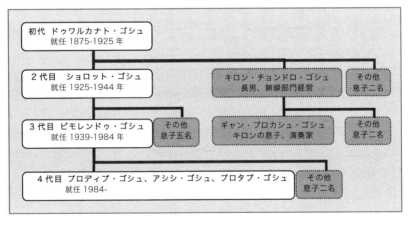

【資料 2-3】ドゥワルキン工房 ゴシュ家の主要人物

述のギャン・プロカシュ・ゴシュである。2代目のショロットは1944年に享年58歳で他界したため、息子のビモレンドゥが3代目に就任し、1984年に現在の4代目プロディプ、アシシ、プロタプにその座を譲った。したがって、【資料2-3】のゴシュ家の系図からもわかるように、現経営者の3名は初代ドゥワルカナトの曾孫に該当する。

ドゥワルキン工房の歴史については、1987年にベンガル語雑誌に掲載されたギャン・プロカシュによる記事や、彼と共に同時期に研究を行った甥で当時大学生の現4代目プロタプ・ゴシュ【資料2-4】の学位論文(1987年提出)を参考にする。

それらの資料やプロタプの談話に依拠すれば、初代ドゥワルカナトの時代にはドゥワルキン工房の事業は、楽器製作や販売に留まらず、音楽書の出版、蓄音機やレコードの販売にまで拡大していた。ハルモニウムの製作・販売に絞って見ても、2代目のショロッドの時代から、移調鍵盤の開発やリード盤の改良等の楽器改良が進められ、1939年に就任した3代目のビモレンドゥの時期にはハルモニウムの輸出は急成長した。コルカタや西ベンガル地方ではハルモニウム工房が増加して大規模な産業となり、そうした現象がムンバイ等の他都市にも飛び火していった。

【資料2-4】学位論文を持つプロタプ・ゴシュ(2008年7月コルカタ)

プロタプが調査した1987年時点での輸出国はアメリカ、イギリス、オーストラリアに加え、インド系移民の多い西インド諸島やフィジー等の多方面にわたり、コルカタでは年間500台が輸出され、輸出額はインド通貨に換算して12万ルピーに相当した。しかしながら、輸出量ではムンバイやデリーがコルカタを上回っていた。その理由として、前述したコルカタの特殊な生産体制の他にも、外国人やNRI(在外インド人 Non-Resident Indian)がコルカタで個人買付を行い国外に輸出していたことや、デリーやムンバイからも輸出向けとして高品質のコルカタ製品に注文が寄せられていたことにも起因している［Ghosh 1987: 11-12］。

第 1 部　北インドにおけるハルモニウムのローカル化

　コルカタ製ハルモニウムが他都市の製品よりも複雑な構造であるという認識は、今日の西部や北部の工房でも共通している。具体的には、鍵を動かすレバーやリード盤の構造、移調鍵盤の装備等が示唆され、ムンバイやデリーではそうしたコルカタ製の移調鍵盤付ハルモニウムを取り寄せて販売することは現在でも珍しくない。そこでは自社のラベルを貼り直して販売される場合もあるが、構造からコルカタ製であることが明白であり、「コルカタ製＝高品質」という付加価値からも、特に他社製品であることを隠すことはなく、コルカタ製と明言され販売がなされている。

　ここでは、そうしたコルカタ製の代表格としてドゥワルキン製ハルモニウムに注目するが、その前に 2 代目のショロット・ゴシュという人物と日本のリードオルガン産業との関わり、およびショロットの楽器製作への取り組みについてまずは触れておきたい。

ドゥワルキン工房によるリードオルガン製作

　ショロット・ゴシュ（Sarat Chandra Ghosh, 1886-1944）はドゥワルカナトの次男として生まれ、楽器製作に関心が高く、ゴシュ家の中でもピアノやオルガン演奏に最も優れた人物であった。父親のドゥワルカナトの時代にはドゥワルキン工房でも輸入品のリードオルガンを扱っていたが、かつて父親が国産ハルモニウムを製作したように、ショロットもインドでの国産リードオルガンの製作を構想した。1907 年（明治 40）前後には、リードオルガンの製作技術を学ぶために日本を訪問している。4 代目プロタプによれば、ヤマハの工場を視察したというが、それを証明する資料はゴシュ家にも現存しておらず、ヤマハと言っても実際に当時前身の日本楽器製造（以下、山葉）の浜松工場を訪問したのか、或いは後に日本楽器製造に吸収（大正 10 年）される西川風琴製造所の横浜工場を訪れたのかは不明である。

　ショロットが来日した明治 40 年頃には、日本のリードオルガン製作も大規模な産業に成長し、山葉と西川のオルガン工場では年間 8,000 台が製造され、職人は 300 人以上に及んだ［赤井 1995: 51-52］。

　【資料 2-5】は同時期の山葉製の携帯用リードオルガン、【資料 2-6】は

第 2 章　国産ハルモニウム製作にみる都市単位でのローカル化

　西川製オルガンの製品目録である。当時販売されていたリードオルガンも、39 鍵や 49 鍵の小型の「ベビーオルガン」や、61 鍵のキャビネット型まで種類があり、更に装備するリードやストップの数によって、種類や値段も細かく設定されていた[2]。こうした日本のリードオルガン製作は、当時 21 歳前後であったショロットの目にはどのように映ったのだろうか。

※No.3、No.4 ともに「旅行用箱附」と記載あり
【資料 2-5】明治 41 年（1908）『合資会社共益商社楽器店　西洋楽器目録』
（8〜9 頁）にみる日本楽器製（山葉製）携帯型リードオルガン

　ショロットは帰国直後の 1908 年前後から製作を開始し、当初は折畳みが可能な足踏み式の小型リードオルガンを手掛けた。明治期の日本のベビーオルガンにも類似した形状で、足のペダルと本体を支える左右側面のネジを取って解体することによって、外箱に納めることが可能であった。ハル

---

[2]　山葉製ではないが、佐藤泰平「日本の古いリードオルガン（2）」『立教女学院短期大学紀要』第 26 号、1994 年、328 頁に、明治 41 年の石原オルガンの〈学校用石原特製風琴雛形表〉の掲載があり、楽器の形状を確認することが可能である。

モニウムに携帯型があるように、リードオルガンにおいても箱形に収納可能な携帯型が存在し、当時の山葉や西川の楽器目録にも記載されていることから、ショロットがリードオルガン製作にあたってそれらを参考にした可能性もある。

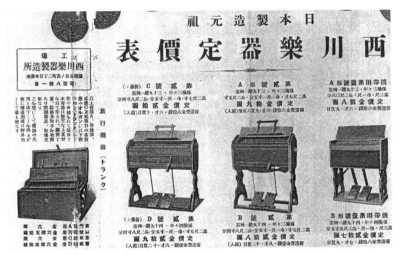

※「旅行用箱」の説明に「傳道用（伝道用）或野外用として最も便なり」と記載有。

【資料2-6】大正3年（1914）『西川楽器定價表』（約64×47cmポスター）にみる西川製携帯型リードオルガン（一部抜粋）

　ショロットは、こうした小設計で携帯型のリードオルガンに加え、徐々に61鍵のキャビネット型の製造にも取り組んでいった。1923年に独立してショロット・ゴシュ社（Sarat Ghose & Co.）を起業し、リードオルガンを中心に製作すると同時に、米エスティー社（Estey Organ Co.）や上海のモートリー社（Moutrie & Co.）、そして日本の山葉のリードオルガンの輸入販売も行った。

　明治44年に農商務省商務局が発行した『英領印度貿易指針』では、「第十二章　日印貿易」の輸出品目の中に楽器の文字が記され、また明治45年の同局の資料『重要輸出品金融及運賃ニ関スル調査』には、「静岡縣ニ於ケ

第 2 章　国産ハルモニウム製作にみる都市単位でのローカル化

ル樂器ハ濱松市ニ日本樂器製造株式會社アリテ山葉式オルガン及ピアノヲ製作シ（中略）近來ニ至リテハ漸時支那印度英國等ニ輸出スルニ至レリ」という記述があることからも、山葉製品がインドに輸出されていたのは日本側の資料からも明らかな事実である。

　ショロットは楽器輸入やリードオルガン製作に励む傍ら、「バニダシュ・ショルモ」（Hin. バニダース・シャーマ　Banidas Sharma）というペンネームで数冊の音楽理論書を執筆し、また鍵盤楽器の演奏にも優れていたため、6 人の息子には自ら演奏技術を指南したという。そうした彼の音楽性や楽器製作に対する才能、またその経営手腕を目にしたドゥワルカナトは、晩年にドゥワルキン工房を継承するよう要請し、ショロットが 2 代目に就任した。

　ドゥワルキン工房ではその後もハルモニウムと同時にリードオルガンの製造も続けられたが、徐々に生産は縮小されていった。その理由には、3 代目の時代の 1947 年にインド独立を迎え、関税の引上げによって輸入リードの価格が高騰したこと、また欧米でリードオルガンが徐々に製造中止になるのに平行して、全面的に輸入に依存していたオルガンリードの確保が困難になったこと、そしてインド国内での需要自体も減少したことが指摘される。リードについては前述したように、ハルモニウムとリードオルガンのリードは、形状や設置の方法が異なる。オルガンリードはハルモニウムのものより大型で厚みがあり、第 1 章の【資料 1-4】【資料 1-5】で示したように、ネジ穴が無く、リード盤の溝にはめ込んで設置する。インドではハルモニウム用のリードは国内製造されるようになったが、オルガンリードが供給されることはなかった。製作面においてはそうしたリードの確保が難題となり、結果としてドゥワルキン工房は 1980 年代後半にリードオルガンの製造販売中止に踏み切った。

　【資料 2-7】は 1980 年代に製作されたドゥワルキン製の 61 鍵リードオルガンである。それは 6 本のストップを備え、左から「低音カプラー」（bass coupler）、「クラリネット」（clarinet）、「フルート」（flute）、「ヴィオラ」（viola）、「メロディア」（melodia）、「高音カプラー」（treble coupler）というように、4 本の音色ストップと 2 本の機能ストップで構成される。リー

ドオルガンでは西洋式のストップ名がそのまま使用され、これは国産ハルモニウムとの相違点として指摘できるであろう。また、カプラー機能のストップを2本も備えているのは、インドにおいてリードオルガンの需要の多くが教会であったために、音色の重厚性を考慮した上での装備と推察される。

現ドゥワルキン工房4代目が、筆者の要請を受けて演奏した映像を【映像資料2：ドゥワルキン製リードオルガン】（2008年7月26日撮影）に収録している。演奏曲はロビンドロナト・

【資料2-7】1980年代製
ドゥワルキン工房のリードオルガン
（ドゥワルキン工房所蔵品）

タクル作詞・作曲による《*Ami Chini Go Chini*》というロビンドロ・ションギトであり、歌詞内容が外国人女性を歌っていることから、筆者を配慮した選曲であった。特に演奏方法を習った経験はなく、祖父や父親の演奏を見様見真似で覚えたという。

インドにおけるハルモニウムやリードオルガンの使用の側面に注目すれば、それらの相違点は使用される場所や音楽様式にある。ハルモニウムは現在、コンサートホール、音楽学校、マンディル（mandir ヒンドゥー寺院）やスーフィー寺院、グルドワーラ（gurudwara スィク寺院）等で使用され、その音楽様式も古典音楽や軽古典音楽、ロビンドロ・ションギト、宗教音楽、民俗音楽等と多岐に渡り、インドの音楽文化には不可欠な存在である。一方、リードオルガンの場合は、教会楽器としての使用、またはごく限定された富裕層の需要によって西洋音楽やロビンドロ・ションギトで使用された。したがって、かつてS.M.タクルは5オクターヴのハルモニウムを想定して『ハルモニウム・スートラ』を綴ったが、同じ鍵数（61鍵）のリードオルガンでは、その中で見られたような古典音楽のラーグが演奏されることはほぼ皆無であった。その理由は、床に置いて胡座をかいての演奏が可能なハルモニウムに対し、足踏みペダルをもつリードオルガンで

はそれが不可能な点である。またそれに付随し、楽器の携帯性も、演奏家の活動範囲、ひいては楽器の需要規模と深く関係していることが指摘される。教会や一部の家庭での需要も、電子鍵盤楽器の流入によって徐々に減少し、遂に 1980 年代に国産リードオルガンの歴史は幕を閉じた。

ドゥワルキン製ハルモニウムの機能

　ドゥワルキン工房では 2008 年度で国内用、輸出用を含み、年間約 250 台のハルモニウムを製作販売し、2014 年度には約 150 台に減少している。この製造台数はデリーの大手工房の月間生産量にも満たず、国内のハルモニウム産業における市場占有率から見ても、決して大きな数字ではない。しかしながら、現在でもコルカタ製ハルモニウムのブランドネームが国内で顕在なように、ドゥワルキン製ハルモニウムの精巧な鍵盤構造や外見にも美しい装飾は異彩を放つ。ここでは、ドゥワルキンの主力製品である携帯型ハルモニウムに注目し、その構造について、A) 外箱と鞴（送風機構）、B) ストップ盤、C) リード盤、D) 鍵盤の順に検証しながら、機能や特徴を以下に考察する。また【映像資料 3：ドゥワルキン製ハルモニウム】（2008 年 7 月 26 日撮影）においても、同工房 4 代目による製品各部についての説明を収録している。

A) 外箱と鞴（送風機構）

　携帯型ハルモニウムは、【資料 2-8】のように、収納時は取手と鍵が付いた箱状であるが、演奏時には上半分の箱を取り外し、本体左右のクリップを指で上部に押し上げて楽器本体を引上げることによって、高さが約 1.5 倍になり、背後に付帯した鞴の開閉が可能となる。

　本体の外箱には、乾燥させたチーク材が使用されている。かつての対外貿易において、チーク材はインドから大量に輸出され、耐久性やその高い密度や硬度からも優れた楽器素材として重宝されたが、近年はインド国内での価格が高騰し、デリーのハルモニウム工房では使用される割合も減少している。また古典楽器においても代替素材として、サロードではアッサム産のトゥーン材（チャンチンまたは香椿）が、シタールではローズウッ

第1部　北インドにおけるハルモニウムのローカル化

ド材が使用される場合が多い。さらに価格の問題だけではなくチーク材の重量の問題から、弦楽器においては、その音色を愛する一部の演奏家を除き、演奏者側でもより軽量な素材を選択する傾向にある。こうした需要側と供給側が便宜性を求めて変化する中でも、ドゥワルキン工房をはじめコルカタのハルモニウム工房ではチーク材に拘泥して製作が続けられている。

【資料2-8】ドゥワルキン製携帯ハルモニウム（2008年7月コルカタ、筆者撮影）

また上蓋部分の細工は各工房のロゴマークの意味をもち、ドゥワルキンの場合は工房名が装飾され、パクラシ工房やポール工房も同様にロゴの一部に工房名を含む。この上蓋の製作がフレットカッターと呼ばれる作業であり、コルカタの場合は専門の部品工房の職人の手で製作され、ドゥワルキン工房でもこの作業は外注している。

送風装置については、片手で操作可能なように本体背面に鞴が付属され、今日では上部開閉型と並んで左右開閉型の鞴も製作されている。鞴は厚紙を折って圧縮し、つなぎ目には革が貼られている。

【資料2-9】では、ハルモニウムの断面図から送風の仕組みを示している。鞴を閉じると鞴内部の空気が圧縮されて一気に本体に流れ込み、空気

袋には圧縮された空気が充満する。音色ストップを引き出した場合、ストップ盤の穴を留めていた栓が連動し、空気袋から空気がストップ盤の穴を通してリード盤へと流れ込む。こうした送風の仕組みからも明らかなように、ハルモニウムはリードオルガンとは異なり、直接圧力がかかるために外箱の硬度やリード盤およびストップ盤の密閉度が不可欠なのである。

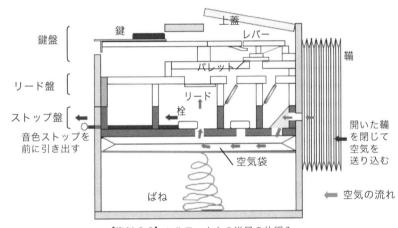

【資料2-9】ハルモニウムの送風の仕組み

B) ストップ盤

　ハルモニウムのストップはインド独自の特徴を備え、音色ストップとドローン・ストップに大別される。音色ストップについては、「女声」(female voice)、「男声」(male voice)、「低音」(bass) の3種があり、音域と人の声域とを対照させる独特の呼称は、国内全域に共通する。誰がいつ頃からそうした名称を使い始めたのかを特定することは困難であるが、ハルモニウムがいかに歌の伴奏楽器として発展してきたかを物語っている。

　リードの列数、すなわち「2列」(ダブルリード) か「3列」(トリプルリード) かによってストップの仕様も異なり、ドゥワルキン製の3列リードのハルモニウムでは、閉塞的な音色の男声ストップ、逆にオープンサウンドと呼ばれる開放的な音色の男声ストップ、そして1オクターヴ高音の

第1部　北インドにおけるハルモニウムのローカル化

女声ストップという構成である。男声より1オクターヴ低い低音ストップはコルカタ製では殆ど用いられない。

ストップ盤

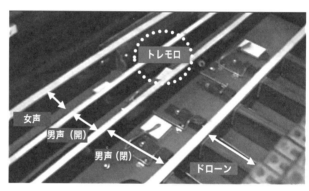

リード盤

ストップ・ノブ

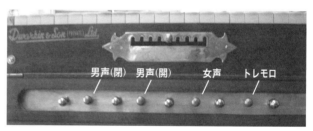

【資料 2-10】ドゥワルキン製にみるストップの種類（2008年7月コルカタ）

　【資料 2-10】のストップ盤とストップ・ノブを対照させると、ストップ盤が小部屋に仕切られ、ストップ・ノブから延びた金属棒が各小部屋まで

繋がっていることがわかる。またこれら3つのストップに加え、震音効果を生じさせるトレモロ・ストップも標準装備される。その構造は、ストップ盤の空気穴の上に、革を貼った木片を一方のみ固定して片側は自由にさせておくもので、実際に穴を通して空気が流れ込んだ際には、木片が揺られて気流を操作し、それによってトレモロ効果が得られる仕組みである。ドゥワルキン製ハルモニウムでは、男声（開放音）リードの部屋にトレモロ機能が付属されている。

またドローン・ストップの付与もインドならではの特徴であり、古典音楽の使用では、演奏されるラーグに合わせてドローンの音も使い分けられるため、ドゥワルキン製ハルモニウムでは5本が装備されている。音色ストップのリードがリード盤に設置されるのに対し、ドローン用リードはストップ盤に直接固定される。

素材に関しては、ストップ盤の栓といったアクション部分には松材やブナ材が使用され、ストップ・ノブは金属製である。ノブは他の工房製品では木製やプラスチック製の場合も多いが、ドゥワルキン製の金と銀のノブは、金色は音色ストップ（男声2本、女声、トレモロ）、銀色はドローン・ストップ（5本）に色分けされ、機能性も考慮されている。

C) リード盤

ドゥワルキン工房も他の工房同様に、インド独立前はフランスやドイツの工房からリードを輸入していたが、独立後は前述したパーリーターナー製リードを使用している。

完成品の最終的な調律は、Aの音叉（A= 440Hz）を用いて同工房の職人が行うものの、それ以前のリードの音律・音質の調整はリード・ヴォイシングと呼ばれ、コルカタにはリードを削って微調整を行う専門の職人がいる。同地では、ロビンドロ・ションギトを中心に西洋のコードを使用する音楽様式にもハルモニウムが伴奏楽器として使われてきた。したがって、音楽様式に適応した音色や音律がリードの調整にも求められる。

このようにハルモニウム製作における都市単位でのローカル化は、リードの配置にも顕著に現れている。コルカタ製ハルモニウムは、リードの列

数に関わらず、その配置はリード盤に対して平行と垂直の組み合わせになる。【資料 2-10】のリード盤を観察しても、男声（閉塞音）は平行、男声（開放音）は垂直、女声は垂直（高音部のみ平行）という配置である。垂直と言っても完全な 90 度ではなく、各リードの上部には鍵盤への空気穴があり、それらが隠れる程度の傾斜がある。では、なぜこうした配置に設計されるのだろうか。

その理由を解く鍵は音色の違いにある。垂直に設置された場合は、リードの舌はストップ盤に非常に近い位置になり、圧縮された気流が平行時よりも速くリードに到達する。

また【資料 2-11】で示すように、垂直の設置によって、各ストップの小部屋を狭く保つことができ、より高い気圧をリードに加えることが可能となる。したがって、そうした構造からアタックが速く、音量のある鮮明な音色が生まれ、特に古典音楽やハルモニウムの独奏にはそうした音色が要求されてきた。

他方、ロビンドロ・ションギトやガザル等の軽古典声楽の伴奏には、歌唱者を

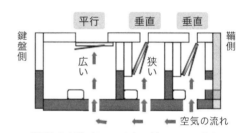

【資料 2-11】ドゥワルキン製ハルモニウムの断面図にみるリードの配置

引立てる柔らかな音が求められ、平行なリードの設置はそうした音楽様式に即した構造として楽器製作側では認識されている。コルカタの場合は、そうした両者の要求を満足させるような構造を完備していると言える。

リードを設置するリード盤の作成には、再びフレットカッターと呼ばれる作業が挙げられる。フレットカッターの作業は、第一に前述した各社ハルモニウムのロゴマークとも言える上蓋の彫り物をする作業に加え、第二にリード盤への穴開け作業が含まれる。各リードを設置するための空気穴は、正確な寸法で配置され、この緻密な作業には熟練した経験が必要であり、同工房でも専門の部品工房に外注する。

D) 鍵盤

　コルカタ製ハルモニウムが高品質として名を馳せる理由は、何よりもその複雑な鍵盤構造にあるといっても過言ではない。移調鍵盤機能やカプラー機能、またレバーを用いて鍵を動かす仕組み等、他都市とは比較にならない複雑性や精密性を有している。ここでは、最初に移調鍵盤について考察する。それはリード盤や鍵盤のレバー部分を固定したまま、鍵の部分のみを左右に移動させることによって転調可能となる仕掛けである。

　ドゥワルキン製の鍵盤では、3オクターヴの37鍵に加え、移調鍵盤機能によって、Cを主音に上下に半音で各4音の移動が可能であり、【資料2-12】の上図で示す鍵盤側面中央部のつまみで調節する。したがって、レバーの部分は追加の8音を見込んで45本で構成され、本体の横幅はその分だけ長くなる。

　次にカプラー機能に注目すれば、これは仏製ハルモニウムやリードオルガン同様に、押さえた鍵の一オクターヴ上の鍵、或いは下の鍵、または両方が連動して発

【資料2-12】
移調鍵盤（上図）とカプラー（下図）
（2008年7月コルカタ）

音する機能であり、各鍵の下にそのオクターヴの上／下の鍵を繋ぐ装置が斜めに配置されている。ドゥワルキン製では、【資料2-12】の上図に見られる右端のストップを押すとその効果が得られ、押さえた鍵の1オクターヴ下の音が連動して発音する。カプラー機能はデリーの製品にも見られるが、その装置の殆どは金属製であり、木製で製作されるコルカタのカプラーもまたその特徴として指摘できる。

　最後に、鍵が動く仕組みについて考察する。現在、デリー製やムンバイ製では、金属製のスプリングを直接鍵に当てて動かす方法が一般的である。特にデリー製品のように完全一体型である鍵盤構造について、コルカタでは「ソリッド・キー型」（以下、ソリッド型 solid key model）と呼んでい

る。このソリッド型はコルカタでも製作されてはいるが、主流は木製レバーと鍵を嚙ませた「鍵＆レバー型」（以下、レバー型 stick & lever model）鍵盤である。

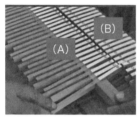

（上図右、左）鍵とレバー
（下図）レバーの断面

【資料 2-13】
ドゥワルキン製レバー型鍵盤の仕組み
（2008 年 7 月コルカタ）

以下にレバー型鍵盤について説明すると、まず【資料 2-13】の鍵（A）とレバー（B）の形状を見ると、双方の切り込みが嚙み合う仕掛けであり、鍵の先には革が貼られているのが観察される。すなわち、鍵（A）を下に押すとレバー（B）が引上げられ、同時に空気穴を封じていたパレット（C）が浮き上がる。それによって、リード盤で発音して開いたパレットから生じる仕組みである。逆に鍵を離すと、レバーの下部に付いたスプリングによって鍵は元に戻る。こうしたレバー型鍵盤が、移調鍵盤の機能を可能にさせ、固定されたレバーを移動可能な鍵の数だけ用意すれば、音域は更に広がるのである。一方、鍵にスプリングを直接嚙ませたソリッド型では鍵の移動が物理的に不可能である。したがって、移調鍵盤機能を装備したハルモニウムがコルカタ以外では製作されない理由には、こうした鍵盤構造による事情があった。

　ドゥワルキン製ハルモニウムは主に 3 種類に大別され、鍵盤構造や付属

する機能によって価格設定も異なる。「デュルセティーナ」(Dulcetina)【資料2-14】と呼ばれる小設計型のソリッド型ハルモニウムは 2,000-2,500 ルピー（約 4,000-5,000 円、1 ルピー＝2 円換算）と安価であるが、レバー型鍵盤は 5,000-6,000 ルピー

【資料2-14】ドゥワルキン製ドゥルセティーナ（2008年7月）

（約 10,000-12,000 円）、また移調鍵盤機能付レバー型鍵盤ハルモニウムは 16,000-19,000 ルピー（約 32,000-38,000 円）と価格も跳ね上がる。だが高価にも関わらず、移調鍵盤機能を備えたハルモニウムは、同工房製品の中でも最も販売数が多いという。この事実は、声域に合わせて一瞬で移調が出来る、その利便性がコルカタのみならず国内で重宝されている表れであり、現在それを供給出来るのはコルカタの職人しかいないのである。

　鍵の形状についても、コルカタ製ハルモニウムには特徴がある。【資料2-15】の左図のように先が丸い「フレンチ・キー」(french key) は、ドゥワルキン工房だけではなく、ポールの工房、パクラシ工房等のコルカタ製品に共通し、他都市の製品では特注品以外では見られない。「フレンチ」という呼称の由来については、国内に現存する仏製ハルモニウム（第1章の【資料1-11】）にもそうした特徴はなく、ドゥワルキン工房でもリードオルガンの鍵は通常のピアノ型のボックス・キーであり、工房関係者からも回答は得られなかった。

コルカタ製に特徴のフレンチ・キー　　他都市製のピアノ型のボックス・キー
【資料2-15】鍵の形状（2008年7月コルカタ、8月デリー）

　ここまで、国産ハルモニウムを誕生させ、コルカタのハルモニウム産業

を牽引してきたドゥワルキン工房について、その製作の歴史や今日の製品機能について考察してきた。コルカタのハルモニウム産業自体は、生産量の観点からすれば、デリーと比較しても明らかに衰退傾向にあると言える。様々な作業工程が専門の部品工房によって手掛けられ、そうした分業制を貫くことは、1台のハルモニウムにかかる製作コストも自然と高くなり、大量生産が可能な環境とは言えない。しかしながら一方で、そうした部品工房による専門的で閉鎖的な分業体制こそがコルカタ製ハルモニウムが高品質を保つ所以とも指摘できるであろう。

　ドゥワルキン工房においても生産や販売台数は縮小傾向にあるが、それでも尚、製品に対する拘りや品質への誇りは生き続けている。近年、電子楽器が大量にインドに流入する中で、4代目のプロタプは、「電子楽器は簡単に演奏ができるインスタントな楽器である」と嫌悪を露にし、音楽には何よりもまず音楽に献身する姿勢や「リヤーズ」(Hin. रियाज़ [*riyāz*] riyaz)（練習、修行の意）が大事だと強調する。

　しかしその一方で、インドでのハルモニウムの浸透は、それまでの古典楽器と比較して、鍵盤によって視覚的要素が高まり、習得が容易であったことが原因ではないかとも指摘する。その発言を裏返すならば、当時はシタールやサロード、サーランギーといった古典楽器と比較して、鍵盤楽器であるハルモニウムは「インスタント」な楽器であったとは言えないだろうか。かつてサーランギーやエスラジの奏者がハルモニウムを脅威に感じ、その採用を巡って論争が起こったように、今度は電子楽器の急激な需要拡大に際して、一部のハルモニウム産業や中小の工房が打撃を受けている。まるで約100年の周期で「伝統」の座が塗り替えられて変容していくかのように、ドゥワルキン工房に併設された販売店の店頭にも、新品のヤマハの電子キーボードが置いてあり、時代の流れは時に残酷である。

　調査の最後に、今後のドゥワルキン工房やコルカタのハルモニウムの産業について4代目に問いかけたところ、返ってきたのは、「私達はなんとか伝統を守って生き抜かなければならない」という言葉であった。

4. 事例：インド西部ムンバイのハリバウー工房

ハリバウー工房の沿革

1925年創業のハリバウー・ヴィシュワナート工房（Haribhau Vishwanath Co.）は、ムンバイを含むマハーラーシュトラ地域におけるハルモニウム製作の先駆であり、同地域の音楽文化や気候に適したハルモニウムの開発に長年尽力してきた。そのため今日でも、同工房の製品に対するムンバイ在住の古典声楽家やハルモニウム奏者からの信頼は厚い。

2008年8月13日に実施した調査では、ムンバイ市内のダーダル（दादर [dādar] Dadar）地区にあるハリバウー工房本店の現経営者ウダイ・ディワーン（Uday Diwane）に同工房の歴史や製品についてをインタヴューした後、店舗に程近い作業場を見学し、更に昼食に招かれた自宅でも、音楽家である御家族から話を伺った。

【資料2-16】ハリバウー工房経営者ウダイ・ディワーン（2008年7月）

ハリバウー工房の創始者ハリバウー・ヴィシュワナート・ディワーン（Haribhau Vishwanath Diwane 不明-1973）は、ムンバイから東に約200kmに位置するアーメドナガル（अहमदनगर [ahmednagar] Ahmednagar）の街で育ち、マラーティー歌劇の楽士として働く父親にハルモニウムを師事し、10代から歌劇での演奏に従事した。父親の死後、歌劇の衰退によって失職したハリバウーは、家族と共に大都市ムンバイに移住し、1925年には市内北部のダーダル地区でハルモニウムや蓄音機の修理

業を開始した。当時の歌劇ではピアノが使用される場合もあり、ハリバウー工房ではその修理も行っていたという。

　そうした修理業が軌道に乗ると、1930 年にはハルモニウム製作にも進出し、同地区に工場を建設した。そこでは手漕ぎ式と足踏み式の両方が製造され、構造や機能においても、同地域で需要の高い古典音楽や軽古典音楽、またバジャン等の宗教歌謡に適したハルモニウムが開発された。ハリバウーは、弟のナーゲーシュラーオ（Nageshrav Diwane）やヴァサントラーオ（Vasantrav Diwane）と共に事業を拡大し、故郷のアーメドナガルやグジャラート州のアフマダーバード（アーメダーバード Ahmedabad）にも工場や支店を展開させた。晩年の 1971 年に経営の座を弟達に譲り、現在ムンバイに 2 店舗ある販売店については、ムンバイ市内南部ギルガーオン地区（Girgaon）の支店ハリバウー・ヴィシュワナート・ミュージカル（Haribhau Vishwanath Musicals）をナーゲーシュラーオの息子 2 人が、ダーダル地区本店をヴァサントラーオの息子ディネーシュ（Dinesh Diwane）とウダイが経営している。【資料 2-16】のウダイの右上写真がハリバウー、左上がヴァサントラーオである。ウダイは経営上では 3 代目であるが、ハリバウーの甥であり、世代から見れば第 2 世代に該当する。

　2008 年時点では、ハルモニウム製作だけではなく、タブラーや「ブルブルタラン／ブルブルタラング」（बुलबुल तरंग Bulbul Tarang 別名バンジョー Banjo）の生産も行われ、各販売店では様々な古典楽器や電子楽器の取り扱いがある。しかしながら、ダーダル本店では主力商品のハルモニウムが所狭しと陳列され、ハルモニウム製作で事業拡大した様子を窺い知ることができる。ウダイはハルモニウムの輸出業を拡大させ、その輸出先は欧米諸国やインド系移民の多い南アフリカ共和国にまで及ぶ。また彼は工房経営者であると同時に、北インド古典音楽のヴァイオリン奏者でもあり、製作側の視点と古典音楽の知識に精通した演奏家としての視点の両方を持ち合わせている。したがって、それがハルモニウム製作についても、使用側の要望を踏まえながら特注品にも柔軟に対応できる所以であり、顧客にはジャスラージといった古典声楽の巨匠を抱える。

　また、ウダイは他都市の製品や産業構造にも詳しく、国内全体のハルモ

ニウム産業に対する深い知識は、他都市の製作者よりも目立った。その理由には、ムンバイの製作開始時期が主要 3 都市のちょうど中間にあたり、同工房では移調鍵盤のハルモニウムだけはコルカタ製を取り寄せて販売していることや、他都市のハルモニウムを含む修理業が今日まで継続されてきた点が指摘される。

ハリバウー製ハルモニウムの特徴

　ハリバウー工房はハルモニウムの工場の他、タブラー等の他楽器の工場も所有し、ハルモニウムの作業場は高層オフィスビル内にある。そうした立地は、インド最大の商業都市であり近年不動産価格の高騰が著しいムンバイならではの土地事情が反映されている。エレベータを出ると一見通常の小さなオフィスが林立していそうな場所に、50 平米ほどの作業場があり、そこでリード製造以外の、ハルモニウム製作の全工程が行われている。

　同工房の月間生産台数は約 25 台であり、年間台数を他都市の工房と比較するとコルカタのドゥワルキン工房とほぼ等しく、デリーの大手工房の月間台数の10%にも満たない。しかしながら、経営者のウダイは良質のハルモニウムを生産しているのは、コルカタとムンバイの2都市であると強調し、コルカタ製ハルモニウムを評価しながらも、それとは幾分構造が異なるムンバイ製の同工房の品質にも強い誇りを持つ。ここでも同製品の構造を、A) 外箱と鞴（送風機構）、B) ストップ盤、C) リード盤、D) 鍵盤の順に検証し、コルカタ製とは異なるムンバイ製独自の機能や特徴について以下に考察する。【映像資料 4：ハリバウー製ハルモニウム】でも、製品の各部についての説明を収録している。

A) 外箱と鞴（送風機構）

　コルカタのドゥワルキン工房の主力製品は携帯型ハルモニウムであったが、ハリバウー製品は非携帯型が主流である。移調鍵盤付き携帯型は、同工房でも定期的にコルカタから仕入販売しているため、敢えて製造は手掛けていない。しかしながら、非携帯型といえども専用のソフトケースに収納すれば持ち運びは可能である。

第1部　北インドにおけるハルモニウムのローカル化

　外箱の材質はチーク材であり、ヒマラヤ山脈の北西に位置するジャンムー（जम्मू [jammū] Jammu）産の長年乾燥させたものが使用される。デリー製ハルモニウムに対しては辛口の経営者によれば、現在のデリー製品の主流はパイン材であるが、音質の優劣もさることながら、ムンバイの高温多湿の気候にはパイン材は適さないという。

【資料 2-17】ハリバウー製ハルモニウム（2008年8月ムンバイ）

　鞴に関しては、コルカタ同様に、一重と二重の上部開閉型および七重の左右開閉型の3種を製造し、作業場には厚紙を圧縮加工するためのプレス機が備えられている。構造上は特に各都市の鞴と隔たりはなく、【資料 2-18】の構造図で示すように、鞴の表面のメタル板には複数の空気孔が配置され、その裏側には山羊革が上側だけ固定して貼られている。また鞴内部の厚さ2cmほどのチーク材の板には、6つの空気孔が開けられ、そこから空気を取り組むことが可能な構造になっている。

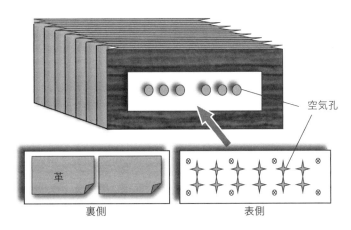

【資料 2-18】ハリバウー製ハルモニウムの鞴の構造

したがって、開いた輪を閉じる動作によって、星形の空気孔からの気流は革を翻して輪内部に到達し、逆に空気が充分に充満すると、革の部分は閉じて空気を逃がさない壁の役割を果たす。

また構造とは直接は関係ないが、表側の空気孔はハリバウー製では複数の星形の形状であり、コルカタのドゥワルキン製では社名の形（【資料2-8】参照）であった。先に述べた上蓋の装飾と同様に、空気孔の装飾も各社独自のロゴマークの意味を持ち、視覚的にも他社との差別化が図られる部分である。

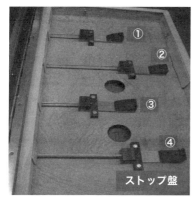

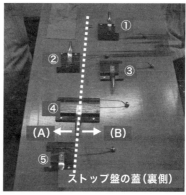

【資料2-19】
ハリバウー製ハルモニウムの蓋付きのストップ盤（上図）とリード盤（下図）
（2008年8月ムンバイ）

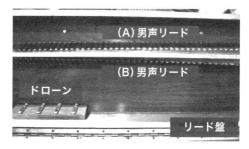

B) ストップ盤

ストップ盤の構造も都市によって特徴があり、コルカタ製の場合は装備する音域ストップの種類、すなわちリードの列数によってストップ盤は小

部屋で仕切られ、リード盤の仕切りと対応する構造(【資料 2-10】参照)であった。これに対し、ムンバイ製では【資料2-19】のように、ストップ盤には仕切りが無く、その上にはチーク材の厚さ約1.5cmの板を蓋として被す。各ストップ・ノブを引き出すと蓋の裏側のアクションが連動して開き、気流の通り道を作る仕組みである。

　またコルカタ製が構造上、ストップ・ノブ1本につき、小部屋が1つ必要であるのに対し(トレモロ・ストップは除く)、ムンバイ製では蓋の裏側のアクションによって、一部のストップでは音色が合成される。【資料2-19】のハルモニウムでは2列リードが配置され、仮にこれらを(A)(B)とし、5本装備されたストップを①〜⑤として説明すると、アクションの位置や大きさからも推察されるように、①と③のストップは(B)のみ、②は(A)のみ、④は(A)(B)の両方、⑤は(A)でトレモロ、という構成である。また、ドローン・ストップは同工房製ハルモニウムでは通常、4〜7本が付属されている。

　ここまでストップ盤の特徴を見てきたが、ムンバイ製ではなぜこうした構造に改良されたのだろうか。その第一の理由には作業の効率化が挙げられ、例えばコルカタ製のように、ストップ盤とリード盤が各々細かく仕切られる場合は、その作業にも緻密な設計が要求され、事実コルカタでは専門の部品工房が行う作業である。一方、一つの工房で全作業が完結するムンバイ製では、蓋の導入によってそうした複雑な作業を回避することが可能である。また第二の理由には、蓋の導入に伴うストップの増加によって、音色の組み合わせの多様性が追究され、音色に関して使用者の選択の幅を拡大させていることも指摘される。

C) リード盤

　リードの配置と音域(音色)ストップの関係について最初に注目すれば、コルカタ製は2列の場合の配置は、「平行(男声の閉塞音)と垂直(男声の開放音)」、3列の場合はそれらに「垂直で高音だけ平行(女声)」が追加されるのに対し、ムンバイ製では、2列の場合は「垂直(男声)と垂直(男声)」、3列の場合はそれらに「平行(低音)」が加わる。前述の通り、ロビ

ンドロ・ションギトへの使用が意識されたコルカタ製と、ムンバイ製のように劇の伴奏楽器として発展し、今日では古典音楽中心に使用されるハルモニウムでは、音色の種類や配置も相違している。またムンバイ製では、リードが垂直に配列されている部分は【資料2-20】の断面図のように、カートリッジ式で着脱が可能なのである。

　したがって、作業工程においては、ストップ盤やリード盤とは別に、リードの配列部分のみでリードの取付け作業を行い、それが完了した時点でリード盤に装着できるため、効率化が図られる。またそれを装着すると、自ずとリード盤も各リードの小部屋に仕切られるように設計も工夫されている。更には、同工房内で規格化されたカートリッジ式であるため、仮にリードが劣化した場合もリード設置部分の交換が可能であり、楽器維持の側面からも考慮された構造である。こうした部品からも都市単位でのローカル化が考察される。

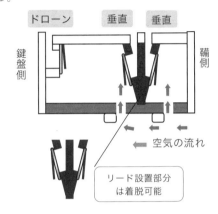

【資料2-20】ハリバウー製ハルモニウムの断面図にみるリードの配置

　またリードに関しては、ムンバイ製においてもパーリーターナー製リードが使用される。コルカタ製ではロビンドロ・ションギト用の柔らかな音色のために、リードを削って調整するリード・ヴォイシングの作業が専門の職人の手で行われるが、ムンバイ製にはそうした作業は包含されない。そして各リードはコルカタ製同様に、A=440Hzを基本に1オクターヴを12分割した平均律に調律され、同工房では専任の調律師を抱えている。その作業は、リードの舌部分の上下を傷付けることで微調整されるが、通常その調整作業も各リードにつき3〜4回が限度であるため、経験を積んだ職人の的確な作業が要求され、そうした作業が可能な調律師はムンバイには5人もいないという。

D) 鍵盤

　ムンバイ製鍵盤には移調鍵盤やカプラー機能は採用されないが、販売店ではそれら付属のコルカタ製品を直接扱うことで品揃えを補完している。同工房ではコルカタのマノジュ・クマルの製品[3]を扱い、その販売価格も前述のドゥワルキン製品が 16,000 ルピー以上であったように、同価格帯の 16,500 ルピー以上で取引され、販売品の中では最も高価である。ウダイは、仮にこうした移調鍵盤付レバー型鍵盤の製品をムンバイで製造した場合、25,000 ルピー以下では収まらないだろうと述べ、そうした技術を今後も採用する意向はない。

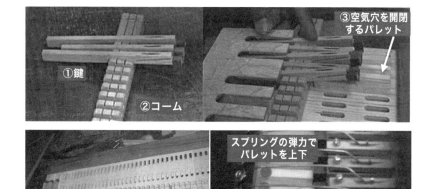

【資料 2-21】ハリバウー製ハルモニウムのパレット型鍵盤の仕組み
（2008 年 8 月ムンバイ）

　ムンバイ製の鍵盤は、コルカタのレバー型鍵盤に対し、金属製のスプリングを直接各鍵に噛み合わせて動かす方法である。デリー製の完全なソリッド型鍵盤とも異なり、鍵を支えるための部品が追加され、「鍵＆パレット型」（以下、パレット型 stick & pallet model）呼ばれる。それは【資料

---

[3] マノジュ・クマル製の上蓋には工房名の彫物はないが、そのデザインから同工房製品であることがわかる。

2-21】で示すように、次の3つの部分、①鍵、②「コーム」と呼ばれる櫛状の土台、③パレット、すなわちリード盤の空気穴を開閉するための弁、以上で構成される。①と②の構造はコルカタ製と同様であるが、移調機能を除外したムンバイ製では、コルカタ製のレバーに該当する部分(【資料2-13】参照)が、スプリングの弾力で③のパレットを上下させる仕組みへと簡素化されている。パレットの裏側で空気穴と接する部分には、空気を逃がさないために山羊革が貼られる。また①鍵、②コームには、強度や耐久性に優れたオーク材が用いられる。

次に鍵盤表面に注目すれば、中板となる合板の上にナイロン板が接着剤で貼られ、最初にドリルで黒鍵用の丸穴を開けて黒鍵部分を取り除いた後、各鍵を裁断する作業が行われる。表面板には、インド独立以前はセルロイドが用いられたが、先に述べたように輸入関税の引き上げにより国内供給が可能なナイロンが代用素材として採用された。ウダイによれば、独立以前には色付きをはじめ様々な種類のセルロイドが日本から輸入されて使用されていたという。また鍵の形状はコルカタ製とは異なり、先が角状のピアノ型の鍵である。

ハリバウー製ハルモニウムは、鍵数やリードの列数によって価格帯が異なり、2008年8月の調査時では、39鍵、42鍵の2列リードのハルモニウムがそれぞれ8,000ルピー、12,000ルピー、46鍵の3列リードのハルモニウムが14,000ルピーで販売されていた。その購入者については、安価な種類は音楽学習者や学校関係者が多く、音楽家やプロの演奏家は高価格の機種や特注品を求める傾向にある。

以上、1925年に創業し、1930年からハルモニウム製作をインド西部のマハーラーシュトラ地域で先駆けて開始したハリバウー工房に注目し、ムンバイ製ハルモニウムの特徴について考察してきた。その製作過程や楽器構造は、コルカタ製と比較しても、作業の効率化を見込んだ構造上の工夫がストップ盤、リード盤、鍵盤の各所に見られ、同一工房で全作業工程を完結するための道を切り開き、確立した点は非常に重要である。ムンバイのハルモニウム産業がコルカタの影響から始まったように、それはインド独立前後から興隆する北部都市のデリーへも影響を与えるのである。

インド全体のハルモニウム産業を俯瞰すると、ちょうど中間都市に該当するムンバイであるが、今日ではデリーのハルモニウム産業の拡大に伴い、コルカタ同様に斜陽産業としての空気は隠せない。ハリバウー工房でも、月間生産台数が約 25 台、ハルモニウム製作・修理の従業員が 8 名〜10 名といった現状であり、その製作を継続していく上での不安は大きい。また、現在ムンバイに 2 店舗構える親戚一同には、次世代の経営者となるべき男子後継者がいないため、将来を考えると更に頭が痛いとウダイは語る。

5. 事例：インド北部デリーのビーナー工房

ビーナー工房の沿革

1941年創業のビーナー工房（Bina Musical Store / Bina Enterprises）は、ラホール・ミュージック・ハウス工房やDMS工房と並ぶデリー大手の老舗工房である。

創業者でスィク教徒のギャーン・スィン（Gian Singh, 1916-2000）は、楽器業を営む叔父を頼りにパンジャーブ地方からデリーに移住し、1941年に旧市街最大の商業地チャンドニー・チョウク（चाँदनी चौक [candnī cauk] Chandni Chowk）にハルモニウム製作の工房を設立した。1950年から現在のナイーサラク地区に移転後、楽器街のダリヤーガンジ地区にも支店を構える。

【資料2-22】ビーナー工房 3代目経営者 J.P. スィン（2008年8月デリー）

これらは半径1km以内に隣接し、イスラーム教徒ならびにスィク教徒の商店や工房が多く、デリーのハルモニウム産業も同地区のスィク教徒が担っている。

スィク教の礼拝では「キールタン[4]」（कीर्तन [kīrtan] kirtan）が詠唱され、打楽器のタブラーやパカーワジと一緒にハルモニウムも伴奏楽器として演奏される。ギャーン・スィンもそうした環境下で育ち、非常に信仰心に厚い人物であったと同時に、ハルモニウムの演奏にも優れていたという。2000年に他界後、現在は息子で2代目のアヴタール・スィン（Avtar Singh）

---

[4] 主唱者である「キールタンカール」（कीर्तनकार [kīrtankār] kirtankar）に続き、複数が斉唱するコールアンドレスポンス形式。スィク教聖典『グル・グランタ・サーヒブ』（गुरु ग्रंथ साहिब [guru granth sāhib] Guru Granth Sahib）の詠唱。

とその次男の J.P.スィン (J.P. Singh) が経営に従事している。

同工房の販売店では、シタールやサロード、サーランギー、タンプーラー等の弦楽器の他、タブラーやドーラクといった打楽器、ギターやクラリネット、マンドリン等の西洋楽器、また民俗楽器では蛇使いの笛「プーンギー」（पूँगी [pūṅgī] pungi）や、吟遊詩人が用いる「エクターラー」（एकतारा [ektārā] ektara）等、インド音楽文化で採用される様々な楽器が各種取り揃えられている。しかしながら、同工房で直接製作を手掛ける楽器はハルモニウムとタブラーの2種類で、中でもハルモニウムが主力商品であることには違いない。

前述のように、現在のデリーのハルモニウム産業は、コルカタやムンバイとは比較にならないほどの生産量を示し、国内全体の市場占有率も極めて高い。同工房では市内および UP 州のノイダに2箇所の製作工場を抱え、月間生産台数は両者を合算すると月平均 700 台以上になり、およそ 50％が国内向け、50 ％が国外輸出用という。国内の顧客には、グラム・アリー（Ghulam Ali, 1940-）等のガザル歌手も多く、海外では在外インド大使館からの注文や、アメリカ最大のインド音楽の学校である在サンフランシスコのアリー・アクバル・カレッジ（Ali Akbar College of Music）への輸出

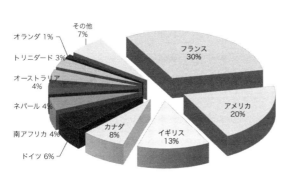

国名	輸出額（ルピー）
フランス	6,240,000
アメリカ	4,065,000
イギリス	2,602,000
カナダ	1,592,000
ドイツ	1,249,000
南アフリカ	902,000
ネパール	800,000
オーストラリア	738,000
トリニダード	648,000
オランダ	243,000
その他	1363,000
合計	20,442,000

インド政府ビジネスポータルサイト 'Bussiness .Gov.in' 輸出入統計データを基に作図。
http://business.gov.in/trade/trade_stat.php

【資料 2-23】2007 年度のハルモニウム輸出相手国の割合と輸出額

にも積極的に応じている。また、NRI が多く居住するイギリス・ロンドン西部のサウソール（Southall）に、支店（Bina Musicals）を置く。2007年度のハルモニウムの輸出相手国および輸出額を示した図表が【資料 2-23】である。欧米が上位を独占し、その他には NRI 住民が多い南アフリカやトリニダード・トバゴの国名が挙がっているのがわかる。また年間の輸出額は 2,000 万ルピー以上と、年度によって変動はあるものの過去 5 年間は緩やかに上昇している。

　他都市の工房経営者が、音楽家としての顔も持っているのとは対照的に、ビーナー工房の 3 代目は経営者に徹し、こうした国外への流通販路の拡大や、様々な顧客の要求を満たすための商品機種の充実にも余念がなく、同工房のウェブサイトからは、顧客自身がハルモニウムの各構造や機能を細かく指定できる、カスタマイズ商品の発注も可能である。事実、そのウェブサイトを利用しての国外からの個別注文も増加傾向にあるという。

　国外輸出の増加と、それに伴う、こうしたインターネットの活用や、各商品の仕様を理解しやすく記載した商品カタログおよび取扱説明書等のサービス面の充実が相乗効果を生んでいる。2008 年の取材時、経営者によれば、同工房の過去 5 年間の販売実績は 15～17％の増加を示し、デリーのハルモニウム産業は年々活性化していると話す。

ビーナー製ハルモニウムの製作工程

　2008 年 8 月の調査では、ビーナー工房のナイーサラク本店及び工房を訪問し、3 代目経営者や複数の職人から同工房の製品や作業工程について直接インタヴュー調査を実施した。

　ナイーサラク地区は、色鮮やかな花嫁衣装を扱う布製品の商店が軒を連ね、特に楽器店が林立する場所ではない。また同工房の店舗および作業場も 2 階・3 階に位置し、立地が複雑にも関わらず、店舗の一角で取材中は客足が途絶えることは無く、店内は電話の呼び出し音や、ハルモニウムを吟味する客の演奏で音が溢れ、賑わいを見せていた。3 階の作業工房では月間約 300 台のハルモニウムが製造され、作業場は各工程にしたがって 15 室ほどの小部屋に仕切られ、約 20 名の職人が黙々と作業に専念している。

ナイーサラクの工房が熟練した職人で構成されている一方、ノイダの工房は比較的経験の浅い若年層を中心に約 35 名の従業員を抱えるという。そこでは大型機器の導入により、月間の生産台数もナイーサラクの工房を上回るが、価格帯の高い機種やカプラー機能を付属した商品に関しては、ナイーサラクの工房で手掛けている。

本節においても、同工房製品の構造や製作工程を A) 外箱と鞴（送風機構）、B) ストップ盤、C) リード盤、D) 鍵盤の順に検証し、デリー製ハルモニウムの特徴について以下に考察する。【映像資料 5：ビーナー製ハルモニウム】（2008 年 8 月 7 日、26 日撮影）では、ナイーサラクの工房における各製作工程の映像を収録している。

A) 外箱と鞴（送風機構）

デリーの大手工房では、携帯型や非携帯型、また小設計のデュルセティーナ等、製造機種も非常に多い。またデリー製ハルモニウムと他都市の製品の相違点で特筆すべきは、その素材面である。デリー製は安価なパイン材が主流であり、チーク材は個別注文品や高価格機種だけに用いられ、ビーナー工房の場合、全体の割合はパイン材が 85%、チーク材が 15%という。前者はジャンムー産、後者は北東部のナガランド州（Nagaland）やミャンマーから調達し、ノイダの工房で 3〜4 ヶ月にわたって乾燥させる。そして外箱および蓋等の各部品の裁断、組み立てが終了した後、一部がナイーサラクの工房に運ばれる。

外箱の作業部屋では最初に木材の補修作業が行われ（【資料 2-24】参照）、白い粘土質の土で、組み立ての際の釘穴や継ぎ目、またパイン材に特有のフシが埋められていく。

次の塗装作業では、調合された塗料でチーク材は薄い黄土色、パイン材は濃い赤茶色に着色された後、ニス塗装の工程に入る。一台につき 3 日間をかけて 32 回にわたってニスが丁寧に塗り重ねられ、1 回の塗装は約 30 分にも及ぶ。これは、雨期や乾期、また寒暖差の激しいデリーの過酷な気候の中で、楽器の耐久性を考慮した重要な作業である。この作業後に、金属製の取手や装飾の金具が取付けられる。

第2章　国産ハルモニウム製作にみる都市単位でのローカル化

　また鞴の作業部屋では、裁断した複数の厚紙を革製のテープで接着して繋げる作業が行われる。12年間、鞴製作だけに従事してきた職人は、一日に6個の鞴を全て手作業で完成させるという。デリーでも上部開閉型および左右開閉型の両方が製作され、七重鞴は「チュリーダール」（चुरीदार [curīdār] churidar）と呼ばれている。それは踝に複数のひだを寄せるインド特有の細身パンツの名称であり、チュリーとは装飾の足輪の意味だが、鞴がそのひだや足輪に似ていることから付けられたデリー特有の呼称のようである。

木材の補修作業　　　　　　　　　　　　鞴の製作

【資料2-24】ビーナー工房の製作作業（2008年8月デリー）

　またデリー製品の上蓋は、コルカタ製やムンバイ製とは異なり、各社のロゴマークではなく、外側が木枠で中がガラス製のものが使用され、これもデリー製の特徴である。

B) ストップ盤

　ストップ盤はコルカタ製と同様に、【資料 2-25】のようにリードの種類や列数にしたがって仕切りがあり、ムンバイ製のような上蓋はない。

　図中のストップ盤の場合、(A) 男声、(B) 低音によって仕切られ、音色ストップ[5] は (A) 側と (B) 側にそれぞれ配置され、(A) 側にはドロー

5　同工房では音色ストップを「エクストラ・ノート」(extra note) と総称する。

ン用の4本のリードが左からD、E、A、Bの順に設置されている。

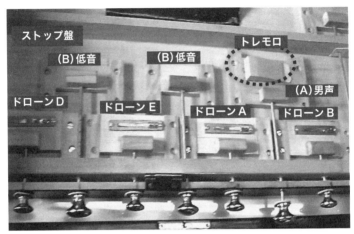

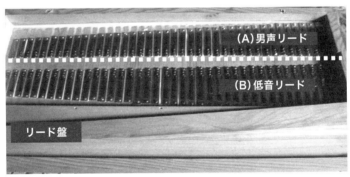

【資料2-25】ビーナー製ハルモニウムのストップ盤とリード盤
(2008年8月デリー)

　ストップ・ノブを手前に引くと金属棒で繋がった栓が連動し、空気穴が現れる仕組みである。また他都市のハルモニウム同様に、トレモロ・ストップも標準装備され、片側のみ固定された木片が、気流によって微細な開閉を続けることで震音が得られる。そして、ストップ盤のアクションが完成すると、空気の通り道には、革やレキシンと呼ばれる合革を貼付ける作業が行われる。

C) リード盤

　リード盤におけるリードの配置やその種類にもデリー製ハルモニウムの特徴が顕著に見られる。2列リードが主流のデリー製では、【資料 2-25】のリード盤のように、第一にリードの配置は2列ともに平行に取付けられ、第二にその種類も男声と低音の組み合わせが多い。他都市に比べて低音が重視される構造は、ガザルやキールタンといった宗教歌謡での需要が多いためと考察される。(A) 男声リードは舌の先が上側、(B) 低音リードはそれが下側となるように固定され、それらの境目となる点線部分には、間仕切り用の板が後で取付けられる。

【資料 2-26】ビーナー工房・リードの設置作業
（2008年8月デリー）

　リード盤の作業部屋では、17歳の職人が手際よくリードの設置作業を行っていた。その父親も同工房の職人であり、3年間の経験を積んで、ハルモニウムの心臓部であるその作業に従事する。その工程では最初にリード盤の各リード設置部分に錐で穴を開け、リードを一列に並べて両側をネジで固定するもので、リードを傷付けないように細心の注意を払いながら、一日に6台分を製作するという。また同工房では、リードもノイダ工房で自社製造している。

D) 鍵盤

　鍵盤構造にもデリー製独自の特徴が見られ、スプリングを使用した鍵盤という点ではムンバイ製も同様であるが、その場合は【資料 2-21】のように、①鍵、②コーム、③パレットの3種の部品で構成されていた。しかしながら、デリー製ではこれが更に簡略化され、部品は完全に鍵のみである。すなわち、【資料 2-27】の右図のように独立した鍵を、左図のリード盤表側の突起した釘とスプリングに直接噛ませるだけの単純な仕組みである。

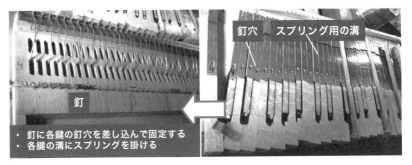

【資料 2-27】ビーナー製ハルモニウムのソリッド型鍵盤の仕組み
（2008 年 8 月デリー）

　鍵盤の作業工程では、最初に鍵用の板の下半分表面にセルロイドを貼り、上半分裏側には革を接着する。そして各鍵の寸法を測って印をつけ、黒鍵の配置部分にドリルで丸穴を開けておく。一方のリード盤では、鍵用の板を置いた上で釘穴を錐で開け、今度は鍵用の板を外す。この時点で、鍵用の板とリード盤の両方に釘穴が開くため、更にリード盤の釘穴に釘を打ち込み、ペンチで釘を的確な長さに切断する。更にスプリング用の板を上部に固定し、スプリングを装着する。その間に、鍵用の板を各鍵に切り分けておき、その結果、【資料 2-27】のように各鍵をリード盤に設置可能な状態となり、最後にプラスチック製の黒鍵をブーテルと呼ばれる接着剤で取付けて完了である。

　またカプラー機能を付属する場合は、その作業が追加される。コルカタ製のカプラーは木製、デリー製は金属製であるが構造自体は同じであり、【資料 1-6】の 1930 年代のドイツ製カプラーとも変わりはない。ビーナー工房もカプラーの希望があれば、鍵盤の下にその装置を付属する。カプラーは前述したように、押さえた鍵の一オクターヴ上／下の鍵が連動して発音する機能であり、各鍵の下にそのオクターヴの上／下の鍵を繋ぐ装置が斜めに配置される。ドゥワルキン製では右端のストップで操作するが、ビーナー製では右鍵盤に備わる金属棒のレバーで機能の有無を操作し、【資料

2-28】【資料 2-29】のように、押さえた鍵の 1 オクターヴ下の音が連動して発音する。購入者の要望によっては、1 オクターヴ上の音を連動させることも可能だという。

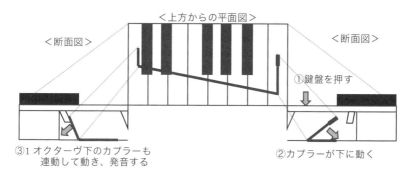

【資料 2-28】カプラーの仕組み

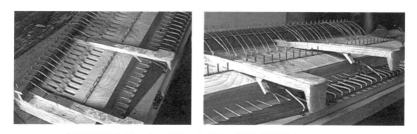

【資料 2-29】ビーナー工房・カプラー装置（2008 年 8 月デリー）

　楽器製作の全工程が完了した後、調律作業が行われる。同工房では、25歳の職人が一日平均 15 台を調律するという。UP 州のアヨーディヤー（अयोध्या [ayodhyā] Ayodhya）から出稼ぎに来ているその職人は、10 年間調律の仕事を続けているが、ハルモニウム奏者になるのが夢だと語る。その作業では、最初に A= 440Hz を電子チューナーで合わせた後は、聴覚を頼りに音高を調節していく。リードの舌側の部分を特製の金具で数回引っ掻いて傷をつけると、音高が下がり、逆に舌の上側を引っ掻くと音高は上がる。そして最後にドローン用のリードを調整して終了である。

以上、ビーナー製ハルモニウムの構造や製作工程に注目してきたが、ストップ盤、リード盤、鍵盤のいずれにおいても、他都市より更に構造の簡略化が進行し、そのために作業の効率性も高く、販売価格帯も低い傾向にある。また、その分、商品の種類は多様化しており、商品一覧表に記載される機種だけでも 25 種類を超え、携帯型／非携帯型、素材、鍵数や付帯するリードの列数、カプラーの有無によって価格帯が異なる。主力商品だという 3 種類[6]は全て 42 鍵、男声と低音の 2 列のリード、および七重輻を付属する製品であり、7,000〜8,500 ルピーの価格帯で販売される。そして同工房でも、移調鍵盤機能付きレバー型鍵盤ハルモニウムは、コルカタ製を直接販売している。

　また携帯型の足踏みハルモニウムについても注文に応じて製作販売をしており、その形状は、インドに現存する【資料1-11】の仏製ハルモニウムとも酷似する。これらの足踏みハルモニウムは、DMS 工房やデリーの他の工房でも製作されているが、数量は稀少である。

　冒頭で述べたように、デリーのハルモニウム産業は、国外輸出までを視野に入れ、インターネットを利用した販売・流通経路の拡大や、サービス面の充実によって、今日ではインド国内最大の座につき、その勢いは今後も続きそうである。

6　ビーナー商品番号 17（携帯型）、商品番号 23B（携帯型）、商品名ビーナー・サンギート（非携帯型）の 3 種類。ビーナー工房の下記サイトで確認可能。
　http://www.binaswar.com/harmonium2.htm（2015 年 9 月 28 日閲覧）

第2章 国産ハルモニウム製作にみる都市単位でのローカル化

第1部 小結

　第1部「北インドにおけるハルモニウムのローカル化」の前半部では、19世紀後半にインドに伝播した仏製ハルモニウムが、国内で改良され、北インドで受容された過程を追究した。

　その考察から明らかになったことを順に整理すれば、次の点が列挙される。第一に、フランスのハルモニウム産業や、日本も含む欧米各国のリードオルガン産業が既に衰退したのに対し、インドのハルモニウム産業は今日においても成長期にあり、北インド各地で広範囲に使用されている点が指摘される。『ニューグローヴ音楽事典』のハルモニウムの項目にインドのハルモニウムについて大きく記載があることが、その事実を物語っている。

　そして第二に、インドに伝播した仏製ハルモニウムの様相について、1874年出版の『ハルモニウム・スートラ』の記述から、61鍵の標準型ハルモニウムが当時流通していたこと、その楽器ではインド音楽が両手で演奏されていたこと、また記譜法には指使いが付記される等、著者S.Mタクルによる工夫が見られたことが明らかとなった。

　また、1886年には英資本の楽器商から独立起業したドゥワルカナト・ゴシュが、国内最初のハルモニウム製作を手掛け、鞴を外付型に改良し、足踏みペダルを使用せずに床に置いて胡座の姿勢で演奏可能な、手漕ぎ式ハルモニウムを登場させた。その楽器への感想が書かれた書簡には、S.M.タクル等の他、以後ハルモニウムに対する抑圧の契機となったロビンドロナト・タクルの好意的な返信も存在したことが、興味深い事実として示された。そして国産ハルモニウム製作に続き、ドゥワルカナトの次男ショロットも20世紀初頭に日本のリードオルガン産業を視察し、その後にインド国内で最初にリードオルガン製作を行った。リードオルガンが1980年代に製造中止された事実とは対照的に、ハルモニウムが急速に定着した要因には、インドの文化に適応する構造へとインド人の手によって調整された

部分が大きく、小型で簡易な構造ゆえに生産体制を構築しやすいこと、またその製品が安価で携帯性に優れていることが言及された。このように同工房の一族は、そうしたインドの鍵盤楽器製作の先駆者としてだけではなく、20世紀の歴史に残る音楽家ギャン・プロカシュ・ゴシュを輩出しており、インド鍵盤楽器文化の中でも極めて重要な役割を果たしたことが、第三として特筆される。

　国産ハルモニウムが 20 世紀前後から徐々に国内の広域へ波及し、インド古典声楽や宗教歌謡の伴奏楽器として広く採用される一方で、その楽器に対する非難や論争も起こった。その矛先はそれが「鍵盤楽器」であるために、微分音や装飾音が表現できない点に向けられ、南インドでは 1927 年の音楽会議で南インド音楽へのその採用が禁止され、北インドではロビンドロナト・タクルの進言が決定打となり、1939 年に国営ラジオ放送 AIR によって同放送でのハルモニウムの使用が全面禁止となった。それは 1971 年まで続いたが、AIR や一部の音楽機関の規制とは裏腹に、北インド各地でのハルモニウムの浸透やその演奏家の増加によって、すでにハルモニウムは北インド音楽にとって不可欠な存在となり、1971 年の AIR 主催のハルモニウム討論会でその放送上での使用に対する規制緩和が決議された。こうした一連のハルモニウム論争から特に指摘される点は、ヨーロッパ由来の「外来楽器」という楽器の由来ではなく、「鍵盤楽器」ならではの障害が論点であり、古典音楽においてはいかに微分音や装飾音といった要素が、絶対不可欠なローカルな規範として機能していたかが表面化した。これを第四の考察結果として指摘する。また同時に、こうした経緯の裏側には、ハルモニウムが浸透する以前の主力伴奏楽器であったサーランギーやエスラジ奏者の「対抗的」な意思表示が見られたことも、新旧の楽器の変化に伴う反発の事象として付け加えられるだろう。

　そして、長期のハルモニウムの不遇時代を経て、2006 年に国家勲章が授与されたハルモニウム奏者の事例や、ハルモニウムの改良楽器サンヴァーディニーを考案した演奏家の事例から、文化変容における「変革者」の存在を指摘した。独自の奏法や楽器改良は、既存文化においては「変革」であると同時に、その根底には古典音楽への献身とその深い造詣があり、奏

法改良や楽器改良から、古典音楽におけるローカルな規範を顕著にさせた事象として、第五に指摘する。

　第1部の後半部では、今日の国産ハルモニウムの製作状況に焦点化し、製作における主要3都市、東部コルカタ、西部ムンバイ、北部デリーの工房を事例として、都市単位でのローカル化が進行していることについて論及した。

　最初に1947年のインド独立を境に輸入関税が引上げられたことが、リードの大部分を輸入に依存していたハルモニウムやリードオルガン産業にとって、転換期であったことを示した。また、独立以前にはインド国内仕様のハルモニウム用リードが、ドイツのリードオルガンの部品会社で製作されていた事実を明らかにし、グジャラート州における国産リードが生産される経緯についても考察した。ハルモニウム産業におけるリードも、楽器本体と同様に、国内外の部分調整によるグローカル化、そして更なる国内でのローカル化の事象として指摘することができるだろう。

　そして、産業が発展した順に、東部コルカタ、西部ムンバイ、北部デリーの各都市のハルモニウム工房の沿革、製品構造や機能、製作工程、生産・流通体制についての考察を行った結果、様々なことが明らかとなった。

　製品面においては、各都市での製品構造の改良が顕著であり、特にそれは鍵盤やリード盤に見られ、その改良目的も、第一に、音量・音域・音質の改良から、第二に、部品の規格化や組立の簡易化、分業化といった生産性向上のための改良、第三に、安価な木材の使用、効率化を図るための簡易な構造等、低コストを目的とした改良までと多様化し、単純構造の低価格品から、移調鍵盤付きハルモニウムに見られる複雑な構造をもつ高価格品まで、その品質や価格の幅も多層化している。それと同時に、各都市の生産体制も、19世紀の仏ハルモニウム産業のミュステル社とアレクサンドル社の生産体制の違いに見られたように、職人気質のコルカタの工房に代表される、高い技術力を有する専門の部品工房を含んだ、分業制が敷かれた生産体制と、デリーの工房のように、同一工房で全作業工程が可能な生産体制とでは、近年、産業の規模に大きな格差が開きつつある。そして流通体制においても、メディアを駆使して海外にまで大きく販路を拡大し、

第 1 部　北インドにおけるハルモニウムのローカル化

　国内供給と同時に国外用として大量輸出するデリーの工房の成長が顕著である。インドのハルモニウム産業は、各都市の工房を見ても、生産者である楽器工房が直接、流通・販売を手掛ける場合が多く、楽器工房の経営者にも今後は更に生き残りの経営能力が求められ、こうした近年のメディア戦略による販路拡張や国外輸出といった流通・販売面での変化が、一部の楽器工房の存在自体を揺るがしているのは事実である。
　以上のように、第 1 部「北インドにおけるハルモニウムのローカル化」では、北インドでハルモニウムが受容された過程および、製作面における都市単位でのローカル化について論及してきた。次の第 2 部では、「電子キーボードの普及にみるグローカル化の諸相」と題し、1990 年代以降、インド国内に訪れた新たな楽器の波である、電子キーボードに焦点化する。

第2部

電子キーボードの普及にみるグローカル化の諸相

第3章

インド国内における電子キーボードの需要拡大

　国産ハルモニウム第1号の登場から約100年を経て、インドに新たな鍵盤楽器の波が訪れた。それが、ミニキーボードと電子キーボードである。

　今日のインド国内で流通する電子鍵盤楽器には、①ミニ鍵盤の「小型電子キーボード」、②標準型の「電子キーボード」、③「キーボード・シンセサイザー」、④「電子ピアノ」が列挙されるが、それらの中でも、本章では主に1990年代からインド国内において、需要の拡大が顕著な①と②に焦点化する。尚、以降は、類似した名称による混乱を回避するため、①は「ミニキーボード」、③は「シンセサイザー」と表し、「電子鍵盤楽器」という表現に関しては、特に注釈がない限り、①～④の全てを包含する意味として用いる。

　第1節では「カシオ」という言葉がミニキーボードや電子キーボードの総称と化した事実に着目し、その需要拡大の社会・文化的背景や要因について考察する。そして過去に遡り、それらが登場する以前のピアノの浸透状況や、電子楽器の概況についても取り上げる。すなわち、新しい「鍵盤楽器」であり、「電子楽器」でもあるミニキーボードや電子キーボードの受容に際し、それ以前のインドの音楽文化にはどのような潜在性が含まれていたのか、またその影響関係についても検証する。

　次の第2節では、ミニキーボードや電子キーボードの需要拡大による、国内の音楽文化の変容に焦点化する。最初に、その学習環境について様々な事例を基に検証し、若年層を中心とした使用が拡大する要因に迫る。またその後、電子キーボードの汎用性がもたらした、新たな奏者の登場についても取り上げる。

第 2 部　電子キーボードの普及にみるグローカル化の諸相

1. 電子キーボードが普及した社会・文化的背景

インドの楽器文化に起こった「カシオ」旋風

　「ヤマハの『カシオ』をください。」

　首都ニューデリー郊外の新興都市グルガーオン（गुड़गांव [gurgāon] Gurgaon にある楽器販売店で、店舗を訪れた男性客が口にした言葉だと、現地法人ヤマハ・ミュージック・インディア（以下、YMI 社 Yamaha Music India Pvt. Ltd.）の鍵盤楽器担当者は苦笑する。楽器製造・販売分野においてヤマハとカシオ計算機（以下、カシオ社）は共に日本を代表する企業であるが、近年インドで「カシオ」という呼称は、「ミニキーボードおよび電子キーボードの総称」の意味として独歩してきた。したがって、冒頭の「ヤマハの『カシオ』」という発言は、ヤマハ製のミニキーボードないしは電子キーボードの購入を意図しているのである。

　固有の社名や商標名が製品の総称として認知され、浸透する例は珍しくない。インドで「ゼロックス」と言えば複写機の総称および複写する行為自体を示し、ヒンディー語で「コピーしなさい」を「ゼロックス　カロー」（ゼロックスしなさい）と言う。日本でも類似の例は見られ、文具のホッチキスは、これは明治 36 年に日本で最初に発売された製品が E.H.ホッチキス社製だったことに由来し、海外英語圏では通常ステープラと呼ばれる。楽器のハルモニウムも当初はドゥバンによる商標名であったが、前述のようにフランスやドイツでは同種楽器の総称の意として今日も使用されている。こうした現象は、外来品

【資料 3-1】'How to play Casio' と題された電子キーボード教則本

148

第3章　インド国内における電子キーボードの需要拡大

や、当該地域に外部から先駆けて浸透した製品に多い。仮にインド市場への進出がゼロックス社よりキャノン社が早ければ、複写することは「キャノン　カロー」と話され、ヤマハ社やコルグ社、ローランド社等、カシオ以外の楽器メーカーの製品が先に浸透していれば、「カシオ」ではなく他の呼称が定着した可能性は高いであろう。

その「カシオ」という呼称に戻れば、定着した背景は 1990 年代まで遡る。カシオ社は 1979（昭和 54）年に楽器産業に参入後、翌 1980（昭和 55）年に同社初の電子キーボード「カシオトーン 201」を発売し、カシオ製キーボードは「カシオトーン」(Casiotone) という商標名で周知された。他社製品と比較して安価な価格設定が功を奏し、楽器産業でも発展を遂げた。90 年代初頭からインド国内においても、安価なカシオ製ミニキーボードが急激に販売数を伸ばし、カシオトーンが省略されて「カシオ」と呼ばれるようになった。それら多くはアラブ首長国連邦のドバイやシンガポールを経由して、輸入関税も課されないままインド国内のグレーマーケットに大量に流入した。

仕様：
37 ミニ鍵盤
650×211×78mm、1.4kg
100 種の音色（PCM 音源）
30 種のリズム・パターン

【資料 3-2】カシオ製ミニキーボード SA-75（CIC 社製品目録）

現地法人カシオ・インディア・カンパニー（以下、CIC 社 Casio India Company Ltd.）の楽器担当者によれば、正規輸入品の場合は、2009 年時点でおよそ 30％の関税が課税されるが、船便コンテナに包み隠された大量のミニキーボードは無申告のまま密輸されるため、国内で流通する正確な総数を把握することは困難という。それらの楽器は、正規販売代理店の販売価格の半値ほどで市場に出回り、安価で小型な形態が人気を集めて国内全土で需要が拡大した。

インドにおける電子鍵盤楽器の先駆は、カシオ製「SA-1」という32鍵のミニキーボードであり、100種の音色と19種のリズムを搭載していた。楽器というよりもむしろ玩具に近い印象は拭えず、事実、貿易品目上では玩具類と見なされる商品である。カシオ製の型番SAシリーズは、今日のインド楽器市場の売上台数においても、主力商品の一つであり、「SA-45」（2005年発売）や「SA-75」（2007年発売、【資料3-2】）等が販売されている。

　電子鍵盤楽器の分類において、ミニキーボード（通称「ミニミニ鍵」）に属する楽器は、鍵数に関わらず、各鍵がピアノ鍵よりも小さく、インドのハルモニウムのような小型の鍵を示唆する。日本の明治以降のリードオルガン産業では、鍵数が61鍵未満のものは「ベビーオルガン」として分類されたが、鍵数あるいは鍵の大きさによってその分類基準も異なる。インドにおけるこうしたミニキーボードの需要拡大は、安価な価格性、軽量な携帯性、多数の曲が内蔵された玩具としての娯楽性と同時に、既に浸透しているハルモニウムと鍵数や鍵の大きさが類似している点が、その需要を促進させた重要な理由として考えられるだろう。

　今日では、小型機種からシーケンサー機能を搭載した88鍵の高性能機種まで、電子鍵盤楽器の製品ラインナップは幅広く、中でも61鍵の電子キーボードの需要は、確実に裾野が広がってきている。90年代以降のカシオ旋風ともいうべき、ミニキーボードの流行は単に一時的な事象としては終わらず、若年層を中心に楽器の概念や音楽文化を変容させるほどの影響力を及ぼすことになる。次節では、ミニキーボードが火付け役となって需要拡大している電子キーボードについて、その拡大の要因を社会・文化的側面から検証する。

需要拡大の社会的要因：1990年代以降の経済成長とメディアの影響
　電子キーボードの需要やその使用者の拡大は、様々な要因が多層的に重なって起こった現象と考えられる。中でも1991年にインド政府が打ち出した経済自由化政策以降は、経済成長に伴う新興富裕層・中間層の増加と消費活動の拡大がその根底となる要因と言えるだろう。

第3章　インド国内における電子キーボードの需要拡大

　21世紀はBRICsの時代と言われ、アジア地域の中でも中国と並んでインドの経済成長は注目されてきた。1991年の国民会議派ナラシマ・ラオ政権の樹立以降、市場開放や規制緩和といった経済自由化政策が浸透した。その結果、国外投資の激増や、新興富裕層・中間層の台頭に伴う内需拡大が加速化し、人口12億（2011年国勢調査）を抱える巨大市場として世界から脚光を浴びるようになった。

　【資料3-3】の国内総生産（GDP）の推移からも窺えるように、GDPは90年代初頭以降プラス成長を続け、世界金融危機の2008年度（2008年4月～2009年3月）以降は上下しながらも、2014年の成長率は4.7%のプラス成長を維持している。

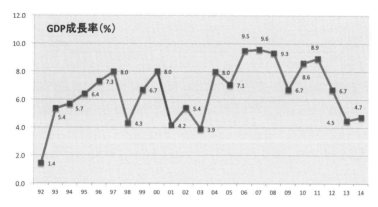

http://statisticstimes.com/economy/gdp-growth-of-india.php （出典データを基に作図）
【資料3-3】インドGDPの推移にみる1992年以降の急激な経済成長

　経済成長の要因には、こうした国策としての経済自由化に加え、同じく90年代前半から、当時の政府が次なる情報化社会の到来を見据え、情報・通信技術産業の育成に力を注いできたことが指摘されるだろう。その結果、IT産業はインド経済成長の牽引力となり、IT技術者雇用は国外にも拡大し、膨大なNRIを輩出すると同時に、NRIによる国内送金はGDPにも大きな影響力を及ぼすようになった。

第 2 部　電子キーボードの普及にみるグローカル化の諸相

　こうした 90 年代からの急激な経済成長は、NRI と同時に、国内にも新興富裕層や「ニューリッチ」（New Rich）と呼ばれる新たな中間層を台頭させた。それ以前の富裕層の中心はインド経済の核を握る僅かの財閥系企業関係者であったのに対し、新興富裕層は従来のカースト制度から脱し、IT 産業といった新たな産業で誕生した中産階級出身の起業家に代表され、またニューリッチ層には IT 労働者等、新興産業の従事者が多いのが特徴である。こうした個人所得も高い階層は経済的余裕から消費傾向が強く、子どもの教育にも熱心である。その結果、音楽学習は子どもたちの恰好の習い事として需要拡大を続けている。

　それらを裏付ける事象として、近年増加の一途を辿る楽器輸入高を指摘することができる。インド政府のインド輸入貿易統計を見ると、【資料 3-4】のように貿易品目分類の「HS コード」[1] の＜92 類＞に該当する楽器全体（ミニキーボードを除く）の輸入額は、2003 年以降は急激な増加率を示している。

　楽器全体の輸入高は、2002 年度までは 1,000 ラク・ルピー強（ラク Lakh はインド特有の通貨単位。1 ラク＝10 万ルピー）、すなわち 1 億ルピー強を示しているが、2003 年以降には急増し、2007 年度では約 5 倍の 5 億ルピーを超える。それに比例するように、電鳴楽器の＜9207 項＞に属する、＜92071000＞電子鍵盤楽器（ミニキーボードは除く）の伸長も顕著であり、2003 年以降は 92 類の中で常に第 1 位の座に君臨している。電子鍵盤楽器の貿易品目ではそれ以上の詳細な分類が無く、上記は電子キーボード、シンセサイザー、電子ピアノまでが包含された数値である。またミニキーボードは、＜95 類＞玩具類の玩具用楽器・器具＜95035000＞に区分されるた

1　貿易品目分類の「HS コード」（Hamonized Commodity description and Coding System　商品の名称および分類についての統一システム）は、1988 年の HS 条約に基づく分類システムの略称である。インドも日本も HS 条約加盟国であるため、6 桁までは同様だが、7 桁以降は各国独自の細分類が認められるため、国家間で異なる。
　　＜9207 項＞の「電気的に音を発生し又は増幅する楽器（例えば、オルガン、ギター及びアコーディオン）」（Musical instruments, the sound of which is produced/must be amplified, Electrically ＜For example organs, guitars, accordions＞）は、細分化されて、＜92071000＞「鍵盤楽器（アコーディオンを除く）」と＜92079000＞「その他のもの」になる。ミニキーボードが属す＜95035000＞「玩具用楽器・器具」（Toy Musical instruments & apparatus）はインド独自の細分類である。

め、【資料3-4】の図表には反映されていない。

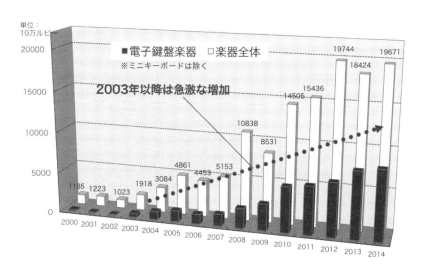

インド商工業省商業庁（Ministry of Commerce and Industry, Department of Commerce）の輸出入統計データを基に作図。http://commerce.nic.in/eidb/Default.asp

【資料3-4】インドにおける楽器全体（92類）と電子鍵盤楽器（92071000）の輸入額の推移（ミニキーボードは除く）

　こうしたインド国内の経済成長や、輸入楽器の需要拡大と並び、メディアの影響もまた、電子キーボードやその使用者の拡大に深く関与している。例えば、旧型メディアのTVでさえも、近年はTV番組のグローバル化とも言うべき現象が世界各国で見られる。特に視聴者参加型のクイズ番組や音楽オーディション番組は、アメリカ版、イギリス版、オーストラリア版という具合に、全く同様の構成や進行形式の番組が場所を変えて再生産されている。これは、「テレビ番組のマクドナルド化」と言っても過言ではないだろう。ケーブルTVの普及率が高いインドもその例外ではなく、視聴者参加型の公開番組は常に高視聴率を記録する。中でも2004年に開始し、シーズン6まで続いた音楽オーディション番組「インディアン・アイドル[2]」

2　ソニーTV（インド全国放送のチャンネル局）の冠番組。イギリスの番組'Pop idol'（ア

（Indian Idol）は、様々な素人歌手がプロデビューを果たし、音楽産業を巻き込んだ社会現象にまで発展している。興味深い点は、番組の構成自体はどこでも同じなマクドナルドであるが、バーガーとも言うべき中身はローカル化されたインドのマサラ味ということである。すなわち、番組内では、「ボリウッド映画[3]」（Bollywood movie）と呼ばれるヒンディー語映画の挿入曲が歌われ、その根強い人気を示す。ポピュラー音楽分野には、インディ・ポップやバーングラー等の多様な音楽様式があるが、人気チャートの上位を独占するのは、今日においても映画音楽の挿入歌なのである。

そうした映画音楽業界を牽引する作曲家には、鍵盤楽器奏者の存在が顕著である。インド国内の著名な鍵盤楽器奏者として、A.R.ラフマーン（A.R.Rahman, 1966-）[4]やアドナン・サミ（Adnan Sami, 1973-）、ロイ・メンドーサ（Loy Mendosa）等が挙がるが、彼らはみな映画音楽を手掛ける作曲家として名を馳せる。

特にインド南部チェンナイ（Chennai 旧マドラス）出身のA.R.ラフマーンは、国内に留まらず、世界舞台にまで活躍範囲を広げ、2009年の第81回アカデミー賞でのインド人初のオスカー受賞は記憶に新しい。ラフマーンは幼少から西洋音楽をピアノで習い、英ロンドンのトリニティ音楽院（Trinity college of music）で学位取得後、映画音楽を中心に作曲活動を開始した。インド古典音楽、民俗音楽から西洋音楽、ポピュラー音楽までと幅広い音楽様式に造詣が深く、作品やその作風も多彩である。2009年には、英映画監督ダニー・ボイル（Danny Boyle）の『スラムドッグ＄ミリオ

メリカでは'American idol'）同様に、12名の素人の歌手の中から毎週1名ずつ脱落し、最終まで残った者が勝者となる。2013年からは後続の番組「インディアン・アイドル・ジュニア」が始まり、出場対象が若年層となった。また2009年からは、「カラーズ・チャンネル」（Colours Channel）（Viacom 18社が2008年に開局したTVチャンネル）が、イギリスのオーディション番組'Britain's Got Talent'のインド版である'India's Got Talent'を開始した。ちなみに協賛はマルチ・スズキ社（印自動車企業マルチ・ウドョグ社と浜松の鈴木株式会社の1983年合弁によって誕生し、インドで急成長した自動車会社）である。この番組は歌手だけではなく、楽器奏者も参加可能なため、新たな電子キーボード奏者の登場といった可能性も多分に考えられる。

3　ボリウッドは、国内最大の映画産業拠点である旧ボンベイ（現ムンバイ）とハリウッドを組み合わせたインドの造語。

4　A.R.ラフマーン公式HP http://www.arrahman.com（2015年9月27日閲覧）

ネア』(Slumdog Millionaire)で米ゴールデングローブ賞＜作曲賞＞、米アカデミー賞＜作曲賞＞＜歌曲賞＞を受賞した。インド国内においても、ラフマーンが年間に手掛ける映画音楽は 10 作品を超え、現在はインドにおいてカシオ社の電子鍵盤楽器の広告塔も務めている。

　また現在インドのポピュラー音楽界の寵児として、鍵盤楽器奏者・歌手・作曲家と多彩に活動する音楽家に、アドナン・サミがいる。彼はパキスタン系イギリス人のディアスポラ 2 世としてロンドンで育った。5 歳からピアノを学習すると同時に、インド古典音楽の演奏技術も習得し、1990 年にインドでデビューを飾った。彼の鍵盤楽器奏者としての側面に注目すれば、インド国内では「世界一速弾きの鍵盤楽器奏者」との異名を持ち、電子鍵盤楽器で北インド古典音楽を演奏した先駆者でもある。前述のインディアン・アイドルにゲスト出演した際も、北インド古典音楽のラーグをタブラー奏者と伴にシンセサイザーで演奏する等、メディアへの露出も多く、近年は不動の人気を博す。

　こうした音楽家の特徴には、「バイ・ミュージカリティ」とも言うべき、複数の音楽様式に長け、それを表現できる「ハイブリッド性」を指摘することができる。NRI やディアスポラの U ターン現象等、ヒトの移動が活発化するインドの実社会において、そうしたハイブリッド性は、アンビバレントな価値基準に柔軟に調和して重宝される。その結果、様々なメディアへの露出も促進され、相乗効果を生むのである。また、情報化社会の中でメディア自体も多様化するとともに、TV、映画、インターネット等、新型・旧型メディアのコミュニケーションのパターンは、もはやメディアからの一方的な流れではなく、双方向的なネットワーク型へと変化しつつある。視聴者参加型の TV 番組から、インターネットを介しての個人レベルの音楽・動画配信まで、個人と情報発信するメディアとの距離はインド国内においても縮まりつつある。

　以上のように、経済成長による社会変化と相まって、ハイブリッドに活躍する音楽家がメディアに露出し、そのメディアも情報発信者と受信者が双方向な流れへと変化している。それが若年層を中心に、音楽を単に受動的に消費するだけではなく、自ら能動的に音楽を実践する方向へと向かわ

第 2 部　電子キーボードの普及にみるグローカル化の諸相

せている。したがって、それらに代表される複数の要因が多層的に重なって表出した現象の一つが、電子キーボードやその使用者の拡大であると考えられよう。

　では、過去に遡り、電子キーボードが需要される以前の鍵盤楽器の浸透状況はどのようであったのだろうか。第 1 部で論及したハルモニウムと比較すると、その需要規模は小規模ながら、インド国内ではピアノも受容されてきた。そこで次にピアノについて取り上げ、近年の電子キーボードの需要拡大との影響関係についても検証する。

ピアノの浸透状況と電子キーボードの受容にみる影響関係

　ハルモニウムは国内で楽器改良が行われ、楽器が既存のインド文化に組み込まれた、言わば「文化適応型」の受容過程を辿り、また電子キーボードにおいてもインド音楽への採用は顕著である。これらに対し、ピアノの場合は、前章で取り上げた V. バルサラのような数人の例外を除いては、インド音楽で採用されることは無く、ハルモニウムや電子キーボードとは対照的な「文化移入型」（異文化をそのまま受容する）の道を歩んできた。本項では、楽器だけではなく、音楽様式から学習環境に至るまで、無修正で西洋文化を受容してきたインド国内のピアノの文化について、ハルモニウムや電子キーボードとは対照的な事象として取り上げる。

　鍵盤楽器の受容は、英国植民地時代に輸入されたピアノに始まり、その伝播の歴史はハルモニウムよりも古い。南インドでは、19 世紀中期から南部のチェンナイを核に、ポルトガル人楽器商が西洋楽器販売の事業を拡大し、ピアノ文化は在留ヨーロッパ人を中心として、徐々に南インドの地に浸透していった。現在チェンナイで老舗楽器商および音楽学校を営むミュゼ・ミュージカル（以下、ミュゼ社 Museé Musical Pvt Ltd.）

【資料 3-5】ミュゼ社経営者
キショール G. ダース
（2007 年 8 月チェンナイ）

を 2007 年 8 月 14 日に訪問し、現経営者キショール・G・ダース（Kishore G. Das）に、同店の沿革や南インドにおけるピアノ事情に関してインタヴュー調査を実施した。

同社の母体は、英植民地下の 1842 年にポルトガル人実業家ウォレス・ミスキス[5]（Wallace Misquith, 不明-1888）が設立したミスキス社（Misquith & Co.）であり、当時の南インド在留のヨーロッパ人コミュニティに向けて、西洋楽器販売で発展した楽器商であった。ミスキス社は徐々にベンガルール等の 16 都市に支店を開設して大規模な事業を展開した。1935 年にチェンナイ在住のフランス人実業家 E.A.プリュドーム（E.A. Prud'homme）がミスキス社を買収して、現在のミュゼ・ミュージカルに社名を変更した。その経営にはプリュドームの他、その友人でスペイン系英国女性のロザーリオ（Amy De Rozario, 不明-1964）、また 1934 年に会計士として入社したダースの祖父ギリダル・ダース（以下 G.ダース Giridhar Das, 1908-1966）の 3 人が中心となって更に事業を拡大した。同社は植民地政府の晩餐会やマドラス総督府が毎週土曜夜に主催する社交パーティーの請負業も展開し、当時のパーティーの目玉はピアノ演奏だったという。1942 年に同社は G.ダースに譲渡され、インド人経営の楽器商となった。

1947 年インド独立後の輸入関税の引上げが、国産ハルモニウム製作を転換期に向かわせたように、輸入に依存するピアノもまた贅沢品として扱われ、330%の課税が余儀無くされたという。G.ダースも中央政府やマドラス政府[6]に対して抗議活動を行うが、是正措置がとられることはなかった。以後、1970 年代には西ベンガル州で国産ピアノ製作が試行されるも、その

---

[5] ダースによれば、ピアノ演奏や作曲にも優れた人物であったという。本人作曲のピアノ曲 'Sunset of the Nirgilris. Reverie for piano solo' は 1917 年にロンドンのチャペル社（Chappell & Co, 現 Chappell of Bond Street）から出版されている。

[6] 当時 1948-52 年にインド人初のマドラス政府総督に就任していた人物が、ハルモニウム・リードの製作を指示したグジャラート地方バーウナガル藩主バーウスィンジー 2 世の息子、クリシュナ・クマールスィンジー（Krishna kumar singhji, 1912-1965）であった。チェンナイには 19 世紀から繊維・織物産業を目的に、グジャラート地方から南下した人々が多く、ミュゼ社のダース家も同様に、元々はグジャラート出身である。

品質は輸入品には程遠く、即座に断念されたという。

そして 1990 年代の経済自由化政策は、ようやくピアノ文化にも新たな動向をもたらし、1995 年にその輸入税が 85％までに減率され、現在は 30％以下に引下げられている。現経営者のダースは、1982 年からミュゼ社の経営に携わるが、こうした自由経済による減税と輸入ピアノ価格の値下がりは、国内のピアノ文化の浸透に少なからず影響しているという。

同社販売店の 1 階には室温調整されたピアノ展示室があり、新品のピアノが 20 台ほど陳列されている[7]。同社はヤマハ社やカワイ社の正規代理店でもあり、それらの製品については、グランドピアノ、アップライトピアノ、また電子ピアノの様々な型番楽器が取り揃えられ、カワイ商品の購入に際してはトリニティ資格保持者には割引制度の待遇がある。

かつての日本の高度経済成長期のように、ダースによれば、TV や冷蔵庫といった生活家電が普及して衣食住の生活水準が安定すると、生活に豊かさを求めて趣味や余暇にまで人々の関心が向き始め、2000 年前後からピアノの販売量は増加し、それに比例するように学習者の増加も顕著だという。インド政府輸入貿易統計では、グランドピアノ、アップライトピアノ等を含めたピアノ全体（部品を除く）＜9201＞の輸入額は、【資料 3-6】の棒グラフのように、21 世紀に入ってからは徐々に伸びている。

輸入国に関しては、2005 年までは日本が第 1 位であったが、2006 年以降は中国にその座を譲り、2013 年以降はインドネシアが第 1 位を維持している。一見、日系楽器メーカーは苦戦を強いられているようにも見えるが、1980 年代から生産拠点を海外に移転した日系企業も多く、ヤマハ社やカワイ社はインドネシアに量産体制の整った鍵盤楽器工場を有している。したがって、2013 年より第 1 位となったインドネシアからの輸入高が上向きであるように、輸入相手国が日本として統計に反映されることはないが、日系メーカーの製品は確実に近年輸入増加の傾向にある。YMI 社の鍵盤楽器

7 　販売品の価格帯は、スタインウェイ社（Steinway & sons）の「ベビーグランド S155」の 350 万ルピー（約 700 万円）から、中国製パール・リバー社（Pearl River）のアップライト「UP108D2」の 9 万ルピー（18 万円）までと幅広い。低価格品には韓国サミック社（Samick Music Corporation）の B.スタイナー（B. Steiner）や中国の Ritmiller の扱いもある。

担当者は、インド国内におけるヤマハ製品の扱いは、現状では圧倒的にインドネシア製ピアノが多く、その品質も年々向上しているが、インドの顧客の中には、より高級木材を使用した高価な日本製ピアノの需要も、徐々に増えているという。

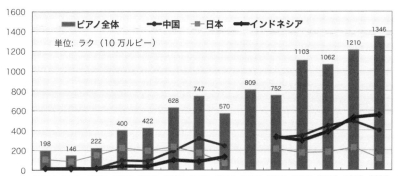

インド商工業省商業庁（Ministry of Commerce and Industry, Department of Commerce）の輸出入統計から作図。http://commerce.nic.in/eidb/Default.asp（2008・2009年データ未取得）

【資料3-6】ピアノ全体（9201類）の輸入額および輸入上位3カ国の推移

ミュゼ社の話しに戻れば、同社は楽器販売だけではなく西洋音楽教育との繋がりも深い。特に1872年創立の英トリニティ音楽院との関係は深く、同校の音楽検定試験はミュゼ社が仲介者となり、1906年にインド国内では初めてチェンナイにおいてロンドンから審査員を迎えて試験が行われた。その初年度にはピアノフォルテに2名が受験したものの不合格となったが、翌年は受験者4名中3名が合格し、徐々に受験者は増加していった。第2次大戦中だけはロンドンから審査員が来印できず、マイソール藩王の専任ピアノ教師が審査員を代行し、以後も中断することなく毎年継続されている。トリニティ・カレッジ資格試験は、2007年度よりギルドホール音楽演劇学校（Guildhall School of Music and Drama）との提携によって、「トリニティ・ギルドホール試験」（以下、トリニティ試験 Trinity Guildhall examinations）と名称変更され、音楽試験部門においても受験科目が増設

された。しかしながら受験システム自体には変更はなく、毎年発行される初級からグレード8までの各シラバスに従って試験は実施される。インド国内ではチェンナイのミュゼ社以外にも、デリー、コルカタ、ムンバイの4都市で受験可能である。

【資料3-7】ミュゼ社販売店と併設の音楽学校（2007年8月チェンナイ）

　同社経営のミュゼ・ミュージカル音楽学校では、2007年時点で約350人の生徒を抱え、授業科目もピアノ、ヴァイオリン、ギター、サクソフォーン、電子キーボード、ドラム、ヴィーナー、ハルモニウム、声楽、音楽理論等、西洋楽器から南北インドの古典楽器の科目までと幅広い。かつてA.R.ラフマーンも幼少時に同校でピアノを学習したという。これらの科目中、ピアノの学習者は最多で全体の半数を占め、現在は5人のピアノ教師が、週2日の各45分の授業で、トリニティ試験のシラバスに基づいた受験準備の指導を行う。国際基準の資格取得を目指す学習者が増加し、ミュゼ社が統括するインド南部地域だけでも、2006年度のトリニティ試験の受験者は約3,000名にのぼるという。

　しかしながら、ピアノ学習者が増加する一方で、ピアノ自体は高級品であり、特に新品のピアノは誰もが購入可能なわけではない。チェンナイを初めとしたインド国内の大都市圏では、販売業と同時にピアノ貸出業が発達し、比較的新しいピアノから植民地時代の古いものまでが個人宅や学校に貸出され、それらを利用する学習者も少なくない。そうしたピアノ販売・

貸出業者には、デリーのゴードン社（A. Godin & Co. 1900 年創業）やマーカス社（Marques & Co. 1918 年創業）、ムンバイのフルタード社（BX Furtado & sons / LM Furtado & Co. 1865 年創業）、またコルカタの H. ポール社（H. Paul & Co. 1905 年創業）やブラガンツァ社（Braganza & Co. 1946 年創業）等が該当し、これらの店舗では 100 年以上前に製作されたピアノに出会うことも少なくない。

こうしたピアノの貸出業は、英植民地下の在留外国人を顧客対象として発展し、独立以後も残る植民地文化の痕跡として指摘できるであろう。ミュゼ社でもその業務を行っており、専門の調律師・修理師を 3 名抱えている。ダースの兄も調律技術を習得するために渡米し、帰国後はインド国内の数少ないピアノ調律師として活躍する。日本のピアノ産業のように、ピアノのメーカー側が調律師養成の制度も確立した

【資料 3-8】ゴードン社店舗に置かれたシードマイヤー製ピアノフォルテ（2008 年 8 月デリー）

状況とは異なり、輸入に依存するインドにおいては、調律師や修理師は今尚貴重な存在である。また近年は、ピアノの代替楽器として、定期的に調律を行う必要のない電子ピアノや電子キーボードの購入も増加している。トリニティ試験が 2000 年より電子キーボード対応の試験を開設したのを契機に、電子キーボードでの受験者も拡大傾向にあるという。ミュゼ社の別館 2 階には、電子鍵盤楽器を多数取り揃えた展示室が併設されている。

ここまでは南インドを中心に、ピアノを取り巻く環境について考察してきたが、ピアノの浸透に関しては、植民地文化と並んでキリスト教文化の影響も大きい。キリスト教徒は国内全体からすれば、約 2.3%[8]に過ぎない

8　2001 年インド国勢調査によれば、国内人口の内、キリスト教徒の占める割合は約 2.3% であり、ヒンドゥー教徒の約 80.5%、イスラーム教徒の約 13.4% に続き、国内第三の宗教である。因に 2011 年の国勢調査では宗教についてのデータは未発表である。インド政府・国勢調査 HP（宗教関連）
http://censusindia.gov.in/Census_And_You/religion.aspx（2015 年 9 月 27 日閲覧）

が、南インドは北インドと比較するとその割合も高く、教会の数も多い。教会では賛美歌がオルガンの伴奏で歌われ、近年では電子キーボードで伴奏される光景も珍しくない。こうしたキリスト教文化の存在が、西洋クラシック音楽の学習法や鍵盤楽器の流入に対し、直接吸収しやすい土壌を整えてきたとも考えられよう。

またチェンナイ同様に、かつては英植民地の最大拠点であったコルカタには、第 1 章で前述したように、独立以前には西洋楽器を扱う英資本の楽器商が存在した。現在コルカタに点在するピアノ店もその流れを汲み、主要 2 社の創業者はドゥワルキン工房のドゥワルカナトのように、外国資本の楽器商で技術習得後に独立開業したインド人であり、またピアノ店の経営者の場合はキリスト教徒であるのも特徴と言える。2008 年 7 月にコルカタ市内の H.ポール社とブラガンツァ社を訪問し、現在の経営者にコルカタのピアノ事情についてインタヴュー調査を実施した。

【資料 3-9】H. ポール社経営者シュリカント・ポールと修理工房
（2008 年 7 月コルカタ）

コルカタで最も老舗の H.ポール社は、1905 年に創業したピアノ専門店である。現在 3 代目のスリカント・ポール（Srikanta Paul）の祖父ヘマント・ポール（Hemanta Paul）が、英資本のビーヴァン社で習得したピアノの修理・調律技術を基に開業した。現在は、年間 30 台程度の販売を行ってはいるものの、主な業務はピアノの貸出・メンテナンス業である。同社所有の約 150 台のピアノは、個人宅の他、教会や全寮制学校に貸し出

され、ピアノの種類にもよるが、アップライト型であれば貸出料は月間約 6,000 ルピーからで、それには各部品の取替・修理や調律も含まれる。またピアノ所有者の修理・調律業務として、他に 50 台ほどの顧客も抱える。調律は現経営者本人も行い、その技術は祖父の代から継承されている。同社の修理工房では 2 名の作業員が、中古ピアノを解体してハンマーの修理を行っていた。ピアノの場合は、国産供給がないため、ハンマーのフェルトに至るまで輸入に依存する状態だという。

　チェンナイのミュゼ社のように、ピアノ輸入販売を中心に事業拡大してきた楽器商が、今日では多角経営化して電子鍵盤楽器の販売も手掛ける中で、H.ポール社の現経営者は、近年の電子鍵盤楽器の流入に対しては否定的な見解であり、電子楽器では楽器本来の音色が損なわれてしまうと嘆き、今後もそれらを同社で取扱うことはないと述べる。そこには、変化に対する「逃避的」な姿勢が見え隠れする。

　そして、アコースティックのピアノに固執する H.ポール社と対照的なのが、同じくコルカタ市内で鍵盤楽器を中心とした楽器業を営むブラガンツァ社である。1946 年創業の同社は、現在は 2 代目のトーマス・ブラガンツァ（Thomas Braganza）が経営する多角経営の楽器商である。初代はピアノの販売・修理・調律・貸出を主に、その他にはヴァイオリン製造を行っていたが、現経営者はアコースティックに固執する初代を保守的であると、経営を多角化路線に変更し、2003 年からは電子ピアノや電子キーボードといった電子鍵盤楽器の販売も開始した。また同時期にギター製造も手掛け始め、【資料 3-10】に見られる同社ギターブランドの'True Tone'は、販売も好調だという。

　同社で扱う鍵盤楽器に関しては、スタインウェイ社のピアノから中国製のパールリバーまで、その種類はミュゼ社と類似する。また近年は電子ピアノの販売量も増加し、ヤマハ製、カシオ製、コルグ製、ローランド製といった日系メーカーに加え、イタリアのバイカウント社（Viscount）の電子ピアノ「ガリレオ」（galileo）の需要も伸びている。一方、販売店舗の裏に併設された修理工房では、各小部屋でヴァイオリン製作やピアノの修理作業が続けられている。そこでは、50〜60 代の職人に混じって、その息

子という10代の少年の姿もあり、世襲的に作業が継承されている一面も見受けられる。

【資料3-10】ブラガンツァ社経営者トーマス・ブラガンツァと修理工房
(2008年7月コルカタ)

　同社ではインド楽器の販売取扱いはないが、近年は古典音楽を学習する子どもが店舗を訪れ、ハルモニウムの代用として、安価なミニキーボードを購入する光景も珍しくないという。経営者自身は、インド音楽にはハルモニウムの採用が適当という意見ではあるものの、購入者側にも限られた予算という条件があり、複雑な心境でこうした現象を見ていると述べる。
　またブラガンツァ社は、トリニティ試験と並び、国際基準の音楽試験である、「英国王立音楽検定」(以下、ABRSM試験 Associated Board of the Royal School of Music) のインド東部地域全体の代理窓口業務を行っている。同試験は、英国王立音楽検定協会が1889年に設立した世界最大の音楽検定試験であり、世界90カ国以上で毎年60万人以上が受験する。インド国内では、北部デリー、西部ムンバイ、南部はベンガルール、ゴア、ケーララ、そして東部コルカタの6都市で毎年9月から2ヶ月間にわたり、ロンドンから試験官を招いて実施される。ブラガンツァ社の経営者によれば、2007年度の受験者は東部地域だけで約800名、2003年次には約200名であったことから、4年間でおよそ4倍の増加である。
　同協会のインド担当代表者によれば、具体的な数字の提示はされなかったものの、2008年度のインド全地域受験者の内、ピアノでの受験者は70%

以上であり、その受験者数も 2001 年度の約 2 倍、2005 年度より 21%増加しているという。また国内の地域別では、東部コルカタの受験者が最多で、コルカタの場合はピアノ受験者と並んでヴァイオリン受験者も多い。

　南部と並び、東部地域における西洋クラシック音楽の需要や、学習者の割合が大きい理由は、前述したように第一に植民地時代の影響、そして第二にキリスト教や教会音楽の影響も大きいと考えられる。特に東部地域の中でも、北東部のナガランド州やミゾラム州では、州人口の約 90%をキリスト教徒が占め9、若者世代は欧米文化への親和性が高い。音楽においても、欧米のロックやポピュラー音楽が他地域よりも広く浸透し、電子鍵盤楽器業界でもその需要が見込める地域として、近年注目されている。

　国内全体で見ると、確かに西洋音楽の学習者は増加傾向にはあるが、例えばズービン・メータのように国際舞台で活躍する音楽家や世界的なコンクールにおいて受賞するような奏者は、殆ど登場してはいない。前節で取り上げた A.R.ラフマーンは、国際水準の音楽教育の提供を目的とし、2008年にチェンナイに KM 音楽院（KM Music Conservatory）を設立している。講師には西洋人音楽家を迎えて、西洋音楽（器楽、声楽）の実技科の他、音楽編集といった音楽テクノロジーの課程も設置されている。

　したがって、西洋音楽の枠組みから見ればインド人ピアニストはほぼ皆無であるが、ピアノ演奏を生業とする音楽家が全く存在しない訳ではない。インド国内のピアノの世界においても「変革者」の存在が際立ち、第 1 章で取り上げた V.バルサラや、今日国内外で活躍するブライアン・シラス（Brian Silas, 1956-）のように、ピアノでインド古典音楽あるいはヒンディー映画音楽を編曲・演奏するピアニストの存在がある。

　2008 年 8 月 28 日、インド人ピアニストのブライアン・シラスのインタヴュー調査が実現した。シラスは、1988 年（当時 32 歳）に従事していた

9　前掲の 2001 年インド国勢調査によれば、ナガランド州ではキリスト教徒の占める割合が約 90.0%、ミゾラム州では約 87.9%、マニプル州では 34.0%と高い。若者世代を中心とした文化においては、音楽だけではなく、ファッション等、西洋文化や近年は韓国の文化コンテンツ等、世界の流行に敏感な地域である。北東部の音楽事情については、筆者の下記の学術映像作品を参照されたい。「インド北東部・ナガランド州コヒマの音楽祭：部族文化の伝承と若者への音楽振興政策」https://www.youtube.com/watch?v=T31QCL8Kx3U （公開中）

遊園地事業の営業職を辞し、慣れ親しんできたピアノの演奏家に転向することを決意した。ピアノの学習経験は、幼少時にキリスト教徒の両親の薦めによって、ピアノ教師に個人指導を受けるが、五線譜を使った西洋音楽の学習に馴染めず、独学で耳から聴取した音楽をピアノで再現かつ編曲するといった、独自の方法でその演奏様式を徐々に確立していった。

　1993年に、1stアルバム'*Nostalgic Indian Tunes on Piano*'〔Silas, Brian. *Nostalgic Indian Tunes on Piano*. T-Series:（CD）released 1993.〕を発売し、その収録曲は、1950年代からの新旧の映画音楽をピアノとタブラーを主楽器として編曲したものである。当時のデリーでは、インドの映画音楽をピアノで弾くような演奏家は存在しなかったために注目を浴び、アルバムの好調な売行きによって、シラスの知名度は徐々に高まっていった。デリーの政

【資料3-11】インド人ピアニスト
ブライアン・シラス
（2008年8月デリー）

財界や富裕層のパーティーから頻繁に声が掛かるようになり、そうした演奏活動は行ってはいたものの、当時は大規模な舞台での演奏会については躊躇していたと本人は述べる。そしてアルバムデビューから5年後の1998年に、多数の支援者の後押しもあってデリーで初演奏会を行った。それが話題になると、以後はインド国内で千人規模の集客が可能な唯一のピアニストとして人気を集め、演奏の場も国外にまで広がった。2008年までに25枚以上のアルバムを発売し、年間2回の欧米公演も意欲的に行う。欧米では、観客の99%がNRIまたはインド系の人々であり、観客の多くにとって自分が演奏する音楽は、古きインドへの郷愁や様々な回想を呼び起こし、観客の中には涙を流す者もいるとシラスは話す。

　以上、ピアノの受容の概略を、楽器商や奏者に着目して辿ってきた。その特徴を整理すると、第一に楽器の側面においては、国産改良が進行したハルモニウムとは異なり、ピアノの場合は各部品に至るまでを輸入に依存

第 3 章　インド国内における電子キーボードの需要拡大

する「全体受容」と言い換えられるだろう。そして第二に販売・流通に関しては、外国人経営の楽器商から始まった植民地文化の影響が色濃く残り、今尚存続するピアノの貸出業はその一例として指摘される。また第三に使用の側面において、ピアノの場合は、インド音楽に採用されたハルモニウムとは異なる道を歩み、ほぼ西洋音楽が無修正のままに受容されている。しかしながら、国内で人気を集める奏者は、例外的に、インド音楽文化に根付いた古典音楽や映画音楽を採用しているピアニストである。第四に音楽学習環境の側面において、イギリスのトリニティ試験や ABRSM 試験というグローバルな世界基準の音楽資格検定試験が浸透し、民間の音楽学校の教授形態もそれらに沿った指導が行われる傾向にある。

　こうしたピアノの浸透状況と電子キーボードの受容との影響関係について考察すれば、特に楽器の販売面においては、同じ「鍵盤楽器」として電子キーボードが受容されるための土壌が、ピアノの販路によって整えられていたと言えるだろう。すなわち、元来はピアノを専門に発展した楽器商が、その延長として電子ピアノや電子キーボードを含む電子鍵盤楽器を扱うようになり、詳細は後述するが、現在では日系鍵盤楽器メーカーの大手代理店として機能する傾向にある。また楽器購入者側においても、輸入楽器の豊富な数と機種に見られるように、需要に見合うだけの供給面が整ったことや、インドで通用する国際的な試験に電子キーボード科目が追加されたことによって、鍵盤楽器の選択肢が広がり、ピアノの代用として電子キーボードを購入するケースも増加している。

　次では、「鍵盤楽器」と並んで、電子キーボードの一属性である「電子楽器」について、そのインド国内での浸透状況を検証する。

電子楽器受容の概況とデジタル・テクノロジーに対する寛容性

　複雑な理論に基づくインド古典音楽を電子キーボードで演奏する奏者の出現が、本研究を行う直接の契機であったことは冒頭で述べたが、電子キーボードの「電子楽器」という属性は、インドの音楽文化ではどのように受け止められているのだろうか。

90年代からミニキーボードが流入する以前に、インド国内では、インド人の手によって、インド音楽仕様の電子機器が既に製造されていた。近年のインド音楽とそうしたテクノロジーの導入は、切り離せない関係にある。
　ここでは、インド音楽文化にデジタル・テクノロジーを採用した先駆者である、ベンガルールの「ラデル社」（Radel Electornics Pvt.Ltd.）社長 G. R. ナーラーヤン（G.R. Narayan, 1949-）を事例として、インド国内における音楽用電子機器や電子楽器の状況について考察する。2008年8月14日に同社を訪問し、製品開発や製品の詳細についてインタヴュー調査を実施した。

【資料3-12】ラデル社長 G.R.ナーラーヤン
（2008年8月ベンガルール）

　ラデル社は、「インドのシリコンバレー」と呼ばれるIT産業拠点、ベンガルール（旧バンガロール）のエレクトロニクス・シティ[10]（Electronics City）に本社を構える。同社は、今日インド古典音楽の実践に携わる者であれば、プロアマ問わず誰もが所有している箱状の電子機器、「電子タンプーラー・マシーン」（Electric/Digital Tanpura machine）や「電子タブラー・マシーン」（Electric/Digital Tabla machine）を1970年代に先駆けて発明し、現在もそうした電子機器や電子楽器を中心に開発・製造を行う会社である。
　同社は社長のナーラーヤンによって一代で築かれ、発明の経緯や製品開発の歴史について、本人は次のように語った。学生時代は、名門のインド工科大学マドラス校（Indian Institute of Technology, Madras 現チェンナイ校）で工学を専攻したナーラーヤンは、修士号を取得後、航空機設計の仕事に従事していたが、同時に南北の古典音楽に精通するバーンスリー

---

[10] ベンガルール市街地から車で30分程度の広大な敷地に、大手IT企業のインフォシス（infosys）やウィプロ（Wipro）、サットヤム（Satyam）を始め、100社以上が林立する。ラデル社も同敷地内に工場を内部併設した自社ビルを構える。

第3章　インド国内における電子キーボードの需要拡大

奏者として、音楽活動も行っていた。南インドのタミル・ナードゥ州カーンチープラム（Kanchipuram）に生まれた彼は、中央政府の役人であった父親の転勤によって、幼少時代の8年間をデリーで過ごした。そしてヴィーナー奏者として活躍する母親に、北インド古典音楽と南インド古典音楽の両方を師事し、1968年のAIR音楽審査会では当時19歳でA級のバーンスリー奏者として認定された。当時、バーンスリーの練習時には、古典音楽に不可欠なドローンを母親がタンプーラーで伴奏していたが、独りでも練習可能なようにと、自身の練習用を目的として簡単な電子シュルティ・ボックス・マシーンを試作し、これが以後の製品開発の契機であった。

その最初の発明品はラジオのスピーカーに繋げることによって、ドローンに必要な3音を出力する単純な機能であったが、1971年には電子回路から外側の装飾まで全てを手掛けた、箱状の電子タンプーラー・マシーンを完成させた。ハルモニウムの音色をサンプリングし、出力音程や音量の調節機能、またスピーカー機能を装備したその発明品は、以後も自身の音楽練習用として改良が続けられた。徐々に一部の音楽家にその存在が知られると、国内外で活躍する音楽家からは、150cm以上はある大型楽器のタンプーラーに比べ、ナーラーヤンの小型電子タンプーラー・マシーンは移動時の携帯が容易だという理由から反響があった。

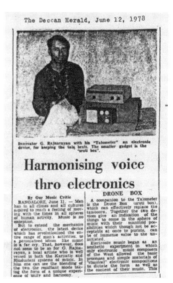

【資料3-13】試作品に関する新聞記事
（デカン・ヘラルド紙
1978年6月12日付）

1978年には、南インド古典音楽の35種類のターラム（南インド古典音楽で使用されるリズム）を搭載し、速度調整が可能な「ターロミーター」（Talometer）を発表した。翌1979年12月にはチェンナイに赴き、南インド古典芸術研究機関ミュージック・アカデミー（The Music Academy）

主催の音楽会議で、それら2種の発明品を自身のバーンスリー演奏と伴に披露し、会議参加者を前に機能の説明も行った。それらに興味を持った音楽家は多く、中でも南インド古典声楽の巨匠バーラムラーリ・クリシュナ（Balamurali Krishna, 1930-）は、楽屋の彼のもとを訪れて製品開発を後押しし、この会議を契機にナーラーヤンの電子楽器製作は本格化した。

南インド古典音楽家を中心にそれらの製品が浸透すると、ナーラーヤンは1988年1月には北インド古典音楽向けの電子タブラー・マシーン「タールマーラー」（Taalmala）を発表した。そしてムンバイのボンベイ大学（University of Bombay）のホールで、再び自身のバーンスリー演奏と伴に、同製品に搭載された北インド古典音楽の12種のタールを披露した。この製品開発にあたっては、北インド古典声楽家ラメーシュ・クルカルニ（Ramesh Kulkarni）に協力を仰ぎ、完成に漕ぎ着けたという。以後も、同社では年々開発や改良が続けられ、2008年8月時点で15種の製品を製造する。【資料 3-14】では、「形状」という属性と「旋律/リズム」といった機能の属性から、それら製品の分類を試みている。

ラデル製品	機能の属性	
	A 旋律系	B リズム系
① マシーン系	A① ● 電子タンプーラー・マシーン 　'Saarang Magic Zx'（4弦） 　'Saarang Micro IV'（4弦） 　'Saarang Maestro S''（5弦） 　'Saarang Miraj''（6弦） ● 電子シュルティ・ボックス・マシーン 　'Dhruva Super'（※音楽学習機器） 　'Dhruva Nano' 　'Dhruva Automatic' ● 電子音階練習機器 'Swaravali DX' 　（南インド古典音楽仕様）	B① ● 電子タブラー・マシーン 　（北インド古典音楽仕様） 　'Taalmala digi-60-S' 　'Taalmala digi-100' ● 電子ターロミーター 　（南インド古典音楽仕様） 　'Talometer' ● 電子レヘラ・マシーン 　（北インド古典音楽仕様） 　'Sunadamala Lehera'
② 楽器系	A② ○ 電子タンプーラー 　'Saarang Sparshini' ○ 電子スワルマンダル 'Swaroopini' ○ 電子ヴィーナー 'Sunadavinodini'	

【資料3-14】ラデル製品（15種）の分類

同社製品を形状から考察すると、電子機器である「① マシーン系」と、

楽器の形状をした「② 楽器系」に分類される。また旋律/リズムといった機能の属性から見れば、電子タンプーラーや電子タンプーラー・マシーン、また電子シュルティ・ボックス・マシーンといったドローンを目的とする機器や、電子ヴィーナー（digital veena）のように手動演奏する楽器を「A 旋律系」とし、一方、インド音楽固有のリズムであるタールやタームの自動演奏を目的とする機器を「B リズム系」として区分する。以下、各カテゴリーを順に考察していく。また【映像資料 6：ラデル製 電子機器・電子楽器】[11]では、ナーラーヤンによる各製品の説明を収録している。

A①：旋律・マシーン系

　最初に、【資料 3-15】のような電子タンプーラー・マシーンについて考察すれば、前述したように、現在ではインド古典音楽家から学習者に至るまで、その保有率は限りなく 100%に近いと言っても過言ではない。旋律楽器や声楽を実践する者にとって、ドローンの存在は不可欠であり、練習の場では勿論のこと、演奏会の舞台でさえも電子

【資料 3-15】電子タンプーラー・マシーン 'Saarang Miraj'（2008 年 8 月ベンガルール）

タンプーラー・マシーンがタンプーラーの代用として用いられることは少なくない。4 弦の製品であれば、「P -SSS-」「M-SSS-」「N-SSS-」が標準装備され、演奏するラーグによってドローンも使い分けられる。例えば、北インド古典音楽のラーグ・マールコーンス राग मालकोंस [rāg mālkauns] Rag Malkauns（上行音階：SGMDNS, 下行音階：SNDMGMGS）の場合、ドローンは「M-SSS-」となり、音階音には P 音がないため決して「P-SSS-」にはならない。このように、ドローンも各ラーグの特性を表出する一要素であり、それ故に電子タンプーラー・マシーンの存在が重宝されるのである。価格も約 4,500 ルピー（約 9,000 円）と高い値段ではない。

11　映像資料「現代インドにおける楽器変容：電子鍵盤楽器にみるグローカル化」www.youtube.com/watch?v=8XdLcYPBGro（公開中）

また電子シュルティ・ボックスでは、ドローンとして採用される音は電子タンプーラー・マシーンと同様であるが、タンプーラーのように各弦が順に奏でられるのではなく、全ての音は同時に発音して持続するため、構造もより簡素化され、値段も安価である。ラデル製の'Dhruva Super' には、子どもが遊びながらにして、チューニングの感覚を養えるような機能も搭載されている。また南インドのラーグに対応した音階練習機器 'Swaravali DX' は、子どもが正しい音程で各ラーグの音階を習得でき、「アランカール」（Alankar）と呼ばれる様々な音階練習がこの機器を伴ってできるようにと、若年層を対象とした音楽学習機器を意図して開発された。このアランカールは、元来は「装飾」を意味し、音楽用語では「装飾された音階」を指す。【映像資料6】の中で、ナーラーヤンが「S̱RGM, S̱RGM, S̱RGMPDN S S̱NDP, S̱NDP, S̱NDPMGRS」と歌うように、ラーグの音階やタールの拍数に沿った、一定規則に基づいた数列的な音階である。上記ラーグの16拍子であれば、「S̱RGM, ṞGMP, GMPḎ, MPDN S̱NDP, NDPM, ḎPMG, PMGR」等と無尽に作ることが出来、学習者がこうしたアランカールを自分で何種類も作ったり、その練習を積み重ねたりすることが、所謂、即興演奏と言われる場において、ストックフレーズとなって迅速に引き出されると考えられている。南インド古典音楽だけではなく、北インド古典音楽でも基礎練習の方法として行われる。

B①：リズム・マシーン系

電子タンプーラー・マシーン同様に、北インド古典音楽のタールや、南インド古典音楽のターラムを装備した電子機器の浸透度は、古典音楽の実践者においては非常に高い。

ラデル製電子タブラー・マシーンのタールマーラーについては、その機能の進化が目覚ましい。ナーラーヤンによれば、南インドのターラムが非常に

【資料3-16】電子タブラー・マシーン 'Taalmala'
（2008年8月ベンガルール）

第 3 章　インド国内における電子キーボードの需要拡大

体系的であるのに対し、北インドのタールは、同一のタールであっても タブラーの流派によって変型が多い。そのため、出力するタールを使用者が部分的にカスタマイズできるような機能の必要性を実感したという。その意図のもとで、使用者がタールを変型・記憶させることが可能なプログラム機能が追加された。そうしたタールの変型には、「フィルイン機能」（fill-in）や「ティハイ機能」（tihay）が利用され、ティーン・タール（16拍子）を一例として挙げると、下記のようになる。

拍：	1	2	3	4	5	6	7	8
基本型：	Dha	Dhin	Dhin	Dha	Dha	Dhin	Dhin	Dha
フィルイン：	同じ				同じ			
ティハイ：	Dha	Tir	Kit	Tak	Dha	-	Dha	Tir

拍：	9	10	11	12	13	14	15	16	1
基本型：	Dha	Tin	Tin	Ta	Ta	Dhin	Dhin	Dha	Dha
フィルイン：	DhaTir	KitTak	Dha-	DhaTir	KitTak	Dha-	DhaTir	KitTak	Dha
ティハイ：	Kit	Tak	Dha	-	Dha	Tir	Kit	Tak	Dha

　フィルイン機能は、ティハイ（同じリズム・フレーズを 3 回反復）の後に 1 拍目に戻る機能であり、一方、ティハイ機能を使用すれば、ティハイの後の 1 拍目でリズムは終了する。ナーラーヤンは、単に基本型タールを自動演奏するだけではなく、実際の打楽器奏者との演奏のように、練習時においても、可能な限り「リアル」に近付けたいという意図で、このプログラム機能を考案したという。

　また電子レヘラ・マシーンは、「レヘラ」（lehera）を再現する機器である。レヘラでは、各種タールの 1 周期に旋律が付与されて繰り返される。旋律はどのような音型でも良いが、必ず長さは 1 周期である必要があり、拍の目安の機能を果たす。ティーン・タールの一例を挙げれば、下記のようになる。

拍：	1	2	3	4	5	6	7	8
基本型：	Dha	Dhin	Dhin	Dha	Dha	Dhin	Dhin	Dha
レヘラ：	S	-	S	S	N	D	N	S

第 2 部　電子キーボードの普及にみるグローカル化の諸相

拍：	9	10	11	12	13	14	15	16	1
基本型：	Dha	Tin	Tin	Ta	Ta	Dhin	Dhin	Dha	Dha
レヘラ：	N	D̠	M	G̠	G̠	M	D̠	N	Ṡ

　電子レヘラ・マシーンは、北インド古典音楽の打楽器奏者やカタック（Kathak）等の北インド古典舞踊の舞踊家を対象に、練習用機器として開発された。

A②：旋律・楽器系

　ラデル社では近年、手動演奏するための電子楽器製造にも力を注ぎ、電子タンプーラー、電子スワルマンダル、電子ヴィーナーの3種類を開発している。それらは楽器の形状をしているため、奏法自体は通常楽器と変わりはないが、弦がセンサーとなり、指が弦に触れることで発音する電鳴楽器である。電子タンプーラーや電子スワルマンダルには調弦ペグが無く、予め各弦の音高を設定・記憶する機能が内蔵されている。したがって、演奏前に複数の設定を記憶させておけば、複数のラーグを

【資料 3-17】ラデル製電子ヴィーナー 'Sunadavinodini'
（2008 年 8 月ベンガルール）

演奏する場合も調弦の時間が省略でき、ボタン一つで調弦の変更が可能なのである。また、弦楽器は気温や湿度によって音高が狂いやすいが、電子楽器であればその心配もない。ラデル製電子楽器の最初の製品は、【資料3-17】の 2002 年発表の電子ヴィーナーである。それは当初、ヴィーナー奏者の妻のために試作したのが開発の契機であった。その特徴を下記に整理する。

アンプ・スピーカー機能

【資料 3-17】の上図に見られる 2 つの丸い共鳴器の右側には、アンプ機能とスピーカーが内蔵されている。ナーラーヤンは、妻のヴィーナーと自身のバーンスリーで競演時に、両者の音量のバランスが悪く、ヴィーナーに音響増幅機能を搭載する発想を得たという。

センサー弦(タッチレスポンス機能付)

ヴィーナーの奏法では、フレットを上下する以外にも、シタール同様に弦を引っ張って音高を変化させる動きを伴う。したがって、弦には圧力が掛かって調弦は狂い易くなり、演奏会の最中にも何度か調弦をする必要が生じる。一方の電子ヴィーナーでは、【資料 3-17】の下図のように指板の下部には、センサー弦が感知した情報を処理する集積回路(以下、IC)が内蔵され、そうした問題は解消される。また、弦に触れた際の指圧強度を感知するタッチレスポンス機能も完備されている。

移調機能

南インド古典声楽の伴奏でヴィーナーが使用される時、声楽家が男性であればS音はCに、女性であればS音はGに調弦される場合が多いが、通常のヴィーナーではC—G間での移調は、弦の張りの違いから音色も損なわれ、演奏も困難である。他方、電子ヴィーナーは移調機能を装備しているため、各弦は1オクターヴ間での自由な移調が可能である。

【資料 3-18】電子ヴィーナーの解体時
(2008 年 8 月ベンガルール)

タンプーラー機能と 10 種の音色

左側の共鳴器には、タンプーラー機能が組み込まれ、ヴィーナーの演奏

中にもドローンを自動演奏させることが可能である。また、ヴィーナー以外にも「ナーガスヴァラム」（Nagasvaram）、シタール、サクソフォーン、バーンスリー等の 10 種類の音色が内蔵されている。

携帯性

電子ヴィーナーは【資料 3-18】のように各部分の解体・組立が可能であり、総重量も約 6kg と軽量化され、携帯性を考慮した設計がなされている。

これらの特徴をもつ電子ヴィーナーは、音楽家であり工学者であるナーラーヤンの発想が具現化された楽器である。この楽器の使用者には、ヴィーナー奏者の N. カールティク（N. Karthik）やアルナー・クマーリー（Aruna Kumari）等がいる。ナーラーヤンの電子楽器の開発は始まったばかりであるが、電子タンプーラー・マシーンや電子タブラー・マシーンといった電子機器が過去 20 年間に急速に浸透したように、同社の電子楽器も近い将来より多くの演奏家に受け入れられると、ナーラーヤンは自信を示す。

以上、インドの電子楽器の先駆として、ラデル製品および同社社長のナーラーヤンによる開発の経緯について検証してきた。マシーン系製品は、その便宜性と製品の認知度によって需要拡大が顕著であるが、楽器系製品に関してはナーラーヤンが述べるように、開発の歴史が浅く、今後の動向を注目すべきであろう。同社 1 階に併設された工場では、約 30 名の従業員が木工・組立部門と IC 部門に分かれ、作業を行っていた。各電子製品は、48 時間連続の電圧検査に合格した後に出荷され、品質管理には最善の注意が払われているという。

今日需要が大きい電子タンプーラー・マシーンや電子タブラー・マシーンも、工学の知識に長け、南北の古典音楽の実践者であり、かつ起業家という多面的な能力をもった一人の人物の発想が、具現化されたものである。国外企業が営利多売を目的としてインドの電子楽器業界に進出する中で、ラデル社の存在は異例と言えるだろう。その製品開発の根底には、演奏家としての当事者の視点から、南北の古典音楽の発展と、次世代の子ども達への古典音楽の継承を真摯に願う思いが込められている。

北インド古典音楽仕様の電子機器を製造する会社には、もう一社ラデル

第3章　インド国内における電子キーボードの需要拡大

社より後進のムンバイのリヤーズ社（Riyaz Co.）がある。同社の電子タンプーラー・マシーン「ラーギニー」（Raagini）や電子タブラー・マシーン「リヤーズ・マスター」（Riyaz Master）も市場に出ているが、ラデル社製品と比較すると、メモリー機能やプログラム機能がなく重量も重い。

また近年、マシーン系や楽器系から更に発展した、携帯アプリの進化も見過ごせない。ヴィディヤー・マルチメディア社（Vidya Multimedia）のiTabla[12]シリーズは、フランス人開発者が2008年10月に発表した北インド古典音楽仕様のアプリケーション・ソフトウェアで、パソコンおよび米アップル社のスマートフォンであるiPhone上で使用可能である。

同アプリケーションでは、タンプーラー機能、シュルティ・ボックス機能、タブラー機能が同時に起動できる。またスイスのソフトウェア会社スワル・システムズ社（Swar Systems）も、インド音楽仕様の作曲ソフト等、複数のソフトを開発・販売している。インド国外在住の古典音楽演奏家や学習者が増加する今日、そうしたアプリケーション・ソフトウェア（以下、アプリ系）の需要も益々拡大すると思われる。

ここまでインド音楽文化におけるテクノロジーについて、電子機器・電子楽器や、その開発者、開発経緯を中心に考察してきた。特に古典音楽文化における、インド人の手によって開拓されたテクノロジーの導入は特筆すべきであり、今日では更に、マシーン系、楽器系、アプリ系と多方面に進化しつつある。そして、何よりも重要なことはその基盤には、テクノロジーを拒絶するのではなく、古典音楽文化でさえ、その利便性からテクノロジーを受容している事実である。それは、「アコースティック楽器　対　電子楽器」という対立構造ではなく、代替楽器としての電子機器・電子楽器、延いてはテクノロジーへの「寛容性」がそこに指摘される。したがって、新たな電子楽器が浸透するための土壌は、ローカルの手によって、徐々に耕かされてきたと言えるのではないだろうか。

次に、そうした「電子楽器」という属性をもつ電子キーボードの浸透が、ローカルな文化をどのように変容させているかを考察する。

12　同アプリ概要 https://itunes.apple.com/app/itabla-pandit-lite/id404952513?mt=8
（2015年9月27日閲覧）

2．電子キーボードの需要拡大によるローカル文化の変容

若年層の音楽学習目的・学習環境の多様化：国内外の音楽試験との関係

　若年層を中心とした音楽学習者が増加し、電子鍵盤楽器においても、そうした需要と相互作用するかのように輸入楽器の供給も拡大している。電子鍵盤楽器の中でも電子キーボードは、シンセサイザーや電子ピアノよりも圧倒的な市場シェアを占める。電子ピアノはピアノの代替楽器としての利用傾向があり、またシンセサイザーはプロ用の高性能な楽器、或いは作曲上のインターフェイスとしての利用が考えられ、需要自体は伸びてはいるものの、高価な価格設定、複雑な操作、スピーカー等の付属機器の取り揃えを考慮すると、若年層にとって、シンセサイザーが導入の楽器として選択されることは稀である。それとは対照的に、電子キーボードの価格帯や操作性、スピーカー内蔵といった便宜性、軽量ならではの携帯性は、大衆化する要素も兼ね備え、その需要拡大は自然といえるだろう。

　インドの人口において、20才未満の若年層が占める割合は、【資料3-19】

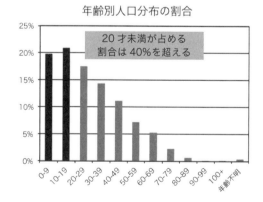

年齢別	人口（万）	割合
0-9	23,973	19.8%
10-19	25,323	20.9%
20-29	21,283	17.6%
30-39	17,373	14.3%
40-49	13,475	11.1%
50-59	8,821	7.3%
60-69	6,411	5.3%
70-79	2,844	2.3%
80-89	860	0.7%
90-99	207	0.2%
100+	60	0.1%
年齢不明	448	0.4%

2011年インド国勢調査（人口分布）
データより作図
http://www.censusindia.gov.in/2011census/C-series/C-13.html

【資料3-19】インドの年齢別人口分布

の図表のように 40%を超える。

　10 代だけでも人口の約 20.9%を占め、日本の総人口を遥かに超えている。こうした若年層にとっては、ミニキーボードは彼らが誕生した時分から存在した楽器であり、玩具のようにミニキーボードに親しみ、子供用の分数ヴァイオリンやシタールがあるように、音楽やキーボード演奏に興味を抱いた子ども達は、その成長に伴ってミニキーボードから 61 鍵の電子キーボードへと移行する傾向にある。

　本節では、最初に電子キーボードの学習環境の側面に注目する。学習環境と一概に言っても、そこには第一に学校教育における音楽授業から、第二に専門の音楽学校・音楽教室、第三に音楽の家庭教師や独学等の自宅学習までが包含される。本項ではインド南北の事例に基づいて、それらを順に考察する。

学校教育における音楽授業

　学校教育現場においても新旧楽器の世代交代は顕著に現れ、古典楽器離れと反比例するかのように、電子キーボードやギターを選択する児童が増加している。

　2007 年 7 月 24 日にデリーの名門校「デリー・パブリック・スクール R.K. プラム校」（（以下、DPS 校　Delhi Public School, R.K.Puram）を訪問し、音楽授業を参観した。同校は 1972 年創立のデリー屈指の進学校として、日本の小泉元首相をはじめ国内外の要人が訪問するような設備の整った 12 年制の私立校である。

　筆者の訪問時に行われていた 6 年生（12～13 才）の授業では、教師ドミニク・ポール　（Dominic Paul）の指導下で、32 名の児童が各々選択した楽器の練習に取り組んでいた。児童 32 名中、ドラム選択者が 5 名、電子キーボードの選択者が 7 名、残りがギターの選択者であり、ギターが行渡らない児童は、ホワイトボードに書かれたギターのコードを各自のノートに書き写したり、隣同士でお喋りしたりと教室内は自由な雰囲気で賑やかである。

　同校では、各音楽教室内に設置された楽器数によって選択の割合も異な

るが、学校全体で見た楽器選択者の割合は、約 60%が標準型の電子キーボードを選択、ギターが 40%、そして少数ではあるが古典楽器の選択者もいるという。10 年生までは音楽は必須科目で全員受講であるが、それ以降は選択科目となり、受験科目の一つとして音楽を選択する生徒を中心とした授業となる。同校では 6 名の音楽教師が、各教師の専門分野に沿って授業を行い、西洋楽器を主に指導する教師のポールは、キーボード奏者でもあり、南インド・ゴア出身のキリスト教徒である。

【資料 3-20】DPS 校の 6 年生の音楽授業の様子（2007 年 7 月デリー）

また、同じ授業時間帯に別教室で行われていた、同じく 6 年生の古典音楽選択者の授業も見学した。その教室には、暫く使用された気配の無い、弦の切れたシタールやタンプーラー等の古典楽器が多数置かれ、僅か 3 名の児童が同校音楽部主任教師バッタチャルジー（B.J.Bhattacharji）の指導下で、ラーグの音階練習をヴァイオリンで続けていた。まだ学習歴も浅いというそれらの児童の練習を見学していると、古典音楽選択者ではない

児童の中に、教師が絶賛するサロード奏者がいるとのことで、その児童シャシャーンク・ナヴァラディ（Shashank Navaladi, 1994-）を古典音楽教室に招いて、本人持参の楽器で素晴らしいサロードのソロ演奏を拝聴させて頂いた。その音楽経験について尋ねると、幼少からデリー在住の高名なサロード奏者から個人指導を受けてきたという。

バッタチャルジーは古典音楽選択者の減少を嘆くが、その場に同伴していたポールは、音楽様式や楽器にもその時々の流行があり、現在はTV等の影響で電子キーボードやギターに子ども達の関心が集中する傾向にあるが、その内に若年層にも古典楽器が注目される日が来るだろうと述べた。

こうした学校現場の音楽教育よりも、実践的な指導を展開しているのが、民間の音楽学校や音楽教室である。DPS校の授業で電子キーボードを選択していた7名の生徒達ににインタヴュー調査をしたところ、全員が自宅に自身の電子キーボードを所有しており[13]、音楽教室にも通っているという。また教師のポールも、DPS校以外にデリー2カ所で音楽教室を経営し、奏者としての活動の他、指導にも従事している。

音楽学校・音楽教室

中小の音楽教室は、インド全土の都市部には随所に存在し、10代の子どもたちがミニキーボードから61鍵の電子キーボードまでを肩に掛けて教室へ向かう光景は特に珍しくない[14]。またこうした音楽教室より組織化され、かつ学習コースが充実している機関を、ここでは音楽学校として差異化する。そうした音楽学校の事例としては、前述のミュゼ社の音楽学校の他にも、大都市圏には少なからず存在する。

2007年8月8日に、デリー市内の各国大使館が連なるチャーナキャプリー地区（Chanakyapuri）にある「デリー音楽学校」（Delhi School of Music）を訪れ、電子キーボードの授業を参観した。同校は、1953年設立

13　7名の児童の内、カシオ製電子キーボードの所有者が4名、ヤマハ製電子キーボードが2名、1名がカシオ製ミニキーボードであった。
14　保護者や「アーヤー」（आया [āyā] aya）と呼ばれる子守に付き添われて通う子どもたちも多い。

のNPO機関「デリー音楽協会」(Delhi Music Society)を母体とし、西洋クラシック音楽の普及振興を目的に創設された、デリー市内で最初の西洋音楽専門の音楽学校である。器楽科には、ピアノ、ヴァイオリン、ヴィオラ、チェロ、ギター、リコーダー、フルート、サクソフォーン、クラリネット、ドラム、そして電子キーボードのコースが開設され、2007年時点で在籍する約500名の内、ピアノ科の学生が約100名、電子キーボード科の学生が約100名という内訳である。ピアノ科は教師8名、電子キーボード科は5名を抱え、各コースともに週一回40分の個人指導が提供される。

各科はABRSM試験やトリニティ試験と同様に、「初級」、「グレード1」〜「グレード8」の9段階に区分され、ピアノ科の場合は、学生の希望する試験のシラバスに沿って徹底指導が行われる。また電子キーボード科は、トリニティ試験科目に電子キーボードが追加されたことを受け、同校でも2000年より開講された。1年間4期の各期授業料は、器楽科では4,000〜5,000ルピーとなり、中小の音楽教室と比較した場合、授業数を考慮すると多少割高ではあるが、完全個人指導や楽器完備の教室等、指導面や施設面での評価は高い。同校には、中間層以上の家庭の子弟や各国大使館関係者の子弟等、外国人の姿も多く見かけた。電子キーボード科の教師ディーパック・チャーンディーホック(Deepak Chandihok)によれば、同校で担当する約20名の学生の大部分は、10才から18才までの若年層で、資格取得を目指してトリニティ試験を受験するという。

こうした西洋音楽専門の学校もあれば、一方で西洋楽器とインド楽器の両コースを設ける音楽学校もあり、そうした学校では殆どの場合、電子キーボード科が開設されている。その一例として、デリー市内の高級住宅地サフダルジャン・エンクレイヴ(Safdarjung Enclave)地区にある、1924年創立の音楽学校「サラスワティー音楽学校」(Saraswati Music College)が挙げられる。同校は、複数の教室と録音・編集スタジオを完備し、在籍する生徒200名の内、電子キーボード科の学生は約50名である。

2007年8月3日に同校の電子キーボードの授業を参観した。女性教師のソナム・サイニ(Sonam Saini)によれば、電子キーボード科の生徒の学習目的は、約半数が趣味であり、40代以上の中年層も在籍するという。

そして残り半分は、音楽資格の取得を目的とした 10 代の若年層である。筆者が見学時に、個人指導を受けていたスィク教徒の 50 代の男性は前者に該当し、若い時分には自分が楽器演奏をするとは夢にも思わなかったが、現在は経済的や時間的に余裕ができ、電子キーボードを練習できることが嬉しいという。近年、日本では中高年層を主な対象とした大人のためのピアノ教室が浸透し、ヤマハ音楽教室のような全国規模の大手から中小の音楽教室までが講座を開設している。日本の場合は、各世帯のピアノ普及率は 3 割以上[15]にも及び、子どもの成長後に自宅で眠っていたピアノを、趣味の対象として有効活用する親の世代が増えているということであろう。インドの場合は、習い事は豊かさの象徴であり、楽器演奏が単に憧れの対象としてではなく、現実に実践できるような社会や学習環境が近年では徐々に形成されつつある。

一方、同校の若年層の学生は、「プラヤーグ音楽委員会」(Prayag Sangeet Samiti) の試験（以下、プラヤーグ試験）の資格取得を目的とし、初級、1 年目〜8 年目までの各 9 段階の試験要項に準じた指導が行われる。

プラヤーグ試験を主催する同委員会は、インド古典音楽の普及促進を目的として、1926 年に UP 州のアラーハーバード（इलाहाबाद Allahabad）に創設され、現在は、南北の古典音楽および古典舞踊の試験を、提携校の協力下でインド全土や隣国ネパールで年に一度実施している。同試験は、特に北インドの古典芸術においては主要な三大資格検定試験の一つであり、パルスカルの理念を汲む 1931 年創立の「全インド・ガーンダルヴァ・マハーヴィデャーラヤ委員会」(Hin. ガーンダルヴ・マハーヴィディヤーラ खिल भारतीय गांधर्व महाविद्यालय मंडल Akhil Bharatiya Gandharva Mahavidyalaya Mandal) の試験（以下、ガーンダルヴァ試験[16]）や、バー

15　日本の総務省統計局「平成 26 年全国消費実態調査」の「地域別 1000 世帯当たり主要耐久消費財の所有数量及び普及率」のデータに準拠すれば、全国全世帯を対象とした「教養娯楽用耐久財 ピアノ・電子ピアノ」の 1000 世帯当たりの所有数量は 329 台、普及率は 32.9%である。http://www.stat.go.jp/data/zensho/2014/kekka.htm（2015 年 9 月 27 日閲覧）

16　筆者の留学先であったデリーにある古典芸術院「ガーンダルヴァ・マハーヴィディヤーラエ」(गांधर्व महाविद्यालय Gandharva Mahavidyalaya) はガーンダルヴァ試験の提携校であり、同試験に基づき、9 段階のカリキュラムが組まれている。年 1 回の

トカンデーの流れの「バートカンデー音楽大学」(भातखंडे संगीत विद्यापीठ Bhatkhande Sangit Vidyapith) の試験（以下、バートカンデー試験[17]）と並んで権威のある資格検定である。これらは9段階に区分され、実技試験および筆記試験が年に一度実施される点や、毎年発行される各シラバスの試験要項においても非常に酷似している。20世紀初期に次々と開設されたこうした検定試験に際して、それ以前からインドで実施されていたトリニティ試験がどの程度参考にされたのか、その経緯に関しては、今後更に調査を深める必要があるだろう。

　三大試験の中でも、プラヤーグ試験の特異性は、北インド古典音楽の旋律楽器における、受験可能な楽器の種類に見られる。ガーンダルヴァ試験では、シタール、バーンスリー、ヴァイオリン、ハルモニウムの4種、バートカンデー試験の場合は、シタール、サロード、ヴァイオリン、エスラジ、サーランギー、ギター[18]、バーンスリー、シェーナイの8種であるのに対し、プラヤーグ試験ではシタール、ヴァイオリン、ギター、電子キーボードというように、電子キーボードでの受験が可能である。言い換えるならば、電子キーボードにおいて6年目を修了すれば学士号が、また8年目修了後には修士号に匹敵する資格が取得されるという訳である。電子キー

　　　検定試験では、実技試験と音楽理論およびインド音楽史等の筆記試験が課される。専攻が声楽や旋律楽器であれば、主な学習内容はラーグによって定められ、1、2年目では各8種のラーグ、3、4年目では各10種のラーグが加わり、5、6年目では各14種のラーグ、7、8年目では各25種のラーグを習得しなければならない。したがって、8年制を修了した段階では、100以上のラーグを学習したこととなる。6年目の修了証明書は学士号（BA）、8年目修了は修士号（MA）と同等とされる。
　　　全インド・ガーンダルヴァ・マハーヴィディヤーラヤ委員会HP
　　　http://www.gandharvamandal.org/　（2015年9月27日閲覧）
17　バートカンデー音楽大学の母体である「マリス音楽大学」(The Marris College of Hindustani Music) は、1925年の第5回全インド音楽会議の翌年に設立され、1948年に現名称に変更された。
　　　バートカンデー音楽大学による音楽検定試験
　　　http://www.bsvidyapith.org/abouttheexamination.htm　（2015年9月27日閲覧）
18　北インド古典音楽で使用されるギターとは、ハワイアンギターのように、フレットの無いギターを膝の上に横に寝かせ、左手で音程を操作し、右手で弦を弾いて演奏するものである。その先駆者にはヴィシュワ・モハン・バット (Vishwa Mohan Bhatt, 1952-) の名が挙げられ、また近年世界的に活躍する奏者には、デバーシーシュ・バターチャールヤ (Debashish Bhattacharya, 1963-) がおり、米グラミー賞2009では'Best Traditional World Music Album'部門にもノミネートされた。

ボードやギターでは、インド古典音楽の資格検定試験と、西洋音楽の資格検定試験という 2 種の異なった音楽様式において、受験が可能である。前述したキーボード奏者と同様に、こうした楽器の「ハイブリッド性」、言い換えれば「汎用性」が、今日の若年層へ普及する特徴として指摘できる。

　次に南インドに注目すれば、そこでも同様の現象が見受けられる。音楽学校や音楽教室では電子キーボード科が開設され、ミュゼ社の音楽学校のように、椅子に腰掛けて五線譜を見ながら、個別授業が行われる音楽学校もあるが、小規模な音楽教室の多くは教則本もなく、教師がインドの記譜法で綴ったノートを携えての授業である。その内容も、古典音楽のラーグを習得するための基礎的な音階練習であったり、インド国歌であったり、映画音楽の一節であったりと多様化しているのが特徴である。

　小規模な音楽教室は住宅地に点在し、10 代の若年層を中心に習い事として、一斉授業が行われている場合もある。その一例として、2008 年 8 月 19 日に訪問したチェンナイ市内アディヤール（Adyar）地区の小さな音楽教室である、「ハンサドワニ音楽教室」（Hamsadhwani School of Music）での電子キーボードの授業について取り上げる。ここでの調査は、【映像資料 7：電子キーボード学習環境（事例：ハンサドワニ音楽教室）】に一部収録している。

　音楽教室の教師ハリ・クリシュナ・ラーマーヤナン（Hari Krishna Ramayanan, 1971-）は、6 才の時にハルモニウム奏者であった父親から電子キーボードを与えられたのを契機に、南インド古典音楽をミュージック・アカデミーで学びながら、電子キーボードについて独学し、演奏や作曲に従事するようになった。現在は、テルグー映画音楽の仕事等と同時に子ども達への指導も定期的に行っている。筆者が見学した平日午後 7 時から 8 時までの初心者向けの授業では、教室の背後には子どもの送迎に同伴する大人の姿もある中で、9 才から 13 才までの児童がコの字型に並び、持参した楽器を前にして一斉授業が行われる。その学習歴は 1 年未満から 2 年までで、また自前の楽器は 61 鍵の電子キーボードが中心であるが、その機種はカシオ製、ヤマハ製と様々である。

【資料 3-21】一斉授業の様子と児童が使用する楽譜ノート
（2008 年 8 月チェンナイ）

　授業では、SRGM で記譜されたノートを見ながら、基本的には右手だけの練習が続き、キーボードの鍵自体に SRGM と書き込んでいる児童も 2 名いた。演奏する曲によって、「トランスポーズ」（transpose）と呼ばれる移調機能が頻繁に使用され、トランスポーズのボタンを押さずに演奏する児童が何度も注意を受けていたことから、子ども達はかなり視覚に依存して曲を記憶しているようである。教師のラーマーヤナンによれば、移調機能を使用せずに演奏可能な子どももいるが、学習歴の浅い生徒には、各曲の演奏前に操作するように指導しているという。電子キーボードにおいても、ハルモニウムの移調鍵盤のように、その便宜性から移調機能が多用されている点は興味深い。

　13 才の生徒に同伴していた母親は、「最近まではミニキーボードを使用していたが、同教室に通い始めるようになり、教師の助言もあって、ヤマハ製の 61 鍵電子キーボードを楽器店で 17,000 ルピーで購入した」と語る。安価な買い物ではなかったが、教育費は出来るだけ惜しまないという。同生徒はキーボードの他にも古典声楽の教室にも通っている。

　同音楽教室では週 2 回の各 1 時間の授業で、月謝は 700 ルピー（約 1,400 円）である。個別指導の希望者には、週 4 回 3,200 ルピー（約 6,400 円）で指導も行い、上級クラスの生徒達は地域の音楽祭に参加する等の活動を行い、中にはプロのキーボード奏者を目指す子どももいるという。

家庭教師や独学等の自宅学習

　前述した音楽学校や音楽教室の教師には、個人宅で指導を行う家庭教師を兼業している者も多い。また独学者用の【資料3-1】のような教則本も、多数出版されている。また、ラーマーヤナンによれば、最近ではインターネットを利用したレッスンも珍しくなく、彼自身もカナダ、フランス、スリランカ在住の NRI の生徒に対して、ウェブカメラとスカイプ（Skype）を利用して、電子キーボードの個別レッスンをインドから行っているという。国境を越えてのネット授業は、情報化時代の象徴と言えるだろう。

　ここまで電子キーボードの学習環境について順に考察してきたが、なぜ数多い楽器の中でも、電子キーボードが若年層を中心に需要が拡大するのだろうか。

　その疑問を紐解く鍵は、第一に視覚性にあるのではないだろうか。情報化社会の到来と共に、現代人は日常生活において、視覚への依存度が増していると推察されるが、楽器演奏には当然のことながら五感の中でも聴覚・触覚が不可欠である。聴覚という観点からすればインドの古典楽器は非常に取っ付き難い楽器が多い。例えば、シタールやサロードといった弦楽器は共鳴弦を含めると 20 弦を超え、聴覚を鍛えてラーグに沿って正確な調弦ができるようになるだけでも相当の年月を要する。そうした意味においては、かつてハルモニウムが急速に浸透したように、鍵盤という視覚的に捉え易い楽器である点、また調律の必要性が無い点、そして、移調も聴覚に頼らずボタンで簡単に操作でき、尚かつそれが楽器のディスプレイの文字情報によって視覚的に確認できる点、こうした電子キーボードの特性が需要拡大する一要因として考察される。

　また楽器の特性と並んで、これまで事例を見てきたように、学習環境面の多様化、言い換えるならば、学習場所や学習内容の選択可能性が拡大したことが、第二の要因として指摘することができる。例えば、古典楽器の世界では、現在においても学習にあたって師弟関係は何よりも重視される。師匠のもとに弟子入りをして、流派の名を背負った職業演奏家になるためには、並々ならぬ努力と修行期間が必要であり、伝統の継承という側面からも、特定の人で構成された小規模で閉鎖的な領域を維持することで、質

と量のバランスが保持されてきたとも言える。一方、音楽教室に通わせる親やその子どもたちの多くにはそうした気負いはなく、習い事としての需要とそれを充足させるための開放的な学習環境が求められる。

　また学習環境面と同様に、第三に学習目的の多様化も指摘される。先述したような資格取得を目的とした需要も顕著であり、これについてはインドの教育制度とも深い関係性があり、更に掘り下げる必要があるだろう。

　インドの学校制度は、日本の初等・中等教育のような6・3・3制と異なり、12年制が敷かれ、初等教育は7年生まで、中等教育は8年生〜12年生までとなる。その中でも、10年生修了試験および12年生修了試験は、将来的な進路や大学進学を左右する重要な試験であり、毎年受験を苦に自殺する事件が深刻な社会問題となる程である。上記の試験を主催する団体には複数の種類があるが、中でもインド政府の「中等教育中央委員会」（CBSE:　Central Board of Secondary Education）主催の試験（以下、CBSE試験）と民間の「インド学校資格検定委員会」（CISCE: Council for the Indian School Certificate Examinations）主催の試験は二大試験として機能している。毎年発行される各シラバスの試験要項は、日本の学習指導要領のような役割を持ち、各学校でも加盟している試験を想定した授業が行われる。前者のCBSEは、1921年に創立された「UP州高等学校および中等教育委員会」（UP Board of High School and Intermediate Education）を母体とし、1952年に現名称に改称された機関である。2014年9月時点では、国外23カ国の197校を包含し、合計15,799の加盟校を持つ[19]。

　他方、1956年に設立された後者のCISCEも、国内に留まらず、NRIの多いインドネシア、シンガポール、UAEでも受験可能な巨大試験機関である。CISCEの特徴は、10年生修了試験の「インド中等教育資格検定」（以下、ICSE試験　ICSE: Indian Certificate of Secondary Education）と12年生修了試験の「インド学校資格検定」(以下、ISC試験　ISC: Indian School Certificate）の名称が区分される他、語学科目以外の試験は全て英語で実

19　中等教育中央委員会　CBSE　http://www.cbse.nic.in/welcome.htm（2015年9月27日閲覧）

第 3 章　インド国内における電子キーボードの需要拡大

		CBSE 試験	CISCE による ICSE 試験/ISC 試験
10年生修了試験	試験概要	■必須 8 科目 　語学 I、語学 II、数学、科学、社会科学、職業教育、芸術教育、保健・体育 ■選択必修 1 科目 　語学、商業、**音楽**、家庭科あるいは IT 入門	■必須 4 科目 　英語、第二外国語、歴史・公民・地理、環境教育 ■選択必修 2 科目 　数学、科学、経済等、10 科目の選択肢 ■選択必修 1 科目 　芸術、**表現芸術**、ヨガ等、13 科目の選択肢
	音楽科目の扱い	科目名：**音楽**（一つ選択） 1）北インド古典音楽＿声楽 2）北インド古典音楽＿旋律楽器 3）北インド古典音楽＿打楽器 4）南インド古典音楽＿声楽 5）南インド古典音楽＿旋律楽器 6）南インド古典音楽＿打楽器	科目名：**表現芸術**（一つ選択） 1）北インド古典音楽 　声楽／旋律楽器／打楽器から選択 2）南インド古典音楽 3）西洋音楽 4）インド舞踊 5）演劇
12年生修了試験	試験概要	■必須 2 科目 　語学 I、語学 II ■選択必修 3 科目 　歴史学、社会学、**音楽**等、27 科目の選択肢 ■必修 3 科目 　ジェネラル・スタディ、職業体験、保健体育	■必須 2 科目 　英語、環境教育 ■選択必修 3〜5 科目 　※進学希望大学・学部学科に必要な科目を各自選択 　歴史学、社会学、心理学、**音楽（インド音楽あるいは西洋音楽）**等、29 科目の選択肢
	音楽科目の扱い	科目名：**音楽**（一つ選択） 1）北インド古典音楽＿声楽 2）北インド古典音楽＿旋律楽器 3）北インド古典音楽＿打楽器 4）南インド古典音楽＿声楽 5）南インド古典音楽＿旋律楽器 6）南インド古典音楽＿打楽器	科目名：**音楽（インド音楽あるいは西洋音楽）**（一つ選択） 1）北インド古典音楽 　声楽／旋律楽器／打楽器から選択 2）南インド古典音楽 3）西洋音楽

上図は下記のシラバスの記載事項を基に作成。
CBSE. *Secondary School Curriculum 2010 Vol. 1 & 2*. 2008: New Delhi. pp.1-15, pp.89-95.
CBSE. *Senior School Curriculum 2010 Vol. 1 & 2*. 2008: New Delhi. pp.1-20.
CISCE. *Syllabus for ICSE 2010*. 2008: New Delhi. pp.1-10, pp.136-146.
CISCE. *Syllabus for ISC 2010*. 2008: New Delhi. pp.1-10, pp.121-129.

【資料 3-22】CBSE 試験、ICSE 試験、ICE 試験の概要および音楽科目の扱い

施されるため、加盟校における授業および使用教材も全て英語である[20]。インド人の欧米各国への大学進学率が高いのも、こうした英語による教育が大きな要因となっている。ここでは両者の試験概要および音楽科目の試験要項に着目する。

【資料 3-22】は、2010 年度用の両試験のシラバス[21]を基に作成したものであり、両機関の 10 年生修了試験および 12 年生修了試験によって、4 つのカテゴリーに区分した。どのカテゴリーにおいても、音楽は全受験者に対する必修科目ではないが、選択必修科目の選択肢に含まれている。最初に、CBSE 試験の 10 年生修了試験における音楽科目を取り上げれば、音楽科目では更に 6 種の選択肢があり、北インド古典音楽あるいは南インド古典音楽から声楽、旋律楽器、打楽器のいずれかを選ぶ構成である。試験は理論が 25 点、実技が 75 点の配点で、北インド古典音楽の旋律楽器の試験要項を下記に抜粋する。

理論
1, 次に記す楽器の一つにおける、構造や調律といった基本的な知識
    (i) シタール (ii) サロード (iii) ヴァイオリン (iv) ディルルバー／エスラジ (v) フルート (iv) マンドリン (vii) ギター
2, パルスカル記譜法およびバートカンデー記譜法の知識
3, 用語説明：
    ヴァーディー、サンヴァーディー、アヌヴァーディー、アーラープ
4, 『ナーティヤ・シャーストラ』や『サンギータ・ラトナーカラ』の概要

実技
1, 異なったタールで 8 種のアランカール
2, 次に記すラーグの上行音階、下行音階、旋律型、また展開部［ヴィスタールの意］やトーラー［ターンの意］を伴った速いガット［ラザーカーニー・ガットと同様の意味］：ラーグ・カーフィー、ラーグ・カマージ、ラーグ・サーラン（サーラング）、ラーグ・デーシュ　※[ ] 内は筆者の注釈
CBSE. *Secondary School Curriculum 2010 Vol. 1 & 2*. 2008: 90-91.

20　インド学校資格検定委員会 CISCE　http://www.cisce.org（2015 年 9 月 27 日閲覧）
21　CBSE 試験の記述に関しては、同機関による 2008 年 2 月発行 *Secondary School Curriculum 2010 Vol. 1 & 2* および *Senior School Curriculum 2010 Vol. 1 &2* を参照し、CISCE の ICSE 試験や ISC 試験については、同機関発行の *Syllabus for ICSE 2010* および *Syllabus for ICSE 2010* を参考とした。

上記試験において受験可能な楽器に関しては、前年の 9 年生修了試験の実技要項に上記の理論部分の第 1 項目で記されたシタールからギターまでの 8 種が実技試験でも指定されているため、10 年生修了試験でも同様にそれらのいずれかでの受験となる。

また南インド古典音楽の旋律楽器の場合は、ヴィーナー、ヴァイオリン、バーンスリー、「ゴーットゥヴァーディヤム」（Gottuvadyam 別名チトラ・ヴィーナー）で受験可能である。因に 9 年生の実技要項には、南北古典音楽の両方で、ロビンドロナト・タクル作曲のインド国歌 National Anthem「ジャナガナマナ」（जनगणमन Jana Gana Mana）の演奏が必須項目として記されている。これはインド国歌（National Song）の「ヴァンデー・マータラム」（वंदे मातरम् Vande Matram）と並ぶインドの二大国歌であり、【映像資料 7】のチェンナイの音楽教室の授業でも演奏されていたように国民に愛され、また音楽資格検定試験においても必須項目である[22]。

そして前述の CBSE 試験の 10 年生修了試験の音楽実技試験の第 1 項には、アランカールの演奏が指示されている。前項で紹介したラデル社の音階練習機器のような製品は、古典音楽の練習法に有用な機器というだけでは無く、その延長としてこうした試験対策においても有効な教具であることがわかる。

CBSE 試験に限らず、ICSE 試験や ISC 試験においても、インド古典音楽に関する試験要項は、プラヤーグ試験やガーンダルヴァ試験のような音楽資格検定試験と内容が非常に類似している。したがって、CBSE や ICSE、ISC 試験で音楽科目を選択受験する場合は、音楽資格検定試験に提携した音楽学校や音楽教室に通うのが最も近道であり、また逆にそうした音楽資格検定試験を受験してきた学生が、CBSE や CISCE で音楽科目を選択する場合も多く、相互の関連性は深い。

政府の CBSE 試験が、南北の古典音楽のみで、受験可能楽器に関しても規定があるのに対し、民間の CISCE 主催の試験では、10 年生修了試験の ICSE 試験では、古典音楽の試験で受験可能な楽器についての指定は無く、

---

[22] ガーンダルヴァ試験の場合は、旋律楽器の第 1 年目の実技試験で課される。

また南北の古典音楽と並んで、西洋音楽が選択肢として加わる。西洋音楽の実技試験の項目は、以下のように記される。

実技（西洋音楽）

最終試験：
　ABRSM 試験のグレード 4 以上の実技試験、あるいはトリニティ試験のグレード 4 以上の実技試験、あるいは同委員会が認可した同等レベルの試験をもって、この実技試験が完了したとみなす。

評価：
　ABRSM 試験のグレード 4 以上の実技試験、あるいはトリニティ試験のグレード 4 以上の実技試験、あるいは同委員会が認可した同等レベルの試験の結果を、この実技試験の評価として反映する。

　　　　　　　　　　　　CISCE. *Syllabus for ICSE 2010*. 2008: 146.

　試験項目の内容からも、西洋音楽科目では、CISCE 主催の試験が直接実施されるのではなく、ABRSM 試験とトリニティ試験また同等の試験の結果が直接反映され、それらの試験に一任されていることが指摘される。また 12 年生修了試験の ISC 試験でも、グレードの表記が「グレード 4」から「グレード 6」に変わるだけである。したがって、仮にトリニティ試験を電子キーボードで受験して高評価を得れば、それがそのまま ICSE あるいは ISC 試験の評価に直結するのである。

　以上のように、電子キーボードが若年層を中心に需要拡大する要因として、その視覚性、学習環境や学習目的の多様化について指摘してきた。学習目的に関しては、第一に趣味や教養という習い事と同時に、第二にインドの中等教育の試験制度や音楽資格試験取得を目的とした需要の拡大が関与している。言い換えるならば、経済発展を続け、社会変化が著しいインドにおいて、従来の古典音楽の教授に見られる師弟関係のような「実質性」は希薄になり、資格試験といった「形式性」が重視される風潮へと変わりつつある。こうした電子キーボードをめぐる事象は、高質・少量重視の世界から、均質化・大量化へという、現代インド社会の変化しつつある姿が、如実に映し出された鏡と言い換えられるのではないだろうか。

第3章　インド国内における電子キーボードの需要拡大

だが、いつの時代にも文化の中には変革者の存在がある。ハルモニウムの世界では、ソロ楽器として発展させたギャン・プロカシュや、楽器改良や奏法を自ら考案したチモテはまさにそうした変革者であった。そして電子キーボードの世界においても、今また変革者が現れようとしている。

汎用化する電子キーボードと若手古典演奏家の登場

　電子キーボードの学習者の学習目的や学習環境が様々であるように、演奏家の実践の場や、採用される音楽様式もまた実に多様化している。

　先述した電子キーボードの視覚性と並んで、楽器としての「汎用性」も顕著である。演奏を生業とする電子キーボード奏者の場合、その活動場所は、コンサートホール、結婚披露宴会場、レストラン、教会等と幅広く、その音楽様式も、インドや西洋のポピュラー音楽から、西洋クラシック音楽、教会音楽、南北のインド古典音楽等、汎用化している。そうした中で近年注目すべき新たな現象に、電子キーボードやシンセサイザーによって古典音楽を演奏する若手演奏家の登場が挙げられる。

　今日の電子キーボードの需要拡大は、一部の人々にとっては、伝統音楽や古典楽器の世界とは対極に属する楽器であり、ドゥワルキン工房やH・ポール社の経営者が語るように、伝統の衰退や喪失を招く嘆きの語り口でもって否定的に捉えられてきた。ハルモニウムやピアノ産業に従事する人々以外でも、実際に古典音楽家や古典音楽の教師には、電子キーボードをインスタントな機械として嫌悪を露にする人たちもいる。

　そうした中、これまでにも電子キーボードやシンセサイザーで古典音楽を演奏する音楽家は、前述したアドナン・サミのように存在したが、その活動基盤は古典音楽の領域ではなく、あくまで映画音楽やポピュラー音楽の世界に帰属していた。よって自他共に認める古典音楽家として、電子キーボードを操る演奏家は前例がなかった。だが近年、厳密な規則に基づく古典音楽だけを電子キーボードやシンセサイザーで演奏する若手古典音楽家が頭角を現し、中でも10代の演奏家（2009年時点）として各種音楽祭で活躍する演奏家には、北インド古典音楽のR．アディッティ（R.Aditi）や、南インド古典音楽のサティヤ（K.Sathyanarayanan）またヴィグネシュ

ワール（V.G.Vigneswar）がいる。

2009 年までの調査では、そうした演奏家は、北インド古典音楽よりも南インド古典音楽の方が多い。前述の演奏家兼教師のラーマーヤナンによれば、20 年前には誰もいなかったが、今日ではチェンナイ在住の古典音楽キーボード奏者は 20 名程度まで増え、そうした演奏家の古典音楽の CD もチェンナイ市内では見かけるようになったという。

古典音楽電子キーボード奏者 S. ハリ・クリシュナン S. Hari Krishnan が 2004 年に発売したアルバム「プラクルティ」〔Krishnan, S.Hari. *Prakruthi*. Kosmic Music: (CD) released 2004.〕では、南インド古典音楽に定番の伴奏楽器であるガタム（Ghatam）やムリダンガム（Mridangam）を伴って電子キーボードで演奏され、11 曲のラーグが収録されている。クリシュナンは、著名なガタム奏者 T.H. スバーシュ・チャンドラン（T.H.Subash Chandran）の息子であり、世界的に活躍した同じくガタム奏者 T.H.ヴィナーヤクラーム[23]（T.H.Vinayakram）の甥に該当する。古典音楽家家系出身の電子キーボード奏者という視点からも興味深い。

また 2006 年にインド全土に南インド古典音楽の電子キーボード奏者として名を示したのが、サティヤと呼ばれている K. サティヤナーラーヤン（K. Satyanarayan, 1995-）である。彼は 2006 年の「ポゴ・アメーズィング・キッズ賞[24]」（POGO Amazing Kids Awards）のミュージシャン部門で優勝し、その演奏はインド全土に放映された。因に決勝に残った 3 名の少年は、北インド古典音楽のサロード奏者、南インド古典音楽のヴァイオリン奏者とサティヤで、サロード奏者はデリーの DPS 校で演奏を披露してくれたシャシャーンクである。古典楽器を抑えての電子キーボード奏者の優勝は、衝撃的に映った人々や自然に受け止めた人等、その反応も様々と推察されるが、時代性が象徴された出来事であったには違いない。その

23　1970 年代後半に世界的に活躍したジョン・マクラフリン John McLaughlin 率いるバンド「シャクティ Shakti」（インド音楽にジャズの要素を取り入れたフュージョン・バンド）のメンバーでガタム奏者。
24　「ポゴ」（POGO）は、2004 年開局の子ども向けケーブル TV チャンネルである。同局が主催する、ポゴ・アメーズィング・キッズ賞は、8 部門 (Musician, Dancer, Artist, Singer, Sports Star, Genius, Entertainer, Leader) に分かれ、インド全土の 4 才～ 14 才までの子どもがオーディションに応募可能である。

第 3 章　インド国内における電子キーボードの需要拡大

後も各種音楽祭での演奏活動やメディアへの出演で注目を集める他、自身も積極的にメディアを活用し、出演した TV やライブ映像を動画サイトに次々と投稿し、自ら情報発信することによってその存在を強調している[25]。

　そうしたメディア戦略と平行して、その巧みな奏法も特徴的である。サティヤは、打楽器を伴う速い部分では、両手を使ってトリルを多用し、また打楽器を伴わず、電子キーボードだけでラーグの特徴を描く部分では、右手で鍵盤を弾き、左手の指で電子キーボードの左側に内蔵された「ピッチベンド機能」のリールを上下に微細に操作し、古典音楽特有の装飾法や微分音を表現しながらラーグの世界を描いていく。

【資料 3-23】
ピッチベンド機能
(2008 年 8 月
チェンナイ)

　かつてのハルモニウム論争の論点であった、鍵盤楽器ならではの弱点が、持続的に音高を変化させることのできるピッチベンド機能の採用で、克服されている点は特筆すべきであろう。また更に、例えばシタールのミーンドの技法では弦を引っ張って音高を変え、その技術の向上には個人の修練が不可欠なように、こうしたピッチベンド機能もまた、単に電子キーボードに付属した機能というだけではなく、それをいかに操作するかという個人の操作能力、ひいては楽器の演奏技術として機能している。

　かつて 1927 年マドラス会議の決議によって、ハルモニウムに対しては南インドでの浸透が結果として阻止されたが、90 年近くを経て、電子キーボードの浸透に対するそうした否定的な動きは表面化していない。サティヤのような存在は、古典演奏家というだけではなく、メディアへの露出やメディアを自ら駆使したセルフ・プロデュースを含め、これまでに類を見

25　サティヤ本人の HP から演奏動画の視聴が可能である。
　　http://videosonsathya.blogspot.jp/ (2014 年 9 月 23 日)

第 2 部　電子キーボードの普及にみるグローカル化の諸相

ない新しい変革者としての可能性を秘めているのではないだろうか。

　90 年代のカシオ旋風とも言うべきミニキーボードの流行から、電子キーボードがインドの地に定着して 20 年近くを経ようとしている。コンピュータやインターネットといったデジタル・テクノロジーが、デジタルネイティヴ世代の彼らにとって当然の存在であるように、ミニキーボードや電子キーボードも幼児期から身近にあった楽器であり、電子キーボードと古典音楽という組み合わせは、所謂、デジタル移民世代が思う程には違和感はないようである。

　以上、本章ではミニキーボードの浸透が火付け役となって起こった、近年の電子キーボードの需要拡大について焦点化してきた。

　社会・文化的な背景から俯瞰的にその現象を考察した場合、その拡大の主な要因は、90 年代からの経済成長やメディアの影響であり、それらを受けて若年層を中心とした需要が拡大した。また、楽器の属性である「鍵盤楽器」「電子楽器」という角度から辿れば、鍵盤楽器に共通の視覚性や、電子機器や電子楽器といったテクノロジーに対する寛容性が指摘された。またピアノと電子キーボードの影響関係に関しては、特に販売流通においては、元来ピアノ販売から多角化した大手楽器商が、電子鍵盤楽器を積極に扱うことで、電子キーボードの国内販路が拡張され、また使用側でもピアノの代替楽器としての代用品としての需要も拡大した。

　この他にも、電子キーボードの汎用性も需要拡大の鍵であり、その楽器で採用される音楽様式や、それに伴う学習環境や学習目的の多様化が進んでいる。以上から総括すれば、国内での電子キーボード需要拡大が、こうした様々な局面が相互に作用し合って、国内の音楽文化を変容させていると言えるだろう。

第4章

インド市場における電子キーボードのグローカル化のプロセス

　第4章では、インド国内市場に流通する電子キーボードの製品およびそのメーカー側に照準を合わせ、21世紀に入って日系楽器メーカーがインド市場に本格的に参入したことによる、インド国内の鍵盤楽器市場の変容について考察する。

　第1節では、電子鍵盤楽器のインド国内需要において、二大メーカーであるカシオ社およびヤマハ社の製品に注目し、その流通面や販売面での各社の戦略や変革の概況について検証する。

　第2節では、インド市場向け電子キーボード第1号として、2007年7月にカシオ社が発表した「インディアン・キーボード」(Indian Keyboard)を事例として掲げ、その製品機能や宣伝や広報面における特徴、また製品開発から製品発表、その後の反響までを考察する。

　本章を通じて、インドの楽器市場におけるこうした電子キーボードの新しい局面がどのような意味をもち、また製作側である日系メーカーとローカルな人々とが、製品開発やその受容に際して、どの部分をどのように調整を行ったか、そうしたグローカル化のプロセスについて論及する。

第 2 部　電子キーボードの普及にみるグローカル化の諸相

1. 日系楽器メーカーによる本格的なインド市場参入

カシオ、ヤマハ製品競合時代

　90 年代以降の好調なインド経済の中で、日系企業のインド進出も自動車産業を筆頭に、家電業界、食品業界と増加の一途を辿り、インド国内における日本製品全般の「高品質・高技術力」というブランド・イメージを武器に、市場参入後の製品開発や事業展開も活発化している。生活に最も身近な食品業界を例に挙げれば、1991 年にインド進出した日清食品株式会社（現日清食品ホールディングス株式会社）は、グループ企業として「インド・ニッシン・フード[1]」（Indo Nissin Food Ltd. 本社ベンガルール）を設立し、インド国内工場の生産による即席麺「トップラーメン」(Top Ramen Smooth Noodles) や即席カップ麺「カップヌードル」(Cup Noodles) を登場させた。それら商品は瞬く間にインド社会に浸透し、日本の国民食から地球食へという同社の概念が、正にインドでも体現された事象であった。インド市場での普及の要因は、インドの食文化についての徹底的な市場調査とそれに基づいた製品開発にあり、その商品は日本の同社の製品とは味や食感は全く別物である。また一方で、進出のアプローチが対照的なのが、2008 年に株式会社ヤクルト本社が 50％出資した「ヤクルト・ダノネ・インディア[2]」（Yakult Danone India Pvt. Ltd.）のインド市場参入である。製品製造や流通だけではなく、自宅への無料配達という本社独自の販売方法を踏襲し、インド人のヤクルトレディが誕生して話題を呼んだ。

　近年では、楽器業界のインド市場参入も進み、特に電子キーボードを主力に、ピアノや電子ピアノ、シンセサイザーといった鍵盤楽器においては、

1　インド・ニッシン・フード社（Indo Nissin Food Ltd.）　http://www.indonissin.in/（2014 年 9 月 23 日閲覧）
2　ヤクルト・ダノネ・インディア社（Yakult Danone India Pvt. Ltd.）http://www.yakult.co.in/（2014 年 9 月 23 日閲覧）

第4章 インド市場における電子キーボードのグローカル化のプロセス

日系メーカーが圧倒的なシェアを占める。2009年現在、インドに現地法人を置く企業は、カシオ計算機株式会社（現地法人カシオ・インディア・カンパニー Casio India Company Pvt. Ltd. 本社デリー、以下CIC社）、ヤマハ株式会社(現地法人ヤマハ・ミュージック・インディア Yamaha Music India Pvt. Ltd. 本社ハリヤナ州グルガーオン、以下YMI社)が挙げられ、国内の大都市に大小の販売網を展開している。また各社はオフィスとは別に、製品ショールームを設置しており、CIC社は2008年4月にニューデリー近郊のUP州ノイダ[3]に、YMI社も2008年にハリヤナ州グルガーオンにショールームを構えている。インドでは外資企業による小売業が法律上禁止されているため、ショールームの経営は現地代理店に委託されてはいるが、メーカー名が店名として掲げられたショールームには主力製品が陳列され、販売員もお揃いのTシャツを着用し、直営店といった趣である。

カシオ製品ショールーム　　ヤマハ製品ショールーム　　ローランド製品ショールーム
2008年9月ノイダ　　　　　2008年9月グルガーオン　　　2008年7月コルカタ

【資料4-1】日系楽器メーカーのインド国内製品ショールーム

その他では、ローランド株式会社が2008年7月にコルカタの楽器販売会社に委託して、コルカタ市内にショールームをオープンした。同社は現地法人の設立には至ってはいないが、他社のようにデリーやムンバイではなく、芸術の都として多数の音楽家を輩出し、古典楽器やハルモニウム等の楽器産業を発展させたコルカタの地に最初に出店したことは、注目すべ

3　カシオ製品ショールームではフロアの半分を楽器が占め、その他にデジタルカメラ、G-SHOCK等が販売されている。

き動向と言えよう。

　今日、楽器大国と言われる日本の 1980 年代からの電子楽器産業に関しては、田中健次の『電子楽器産業論』で詳細が論じられている。その中でも「電子楽器戦争開戦」と題された、ヤマハ社とカシオ社の熾烈な新商品開発やそのマーケティング競争についての記述［田中　1998: 94-124］は、現在のインドの電子鍵盤楽器市場と重複する部分も少なくない。今日、日本国内の楽器産業が低迷する中、時代と地域を越えて、インドの電子鍵盤楽器市場ではカシオ製品とヤマハ製品の二大競合時代に突入している。

　両者の現地法人の設立時期は、カシオ社の CIC 社が 1996 年、ヤマハ社の YMI 社が 2008 年と大きく開きがあるが、CIC 社の場合、当初は電卓製品等を主力販売品とし、楽器事業が展開されていた訳ではない。またヤマハ社も、グループ企業のヤマハ発動機は早期からインドのバイク市場に進出しているが、楽器とは別会社である。

　しかしながら、1980 年代の日本の電子楽器市場と現在のインドの国内市場とが根本的に異なるのは、楽器の導入に至るプロセスである。日本国内市場のような、楽器メーカーが新製品を戦略的に発表する「メーカー主導型」ではなく、インド市場の場合は、先述したように 90 年代から第三国経由のミニキーボードが大量流入し、ローカルな需要である「ユーザー主導型」で起こった。そして、日系メーカー側が楽器分野で活動を開始するのは、21 世紀も随分経過してからであった。

　前章の【資料 3-4】では、貿易品目番号＜92071000＞の電子鍵盤楽器（ミニキーボードを除く）だけの輸入額を示したが、ここでは玩具類に属する＜95035010＞のミニキーボードも含めてグラフ化すると、【資料 4-2】のようになる。ミニキーボードの輸入高は、2003 年以降は電子鍵盤楽器（ミニキーボードを除く）に追い越されているが、前者の主力品の販売単価は約 2,000 ルピー（約 4,000 円）と電子キーボードのおよそ 15,000 ルピー（約 30,000 円）と比較しても低価格であるため、仮にミニキーボードの一台の輸入原価を 1,000 ルピーとして 2007 年度の台数を試算しても、概算で約 45,000 台以上が正規輸入されていることになる。

第 4 章　インド市場における電子キーボードのグローカル化のプロセス

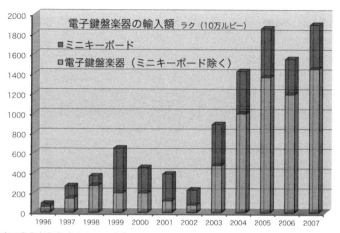

インド商工業省商業庁（Ministry of Commerce and Industry, Department of Commerce）の輸出入統計データを基に作図。http://commerce.nic.in/eidb/Default.asp

【資料 4-2】ミニキーボードも含む電子鍵盤楽器輸入額の推移

　また近年は、各種関税も減税傾向にあり、それも輸入増加に拍車をかけている。2009 年時点で、品目番号 <92071000> 電子鍵盤楽器（ミニキーボード除く）の輸入に掛かる主な関税は、「基本関税」（BCD: Basic Custom Duty）が 10%、「追加関税（別称：相殺関税）」（CVD: Countervailing Duty）が 8%、その他に「教育目的税」（EDU: Education Cess）等が課税され、「特別追加関税」（SAD: Special Additional Duty）は条件付きで全額還付される。これらの中でも追加関税（CVD）に関しては、2007 年 3 月には 16%であったが、翌年 2008 年 3 月には 14%、2009 年 2 月には 8%にまで引下げられている。

　電子鍵盤楽器の輸入仕入原価の内訳については、その一例を【資料 4-3】に示している。仮に「FOB 価格」（本船渡し価格 Free on board）を 5,000 ルピーとした場合、FOB 価格に対しての海上輸送費 5%を加えたものが「CIF 価格」（保険料・運賃込価格 Cost, Insurance and Freight）となり、各種関税等を追加すると輸入仕入原価は 6,448 ルピーであり、FOB 価格に対して約 30%強の増加金額が示される。

FOB 価格　（本船渡し価格）	USD　100
※　仮に FOB 価格を US$100 ＝ 5,000 ルピーとした場合	5,000 ルピー
CIF 価格（保険料・運賃込価格） FOB 価格＋海上輸送費（保険料・運賃）5%	5,250
銀行手数料	42
BCD　（基本関税）＋10%	530
CVD　（相殺関税）＋8%	467
EDU CESS　（教育目的税）　　CVD に対して＋3%	14
EDU CESS　（教育目的税）　（BCD＋CVD）に対して＋3%	30
CHA EXPENSE　（通関費用）　＋1.6%	84
BANK COMMISSION　＋0.626%	31
SAD（特別追加関税）　　＋4% >> 条件付き還付	0
輸入仕入原価　　　　　　（数値データは CIC 社提供）	6,448 ルピー

【資料 4-3】電子鍵盤楽器における輸入仕入原価の一例

　また更に、インド国内では州単位で特別な税制が施行され、例えばマハーラーシュトラ州では、「オクトロイ」（Octoroi）と呼ばれる物品入市税が5.5%別途追加される。その他にも州間の商品取引および販売には「越境税」（Entry tax）が課税される場合もある。したがって正規輸入品に対する非正規品では、販売価格にも差が開き、今日でも非正規ルートの密輸品は後をたたないという。デリー市内の楽器街ダリヤーガンジ地区では、非正規品を安価で販売する店舗の出店により、正規価格で販売を行う店舗では、購入者と値段を巡るトラブルが多発し、ミニキーボードや電子キーボードの販売を取り止めた楽器店もある。こうした非正規品が問題となる中、それでも尚、前章で述べたように、貿易品目＜92類＞の楽器全体の中で、電子鍵盤楽器は、2003年に輸入額第 1 位に躍進して以降、その座を保持しているのである。本項ではインド国内市場における、カシオ製およびヤマハ製の電子鍵盤楽器の製品概況について最初に注目する。

電子鍵盤楽器の製品概況

　2009 年 9 月時点、インドの電子鍵盤楽器市場における、カシオ製品とヤマハ製品のラインナップについては【資料 4-4】で示している。電子キーボードに関しては、2、3 年単位でモデルチェンジされるため、図表内の記載は 2009 年 9 月までの情報である。各製品のカテゴリーやその名称は両社で異なるが、①ミニキーボード、②電子キーボード、③シンセサイザー、

第 4 章　インド市場における電子キーボードのグローカル化のプロセス

④電子ピアノの順に、各社の製品概況を見ていくことにする。

　①ミニキーボードは、インド国内の電子キーボード浸透の火付け役であり、カシオ製品では旧型機種を含む多種が流通しているが、ヤマハ社ではその取扱いはない。YMI 社の鍵盤楽器担当者によれば、その理由は、子どもへの音楽教育を考慮した場合、学習当初から小型鍵ではなく、ピアノと同等の鍵で開始するのが良いとの同社の方針からだという。

　次に②電子キーボードであるが、2000 年代から国内需要において最も拡大している。両社製品ともに標準機種と高性能機種に区分され、販売価格帯も幅広く、この種類の生産国は「PSR-S」シリーズの機種だけがインドネシア製であり、その他は中国製である。

種類		カシオ製品	ヤマハ製品
① ミニキーボード		ミニキーボード （ミニミニ鍵） SA、MA シリーズ 　価格帯：2,000-6,000 ルピー	取扱いなし
② 電子キーボード	標準	スタンダード・キーボード CTK シリーズ　CTK-810IN 　価格帯：5,000-15,000 ルピー	ポータブル・キーボード PSR-E シリーズ　PSR-I425 　価格帯：8,000-18,000 ルピー
	高性能	ハイグレード・キーボード WK シリーズ	アレンジャーワークステーション PSR-S シリーズ 　価格帯：25,000-70,000 ルピー
	ピアノ類似	取扱いなし	ポータブル・グランド DGX シリーズ 　価格帯：24,000-60,000 ルピー
③ シンセサイザー		取扱いなし	シンセサイザー 　MOTIF-XS、MO シリーズ 　価格帯：75,000-200,000 ルピー
④ 電子ピアノ		コンテンポラリー電子ピアノ CDP シリーズ PRIVIA デジタル・ピアノ 　PRIVIA シリーズ CELVIANO デジタル・ピアノ 　CELVIANO シリーズ	CRAVINOVA デジタル・ピアノ CLP シリーズ 　価格帯：175,000-420,000 ルピー CVP シリーズ 　価格帯：165,000-700,000 ルピー

2009 年 9 月時点の CIC 社および YMI 社 HP の製品情報を参照に作成。
CIC 社製品情報：http://www.casioindiacompany.com/cic/
YMI 社製品情報：https://www.yamahamusicindia.com/index.aspx

【資料 4-4】インド市場におけるカシオ製品、ヤマハ製品の電子鍵盤楽器の概況

電子キーボードの中でも、標準機種のカシオ製「CTK」シリーズやヤマハ製「PSR-E」シリーズは、若年層の学習者を中心に最も需要が拡大している。YMI社担当者によれば、同社のPSR-Eシリーズは、ヤマハ製品の売上の7割を占め、特別な販売戦略を行わずしても近年売上げが伸びているという。その他、ヤマハ製品の場合は「DGX」シリーズという、電子ピアノとPSR-Eシリーズの中間に位置する機種が、電子キーボードの中に加わり、これは電子ピアノと比較すると廉価ではあるが、ピアノタッチが再現された製品である。

またローランド製「E-09」は、同社の製品区分では「インターラクティヴ・アレンジャー」（Interactive Arranger）という名称になり、シンセサイザーではなく、機能や価格帯からも電子キーボードに含められる機種である。コルカタの同製品ショールームの販売員によれば、同社製品群の中でも人気機種という。

次に、③シンセサイザーに関しては、CIC社では製品の取扱いが無く、他社製品ではヤマハ製「MOTIF-XS」シリーズや、ローランド製品、コルグ製品が市場に流通している。標準型キーボードと比較すると販売価格帯は一気に高額になるが、ローランド製の旧機種「GW-7」（61鍵、同社の製品区分では「ミュージック・ワークステーション」Music Workstationに属する高額機種）は、北東部地域を含む、東部地域を中心に需要が大きかった製品であり、シンセサイザーを主力商品とするローランド社がコルカタに最初に出店したのは、こうした東部地域での更なる販売強化の意図が含まれていると推察される。

そして最後に、各社のショールームで売り場面積を大きく占有しているのが、④電子ピアノである。カシオ製「PRIVIA」シリーズや、ヤマハ製「CRAVINOVA」シリーズの販売価格は、安価な機種でも日本円にして30万円を超えるが、新興富裕層や中間層に向けて、両社とも電子鍵盤楽器の中では特に販売促進の対象である。特にYMI社では、販売が好調の電子キーボードを受け、今後はアコースティックピアノや電子ピアノといった大型商品の販売により力が注がれるという。

第 4 章　インド市場における電子キーボードのグローカル化のプロセス

　以上、インド国内市場における製品概況について考察してきた。製品の需要に関しては、前述のシンセサイザーの例のように、インド国内地域によっても傾向があり、ヤマハ製品の場合、インド北部では PSR-E シリーズの標準機種が売上の中心となり、南部ではそれより高機種の PSR-S シリーズや電子ピアノの需要が多く、また北東部では、他社同様にシンセサイザーの需要傾向が高いという。

　しかしながら国内全体では、ミニキーボードを除くと、②電子キーボードの標準機種である、カシオ製の CTK シリーズとヤマハ製の PSR-E シリーズが依然として圧倒的な売上を誇り、2007 年に入って、これらの機種を巡る新たな動向として、インド市場向けに開発された製品が登場するのである。これに関しては第 2 節で後述する。

流通・販売面におけるの変革：流通や販売方法の多層化

　日系メーカーが現地法人を設立して本格的に市場参入することによって、近年各社は戦略的な改変を行い、流通面や販売面においても次のような変化が見られる。

流通・販売面の変革①　日系メーカーと国内大手楽器商との関係強化

　YMI 社では、2008 年の現地法人化を機に流通販路の大幅な見直しが計られ、同社の場合、それまでは大小合わせて約 600 社存在した販売代理店を、大都市に各 1 社へと縮小し、結果として 9 都市の「コア・ディーラー」（Core Dealer）と呼ばれる大手特約店がその対象となった。それらの大手楽器商ではヤマハの全製品が店頭に並べられ、更にそこから「サブ・ディストリビューター」（Sub Distributor）と言われる、中小の 120 社程度の販売代理店に商品が卸される。言わばトップダウン方式に見える流通経路に改変されたが、この組織化は単にトップダウン型への路線変更という解釈ではなく、インド国内楽器流通の中で大手の楽器商がいかに強力な存在であり、メーカー側がそれらとの関係強化をいかに重視しているか、という視点で捉えることが重要である。

　インドの楽器産業では、ハルモニウム産業に代表されるように、インド

楽器に関しては、生産者である楽器工房が流通・販売を直接手掛けていた。他方、西洋楽器の場合は、チェンナイのミュゼ社のように楽器輸入業者と販売業者が一体化した場合が多く、国内の流通・販売面において各都市の大手楽器商の存在は大きい。YMI 社の大手特約店にも、こうしたピアノ輸入販売で事業拡大したミュゼ社やムンバイのフルタード社が含まれ、冒頭で紹介した YMI 製品のショールームも、外資の小売が出来ないため、フルタード社の経営である。こうした大手特約店の場合は創業年も古く、各地域で太い販売経路や国内の学校関係への販路も大きい。かつて日本のリードオルガン産業において、日本楽器が共益商社と手を組んで、学校販売を拡張したように、インドの楽器市場における YMI 社と国内大手楽器商との連携は、今後の展開が注目される。

流通・販売面の変革②　流通の多層化

近年の急成長するインド国内社会の流れに巧みに乗って、電子鍵盤楽器における流通の多層化を促進させてきたのが、CIC 社である。従来のような「楽器購入は楽器店または楽器工房で」という概念は、家電量販店の出現によって徐々に変容しつつある。

2005 年以降、国内の大都市圏では郊外型の巨大ショッピングモールの建設ラッシュが進み、年々の店舗増加数は目を見張るばかりである。そうした商業複合施設には、映画館や多数の販売店や飲食店が入り、休日は家族連れで賑わう。前述のカシオ製品ショールームは、ノイダの大型ショッピングモール「ザ・グレイト・インディア・プレイス」(The Great India Place　2008 年開店）内に、ヤマハ製品ショールームはグルガーオンの「アンビ・モール」(Ambi Mall

【資料 4-5】シプラ・モール（Shipra Mall）内の家電量販店とモールの様子　(2007 年 7 月ガズィアバード　Gahaziabad)

第 4 章　インド市場における電子キーボードのグローカル化のプロセス

2008 年開店）に出店し、YMI 社の本社もモールに隣接したオフィスビル内に当初は設置された。
　こうした郊外型巨大ショッピングモールの中に、家電量販店が店舗を構え、カシオ製電子鍵盤楽器は、財閥系企業リライアンス・インダストリー（Reliance Industries Ltd.）の家電量販チェーン「リライアンス・ディジタル」（Reliance Digital）や、同じく財閥系タタ TATA グループ出資の「クロマ」（Croma）で取扱われている。日本市場におけるカシオ流の「流通のマルチ化」［田中 1998: 97］が、海を越えてインド市場においても展開されている。CIC 社の場合は、家電量販店といった近年出現した新しい小売業への販路や、電卓や時計といった他の商品群で築かれた 2,000 店以上とも言われるインドの国内販路が、電子鍵盤楽器の販路としても活用され、流通経路の多層化とその拡張が顕著である。またこれは販売面においても同様である。

流通・販売面の変革③　販売場所の多様化
　流通経路の拡張によって、電子鍵盤楽器の販売場所も、楽器店、各社製品ショールーム、家電量販店、電器店へと拡大し、それに比例して顧客層も多様化している。
　家電量販店の場合、楽器メーカー側は販売戦略の一つとして、演奏のデモストレーションを開催する。すなわち、量販店内の電子鍵盤楽器が展示された楽器コーナーにおいて、メーカー側がキーボード奏者を雇った上で主催する販売促進キャンペーンであり、家族連れで賑わう週末は、購買効果の他にも、集客による宣伝効果も見込まれる。インド国内の家電量販店では日本と違い、各社製品カタログや POP 広告の設置は禁止されている場合が多く、量販店の店員は、楽器演奏はおろか製品機能を充分に把握しているとは限らないため、こうした販売戦略はメーカー側では必須と言えよう。
　また次に、電子鍵盤楽器を扱う中小電気店の存在は、特にカシオ製品の販売網の中では大きい。その一例として、カシオ製品の販売代理店である「ニランジャン・エレクトロニクス」（Niranjan Electronics）を例に挙げ

207

れば、同社はチェンナイ中心地に店舗を構える中規模電器店である。経営者の S.K.リマエ（Shaileshkumar Limaye）は、1985 年の開業当初からカシオ製品の販売および修理サービス窓口を設置し、カシオ製 SA-1 等のミニキーボードの販売は当時月々 20 台程度であったと述べる。店舗自体は現在も広くはないが、小型や標準型の電子キーボードの他にカシオ製電卓等の多種製品が陳列され、2007 年時点で電子鍵盤楽器全体の販売数は月間平均 150 台にのぼるという。

このように流通販路の多層化やそれに伴う販売場所の多様化は、楽器購入を目的とする顧客だけではなく、より幅広い層への製品認知が見込まれ、メーカー側では「企業イメージ」や「製品イメージ」の形成といった宣伝・広報戦略も重要な意味合いを含んでくる。

流通・販売面の変革④　顧客層の多層化に沿った宣伝・広報戦略

インド国内市場の電子鍵盤楽器全体における、各社の製品イメージに着眼すれば、音質面においては、「ヤマハ製品は音質が優れている」「カシオ製品は機械的な音がする」また「カシオの音質も最近は向上してきた」といった意見を、また価格面では「カシオ製品は安い」という言葉を、国内のキーボード奏者や学習者から頻繁に耳にした。実際の音質の優劣や価格は別として、ここで重要と考える点は、これらの意見に代表されるものが、これまで製品イメージとして浸透してきたことである。

カシオ製品の場合は、90 年代から現在も続くミニキーボードの需要拡大によって、「カシオ」という言葉と同時に、こうした玩具にも近い安価なミニキーボードが最初に連想され、それに因る製品イメージが依然として強い。一方、ヤマハ製品の場合はミニキーボードの取扱いがないため、インド市場に初めて流通した製品も、電子キーボードである。そうした意味においては、同じ土俵での適正な比較とは言えない。しかしながら、【資料 4-4】で示したように、両製品ともに国内市場に流通する製品機種が豊富に出揃ってきた今日においては、状況も変わりつつある。すなわち、次なる段階として従来のイメージを払拭し、ブランド・ロイヤルティの確立、新たな製品イメージ、更には企業イメージを形成する時期に突入している。

YMI 社の場合は、「ヤマハ社の世界の統一スタイルを、インド市場にも導入」といった理念の下で現地法人化による流通面の改変が行われ、言わば「世界のヤマハ楽器」というイメージを推進し、そのための徹底した事業展開がインドでも構想されている。人材面においても、中国やインドネシアといった、電子鍵盤楽器産業ではインドより先進国である国々での経験者が同社の重要職に着任している他、西洋クラシック音楽およびインド国内の西洋楽器市場や音楽家にも精通した現地スタッフが配備されている。
　一方の CIC の場合は、楽器店や電器店等、多数の販売代理店を抱え、よりローカル密着型の販売展開が見受けられる。また同等機種の製品では、ヤマハ製よりも安価な価格設定がなされ、価格戦略も引き続き重視されている。また、企業イメージと並び、各社の製品イメージにおいても、電子キーボードと電子ピアノ製品では価格帯は無論、その顧客層も大きく異なってくることから、カシオ製品でも電子ピアノ等の大型商品については、【資料 4-6】のような世界共通の広告が行われている。

【資料 4-6】カシオ製品ショールームにおける Privia シリーズの陳列風景（2008 年 9 月ノイダ）

【資料 4-7】ローランド製品ショールームの店員によるデモ演奏の様子（2008 年 7 月コルカタ）

　また製品イメージや広告と並び、販売員といった人材面に注目すれば、コルカタのローランド製品ショールームでは、各楽器の専門知識を持ち、デモを行うことが可能な販売員が揃い、その内の鍵盤楽器担当者は、英ト

リニティ音楽院への留学経験をもつ女性であった。次々とショールームを訪れる顧客の希望によって、販売員が楽器のデモ演奏を行う様子は、国内の楽器販売における新たな一面と言えるだろう。

以上、インド国内市場における流通面および販売面における変化について、日系楽器メーカーの中でも、カシオ製品とヤマハ製品に注目して考察してきた。次項では、こうした販売に付随する音楽教育産業の側面についてを考察する。

音楽教育産業への進出

製品ラインナップが充実し、流通や販売の経路が整備されると、次はそれに付随した音楽教育産業への進出という構図が予想されるが、インド国内においては、音楽教育産業進出は平坦な道のりとは言い難い。

インド総人口に占める20才未満の若年層の割合は、【資料3-19】で示したように40%を超え、現在10才未満の年齢層だけでも20%を超える。若年層の需要が拡大する電子鍵盤楽器事業において、少子化が進行する日本とは異なり、インド市場は今後も巨大市場であることには違いない。しかしながら、本格的参入して間もない日系楽器メーカーにとっては、第4章で述べてきたような、第一に既に多様化している学習環境や、第二に国際基準のABRSM試験、トリニティ試験や、国内音楽試験の浸透現状を考慮すると、その壁は厚く、現段階での進出が躊躇されるのも無理はない。

ヤマハ社の場合、財団法人ヤマハ音楽振興会による「ヤマハ音楽教室」は、中国、インドネシア、マレーシア、フィリピン、シンガポールといったアジア地域を中心として、世界40カ国以上に約18万人の生徒を抱え、同振興会が主催する「ヤマハ音楽能力検定制度」(別称ヤマハグレード)は、ピアノやエレクトーンであれば1～13級までが開設され、世界で年間30万人以上が受験する[4]。毎年60万人が受験する世界最大のABRSM試験と比較しても、受験者数に関しては、世界的に見ても大規模な試験であることには違いない。しかしながら、YMI社では、音楽教室や資格検定にお

---

4 財団法人ヤマハ音楽振興会HP内「ヤマハ音楽能力検定制度」
  http://www.yamaha-mf.or.jp/grade/index.html (2014年9月23日)

いて、ヤマハ独自の教育理念や指導方針をそのままインドの教育産業に導入することは 2008 年の調査時には、厳しいとの見解であった。例えば、ヤマハ音楽教室の中でも 4 才からの「幼児科」は最も力が注がれている課程であり、親子での音楽学習が重要視されるが、インドネシアの場合は、親ではなくメイドに連れられて子どもが教室へ通ってくるという。インドの慣習を考慮すると、同様の事態は容易に予想される。またローカルな慣習の違いの他にも、企業として実質的に重要となるのは、教室運営や講師の育成をゼロから進行させるには、膨大な時間と同時に多額の資金投入が不可欠であり、そうした先行投資に対する明確な回収の見込みが立たなければ、なかなか現実化は厳しいという見方がなされていた。

　一方、CIC 社では、「カシオ・ミュージック・クラブ」(Casio Music Club 以下、CMC) と呼ばれ、既存のローカルな音楽教室と提携関係を結ぶことによって、間接的ではあるが音楽教育の分野にも足を踏み入れている。そうした提携教室の一つ「ライジングサン教室」（Rising Sun: School of Art & Cultural Activities.）の音楽指導を 2007 年 7 月 28 日に見学した。

　デリー市内の住宅地ゴータム・ナガル（Gautam Nagar）地区に位置する同教室は、教室数は 2 室と小規模な学校であり、午後 3 時から放課後の子ども達を主な対象として、ダンス、絵画、楽器といった授業が週 3 回、各 1 時間の授業で行われる。音楽の授業では、カシオ製ミニキーボードや電子キーボードを携えた児童が次々と教室を訪れ、各自が持参したノートを見ながら個別に練習を行い、教師 1 名が順々に生徒の指導に当たっていた。教師によれば、2001 年の教室開設時には、電子キーボードを習う生徒は僅か 3 名であったが、6 年間で 10 倍の 30 名以上に増加したという。

【資料 4-8】CMC 提携教室でカシオ・キーボードを習う児童（2007 年 7 月デリー）

また長年学習を継続する生徒の多くは、北インド古典音楽検定試験のプラヤーグ試験を受験する傾向にあり、その要項に基づいた指導が行われる。したがって、学習者が持参するノートも、【資料 4-8】の右図のようにヒンディー語のデーヴァナーガリー文字や英語のアルファベット表記によるインドの記譜法によって、古典音楽のラーグが示されていた。

　このように CMC 提携の音楽教室と言っても、特に独自のテキストや指導カリキュラムが存在する訳ではなく、教室自体の指導方針や生徒の要望に沿って授業は進められている。唯一、販売戦略とタイアップしている事例を挙げるならば、CTK-710 以上の機種の購入には、CMC 提携校での 1 ヶ月無料レッスンが購入特典として付いてくる。

　したがって、2008 年の調査時には、メーカーが中心となって直接的に音楽教育産業に新規参入することは、YMI 社ならびに CIC 社のどちらにおいても考えられてはいなかった。しかしながら、2015 年の 6 月に YMI 社はデリー近郊のグルガーオンに「ヤマハ・ミュージック・ポイント」というヤマハ直営の音楽教室を開校し、そこで電子キーボードを中心にヤマハ独自のテキストに従った指導が始まった。今後、こうしたヤマハ音楽教室が各都市に増えていくならば、日本式の音楽検定試験の展開といった、インド国内の音楽教育分野への新たな市場開拓の動きが加速化する可能性もあるだろう。インド初のヤマハ音楽教室では、講師はナガランド州といった北東部出身者が多いという。

　以上、インド国内の電子鍵盤楽器市場において、カシオ製品とヤマハ製品が二大競合時代に突入し、流通面や販売面、広報面等、様々な角度から変革が起こり始めている。そうした状況の中でも、最も象徴的な出来事が、インド市場向けの電子キーボードが、両社によって同時期に発表されたことである。次節では、その製品や発表までのプロセスについて検証する。

第 4 章　インド市場における電子キーボードのグローカル化のプロセス

2．インド市場向け電子キーボードの登場

カシオ製 CTK-810IN：製品開発から製品発表までのプロセス

　CIC 社は、2007 年 7 月 31 日、デリー市内の外資系ホテルにおいて、報道関係者や音楽教育関係者、音楽家、楽器販売業者等、約 140 名を迎えて、「インディアン・キーボード」（Indian Keyboard）という名のインド市場向け電子キーボード「CTK-810IN」の製品発表会を催した。

【資料 4-9】カシオ製 CTK-810 と製品発表会の様子（2007 年 7 月デリー）

　2005 年に CIC 社から日本のカシオ本社に商品開発が提案されて以降、現地調査および日本国内でのサンプル音源収録を経て、2007 年 7 月の製品発表に至るまでに、2 年強の月日が費やされている。CTK-810IN の最大の特徴は、インド特有のリズムが 7 種（以下、インド・リズム）と、インド楽器の音色が 15 種（以下、インド音色）内蔵されている点であり、製品開発が実際に進行する以前から、インド・リズムやインド音色を搭載した電子キーボードについては販売代理店を通じて強い要望があったと言う。それに加えて同社の 61 鍵の電子キーボード「CTK シリーズ」の好調な販売実績を受けて、インディアン・キーボードの実現化に漕ぎ着けた。こう

213

した特殊地域向けの電子楽器製品については、カシオ社はこれまでも 61 鍵電子キーボードの「AT-1」という中東諸国向けの製品を発売した実績があり、そこでも同様に現地の受容に沿ったネイやウード、カーヌーン等の楽器の音色やリズムが搭載されていた。よってカシオ製の楽器全体で見ると、今回のインド向け製品は特殊地域向け製品の第二弾となる。インド市場にとっては、待望の国内市場向け電子キーボード第 1 号の登場であり、「新しいインド楽器時代の幕開け」と唱われ、発表翌日には製品発表会の様子が、ニュース専門の TV チャンネル「アージ・タク」(Aaj Tak) や「サハラ・サマイ」(Sahara Samay) 等、多数の国内メディアで報道された。

　製品発表会の第 1 部では、カシオ社の沿革および主要製品についての企業紹介映像が放映され、CIC 社代表の挨拶や、それまでのインド市場での楽器販売事業の展開や今回の CTK-810IN についての製品説明が行われ、そしてその後に CTK-810IN のお披露目である。会場舞台には演出用のスモークがたかれ、舞台中央に特殊ケースに覆われて置かれたその製品が、爆発音と共にスポットライトで照らされて現れると、大きな歓声や拍手とフラッシュの渦で会場は包まれた。後半の第 2 部では、CTK-810IN に内蔵されたインド音色やインド・リズムを使ったデモ演奏に合わせて、男女 6 人のダンスグループが登場し、「ボリウッド・ダンス[5]」(Bollywood Dance) が 30 分以上にわたって披露された。内蔵された各種インド・リズムに合わせて、衣装や振付けも次々と変わる演出である。即ち、「たった 1 台の電子キーボードで、民俗音楽から古典音楽までインドの様々な音楽が表現でき、楽しめる」という主催者側の意図が込められたデモンストレーションであった。【映像資料 8：カシオ製「インディアン・キーボード」CTK-810IN】では、その一部映像を収録している。

　製品発表後はインドの慣例に従って立食パーティーとなり、参加者の交流の場となった。その参加者も、北はアッサムから南はチェンナイまでと国内 CIC 社の販売代理業者が集まり、デリー在住の音楽教師やキーボード奏者、中にはバーングラー専門の DJ と幅広い。

---

[5] ボリウッド映画の中で、大人数で踊られる群舞の総称。

第 4 章　インド市場における電子キーボードのグローカル化のプロセス

　こうした製品発表会は、デリーの他、チェンナイやベンガルールでも開催され、国内の販売代理店にはデモ機や広告が一斉に展開された。全ての POP 広告やフライヤー、ポスターには、「今、ここに王の中の王が登場！」（Now the Shahanshah is here!）「このキーボードは日本製、だけど心はインド人」（Yeh Keyboard hai Japani. Jiska dil hai Hindudtani）と 2 つのキャッチコピーが刻まれている。実際の生産国は中国ではあるが、要するに「日本メーカーがインドの顧客層に向けて製作した」という事実が前面にされたイメージ戦略をそこに指摘できる。そうした明確な宣伝効果や、12,000 ルピー（約 24,000 円）前後という従来の人気機種と同等の販売価格が功を奏し、製品発表会から 1 年後の 2008 年 9 月に実施した CIC 社楽器担当者へのインタヴューでは、その後も非常に好調な販売数を記録しているという。CTK-810IN の主な製品仕様は【資料 4-10】で示している。

仕様		カシオ製 CTK-810IN
鍵盤		61 鍵（形状：ピアノ同様のボックス型）
最大同時発音数		32 音
タッチレスポンス機能		**あり**
音源		PCM 音源
音色		515 種
リズム・パターン数		120 種
デモ演奏曲		100 曲
メトロノーム機能		あり
エフェクト機能		リバーブ 4 種とコーラス 4 種
移調機能		**あり**
リアルタイム効果	ピッチベンド機能	あり
	エフェクト機能	なし
録音対応	録音機能（内蔵）	あり
	SD カード対応	あり
接続対応	USB 対応	あり
	MIDI 対応	General MIDI に対応
形量	サイズ	945 x 373 x 131mm
	重さ	**4.8 kg**

CIC 社「CTK-1810IN」販売用広告を基に作成。

【資料 4-10】カシオ製 CTK-810IN の主な製品仕様

CTK-810IN のインド音色やリズム以外は、それ以前の既存機種をベースにしているため、インド仕様ならではの特徴は図表内では見られないが、前章で触れた、ピッチベンド機能や移調機能等、インドで使用頻度の高い機能は組み込まれている。また重さも 5kg 程度と軽量であり、若年層が携帯する際にも無理がない重量となっている。

	カシオ製 CTK-810IN	
	種類	特徴
インド・リズム	バーングラー	パンジャーブ地方の民謡・民俗舞踊のリズムであるが、現在はポピュラー音楽の1ジャンル
	ダードラー	北インド軽古典音楽で使用される6拍子のタール
	ガルバ	インド西部グジャラート地方の女性による民俗舞踊で使用される6拍子のタール
	カハルワ	北インド広範囲の民謡や軽古典音楽で使用される8拍子のリズム
	ダンディヤ	インド西部の民俗舞踊で使用される6拍子のリズム
	ティーン・タール	北インド古典音楽で基本となる16拍子のリズム
	バジャン	北インドの宗教歌謡バジャンの16拍子のリズム
インド音色	シタール1	撥奏弦鳴楽器： 北インド古典音楽でソロ楽器として使用
	シタール2	
	暖音シタール	
	シタール・パッド	
	タンプーラー1	撥奏弦鳴楽器： 北インド古典音楽や軽古典音楽でドローン楽器として使用（タンプーラー1は女声用の高音域、2は男声用の中音域）
	タンプーラー2	
	ハルモニウム1	気鳴楽器： 北インドにおいて、主に声楽の伴奏楽器として使用（ハルモニウム1は女声用の高音域、2は男声用の中音域）
	ハルモニウム2	
	サントゥール1	打奏弦鳴楽器： カシミール地方の民俗楽器だが、北インド古典音楽でソロ楽器としても使用
	サントゥール2	
	サロード1	撥奏弦鳴楽器： 北インド古典音楽でソロ楽器として使用
	サロード2	
	シャハナーイー	気鳴楽器： 北インドの民俗音楽で広く使用される他、古典音楽でソロ楽器としても使用
	サーランギー	擦奏弦鳴楽器： 北インドにおいて、声楽の伴奏楽器または古典音楽のソロ楽器として使用
	タブラー	膜鳴楽器： 北インドにおいて伴奏楽器として使用

【資料4-11】カシオ製 CTK-810IN 内蔵のインド・リズムおよびインド音色

第 4 章　インド市場における電子キーボードのグローカル化のプロセス

　次にインド仕様として調整された部分であるが、【資料 4-11】では内蔵されたインド・リズム 7 種とインド音色 15 種を一覧にして簡単に特徴を記した。リズムは全て北インド地域に関連するものが採用され、中でも民謡や民俗舞踊のリズムの割合が多い。西部地域では、グジャラート州の女性の民俗舞踊の「ガルバ」(Garba) や、それに類似した男女参加の民俗舞踊「ダンディヤ」(Dandiya)、また「バーングラー」(Bhangra) は、元来はパンジャーブ地方の民俗舞踊のリズムであるが、80 年代のインド・パキスタン系イギリス人から生まれた「バーングラー・ビート」(Bangra Beat) がインドに逆輸入され、今日の映画音楽や祭事等の踊りには不可欠であり、7 種のリズムの最初に採用されている点からも、その重要度が窺い知れる。

　また音色に関しては、インド側の意向に沿って、日本国内の日本人インド楽器奏者から収録されたサンプル音源が、インド側で吟味および選別された後に、採用されたものである。12 種の音色は、リズム同様に北インドの楽器、中でも古典音楽の使用楽器が目立つ。シタールは、撥弦方法による音質違いによって 4 種もの音色が採用されている他、ハルモニウムには、女声用の高音域と男声用の低音域の 2 種がある。

　発売から 1 年後の 2008 年 9 月、CIC 社楽器担当者は、CTK-810IN の好調な販売を受け、CTK-810IN 以降の発売機種でもインド・リズムや音色は標準装備されるようになったと語る。つい数年前までは、シタール以外のインド楽器の音色が電子キーボードに内蔵されるのは稀であったが、この CTK-810IN 発表を契機に変化を遂げた。チェンナイの販売代理店では、北インドの楽器だけではなく、ヴィーナーやナーガスヴァラム等の南インド楽器の音色や、「アーディ・タール」(Adi Tal) といった南インド古典音楽のタールがあればという意見も聞いた。国内地域によって文化も異なり、今後も顧客からメーカー側への製品に対する期待や要望は尽きることはないであろう。

　CIC 社の現社長は、「教育」と「エンターテイメント」を切り口とし、人口の大きな割合を占める若年層を対象として、インド国内市場における電子鍵盤楽器事業は、更なる発展を続けると確信をもっていると話す。同社のインド市場での取り組みには、引き続き注目していきたい。

各社インド市場向け製品からみるグローカル化のプロセス

　CTK-810IN が発売されて間もない、翌々月の 2007 年 9 月、今度はヤマハがインド市場向け電子キーボード「PSR-I425」の発売を開始した。YMI 社の楽器担当者によれば、同社でも 2002 年前後から、そうしたインド市場向けの電子キーボードの要請が現地代理店からあったという。日本の本社の承認が下り、それが実行に移されたのは 2006 年からで、僅か 1 年で市場での販売にまで漕ぎ着けている。PSR-I425 も CTK-810IN 同様にゼロの段階から開発された訳ではなく、当時既存機種でトリニティ試験の推奨楽器であった「PSR-E403」（現在は「PSR-E413」という新機種に変更されている）を基本機種とし、そこにインド・リズムとインド音色が追加されたものである。これが、仮に機種のデザインからを最初から手掛けるとすれば、企画から完成までには通常 3、4 年は必要だという。

仕様		ヤマハ製 PSR-I425
鍵盤		61 鍵（形状：ピアノ同様のボックス型）
最大同時発音数		32 音
タッチレスポンス機能		あり
音源		AWM ステレオサンプリング
音色		514 音
リズム・パターン数		165 パターン
デモ演奏曲		30 曲（インド曲は 3 曲含む）
メトロノーム機能		あり
エフェクト機能		リバーブ 9 種とコーラス 4 種
移調機能		あり
リアルタイム効果	ピッチベンド機能	あり
	エフェクト機能	あり
録音対応	録音機能（内蔵）	あり
	SD カード対応	なし
接続対応	USB 対応	あり
	MIDI 対応	General MIDI に対応
形量	サイズ	952 x 388 x 146mm
	重さ	7 kg

'PSR-I425 Owner's Manual' Yamaha Corporation, 2007. のデータを基に作成。

【資料 4-12】ヤマハ製 PSR-I425 の主な製品仕様

第4章　インド市場における電子キーボードのグローカル化のプロセス

　PSR-I425 の価格は、約 18,000 ルピー（約 36,000 円）と既存の同等機種と変わらず、また同製品も中国製である。PSR-I425 の主な製品仕様については【資料 4-12】で示す通りである。やや重量があるが、移調機能やピッチベンド機能も装備されている。

　次に、インド仕様に調整された部分であるが、内蔵のインド・リズム 12 種とインド音色を一覧にしたのが、【資料 4-13】である。特定地域向けモデルの開発においては、微妙な感覚までを外国人で把握するのは難しいとされ、PSR-I425 ではリズム・音色の選択、サンプリングが、全てインド国内でインドの楽器奏者の手を借りて行われた。インド・リズムに関しては、バーングラーやガルバ、バジャンといった CTK-810IN でも見られたリズムも含まれ、これらの需要がインドでは大きく、重要視されていることがわかる。また、北インドのリズムと同様に、南インドの「タミル」(Tamil)「ケーララ」(Kerala) 等の民俗舞踊のリズムや、インド音色の「インディアン・キット」(India Kit) には、南インドのムリダンガムやカンジーラ等の複数音が内蔵され、国内地域からバランスよく採用されている。しかしながら、音色で使用されている楽器群に関しては、北インド古典音楽の

ヤマハ製 PSR-I425	
インド・リズム	インド音色
ボリウッド・ミックス 1	ハルモニウム 1 （シングルリード）
ボリウッド・ミックス 2	ハルモニウム 2 （ダブルリード）
インディアン・ポップ	ハルモニウム 3 （トリプルリード）
バーングラー	バーンスリー
ボリヤン	シタール 1
ゴアン・ポップ	シタール 2
ガルバ	サロード
ラージャスターン・フォーク	タンプーラー
カッワーリー	タブラー・キット
バジャン	インディアン・キット
タミル	
ケーララ	

'PSR-I425 Owner's Manual' Yamaha Corporation, 2007. のデータを基に作成。
【資料 4-13】ヤマハ製 PSR-I425 内蔵のインド・リズムおよびインド音色

楽器で独占される。またハルモニウムがリード数によって3種も採用されていることは、同製品でのハルモニウムの音色の需要が、かなり想定されていることの表れであろう。

　ここまで、2007年の同時期にインド市場向け電子キーボードが、日系メーカー2社によって発表された事実について検証してきた。製品開発の段階から見れば、国内市場において、各社需要の高い電子キーボードの既存機種に、インド・リズムとインド音色を追加したという、言わば「部分調整」の規模であったが、国内メディアの反響や以後の販売台数から見ても、今後の日系メーカーの更なる展開の幕開けとなる、象徴的な製品であったと言っても過言ではないだろう。また、その製品開発のプロセスは、ローカル側からの要望や意見に基づき、「ユーザー主導型」や「メーカー主導型」のどちらにも偏向しない双方向的なやり取りが繰り返されている点は、国内市場における新たな局面をもたらしたと言えるだろう。「誰がどの部分をどのように調整するのか、それを誰がどのように受容するか」と考えた時、同じ鍵盤楽器のピアノやハルモニウムには見られなかった、製作メーカー側と需要側との新しい受容のプロセスをこの事象に見ることができるのではないだろうか。

第 2 部　小結

　第 2 部「電子キーボードの普及にみるグローカル化の諸相」における前半部では、90 年代にミニキーボードがインド国内に大量に流入して以降、より大型の電子キーボードの需要が拡大している点に着目し、その概況や需要拡大の要因について論及した。その考察から明らかになったことを順に列挙すれば、次の通りである。

　需要拡大の社会・文化的背景や要因については、第一に、1991 年の経済自由化政策以降、経済成長に伴う新興富裕層・中間層の増加と消費活動の拡大が、その根底となる要因として考察され、そうした社会変化の中で、若年層を中心とした習い事の一つとしてその利用が拡大していることを指摘した。また第二にメディアの影響を挙げ、複数の音楽様式を横断するハイブリッドな音楽家が、メディアに露出して活躍している点や、メディア自体も情報発信者と受信者が双方向的な流れへと変化しつつあることから、それがさらに若年層を中心に、能動的に音楽を実践する方向へと向かわせている点を指摘した。

　次に、電子キーボードの属性である「鍵盤楽器」「電子楽器」の側面に着目し、電子キーボードの受容が高まる以前のそれらの浸透状況やそれらとの影響関係について検証した。その結果、ピアノの場合は全てを輸入に依存する「全体受容」と言え、そうしたピアノ輸入販売業で事業拡大した老舗の楽器商が、今日の電子キーボードの流通・販売経路においても重要な存在であり、またイギリスのトリニティ試験や ABRSM 試験の国内の窓口となり、西洋音楽の浸透や一連の鍵盤楽器の需要拡大に一役買っていることが明らかとなった。また使用者については、ピアノの場合は、トリニティ試験や ABRSM 試験を基軸とした西洋音楽が無修正のままに受容される傾向にあるが、国内で活躍する奏者は、独自の奏法で古典音楽や映画音楽を演奏する、「変革者」としての顔を持つことが示された。

また、電子機器・電子楽器や、その開発者、開発経緯を中心に考察した結果、インド人自身によって電子機器というテクノロジー導入の道が開拓されてきた点や、利便性による代替楽器として古典音楽文化で幅広く使用されている点が示され、これらの事実から、古典文化においてさえも「テクノロジーに対しての寛容性」が表面化し、電子キーボードという新たな電子楽器が浸透するための土壌は、それ以前から徐々に形成されてきたと言っても過言ではないだろう。

　次に、ミニキーボードや電子キーボードの需要拡大による、国内の音楽文化の変容に焦点化して考察した。若年層に需要拡大する要因としては、楽器本体の価格帯や操作性、便宜性、携帯性以外にも、電子キーボードの視覚性という、学習導入が図りやすい特性を指摘した。また、その学習環境がインド国内全域の都市を中心として、学校音楽教育、音楽学校や中小の音楽教室にまで多様化している点や、それに付随して学習目的の多様化も顕著であり、習い事から国内の中等教育試験制度や音楽資格試験取得を目的とした需要に拡大している点を明らかにした。中でも、需要拡大の最大の鍵は、電子キーボードの汎用性という楽器がもつ特徴であることを指摘し、演奏家の実践の場や、採用される音楽様式が多様化傾向にあり、古典音楽を演奏する若手奏者の登場についても言及した。

　第2部の後半部では、インド国内市場に流通する電子キーボードの製品およびそのメーカー側に焦点化し、21世紀に入って日系楽器メーカーがインド市場に本格的に参入したことによって、インド国内の鍵盤楽器市場が変容したことについて考察した。

　最初に、インド国内の電子鍵盤楽器市場において、カシオ製品とヤマハ製品が二大競合時代に突入し、様々な角度から変革が起こり始めている事象に注目し、その製品概況、流通面、販売面について検証した結果、次の点が明らかとなった。製品面に関しては各社の種類は豊富であるが、ミニキーボードを除くと、電子キーボードの売上げが顕著な点、また流通や販売面においては、日系メーカー側による国内の老舗楽器商との関係強化や、流通経路の多層化やそれに伴う販売場所の拡大、また顧客層の多層化に沿った宣伝や販売戦略が各社で展開されるようになったことが挙げられる。

次に、日系 2 社によって同時期に発売された、インド市場向け電子キーボードを事例として掲げ、その製品や発表までのプロセスについて検証した結果、宣伝や広報面においては「インド仕様」「日本メーカー製」が前面的に押し出されたイメージ戦略が見られ、また製品面から考察すれば、それはインド国内市場における各社の需要の高い既存機種に、インド・リズムとインド音色を追加したという部分的な調整であった。しかしながら、その開発プロセスは、ローカル側からの要望に基づき、市場調査が重ねられ、「ユーザー主導型」や「メーカー主導型」のどちらにも偏向しない双方向的なやり取りが繰り返されている点は、国内市場における新たな局面を齎したと言えるだろう。

第3部

インド鍵盤楽器考

第5章

ハルモニウムと電子キーボードの受容に関する比較考察

　19 世紀後半にインドに伝播し、1886 年から国産製作が始まった「ハルモニウム」。そして約 1 世紀を経て、1990 年代からのミニキーボードが火付け役となり、近年インドで需要拡大する「電子キーボード」。

　本章では、伝播時期も発音体も全く異なる両楽器の、インドにおける受容という観点から比較考察を試みる。両者の明確な共通項は、「外来楽器」そして「鍵盤楽器」という属性であるが、そこから更に掘り下げ、両楽器がインド国内で広く受容されるための共通要素や、受容プロセスに見る類似点を分析し、更には楽器に対するインド音楽文化のローカルな規範について考えていく。

　第 1 節では、楽器のグローカル化という角度から、ハルモニウムと電子キーボードの楽器調整や楽器製作の浸透速度や浸透地域を中心に比較考察した後、両楽器が国内に浸透する要因となった共通要素についてを抽出する。そして次に、楽器やそれに付随した文化要素が流入することにより、ローカルな文化がどのように再編されていくのかを問題とし、両者の楽器販売・流通の側面、楽器演奏の側面、また楽器学習の側面から受容過程を比較考察する。

　第 2 節では、ハルモニウムと電子キーボードの受容にみる、インド音楽文化がもつ文化的寛容性に照準を合わせ、楽器が様々な音楽様式に汎用化されることにみる、文化的寛容性とその根底にある多面的な思考の関与について論及する。

1. 楽器のグローカル化と文化の再編についての考察

楽器のグローカル化

　本項では、ハルモニウムと電子キーボードの主に楽器製作の側面から比較考察を行う。最初に、楽器供給状況や製作経緯を含め、「誰が・どの部分を・どのように」調整したかという楽器調整について考える。

楽器調整に関する考察

　ハルモニウムの場合は、フランスで興隆したハルモニウム産業のグローバル化の波が、インドにも仏製の 61 鍵ハルモニウムの受容をもたらした。そして、英資本の楽器商で技術を習得したインド人が、その鍵盤を小型化かつ鞴を内蔵型から外付型へと改良することによって、床に置いての胡座の姿勢での演奏や楽器の携帯を可能にし、インド文化に適応した形へと調整された。一方、インドにおける電子キーボードの受容の場合は、当初は 90 年代からミニキーボードに対する国内需要が急激に伸び、徐々に 61 鍵に代表される、より大型の電子キーボードの需要が拡大している。それを受け、インド市場向け電子キーボードでは、日系楽器メーカーがインド音色、インド・リズムを内蔵して、国内の音楽文化に向けた調節を行った。

　まずこうした両楽器の受容過程から抽出される特徴には、第一にローカルな文化に浸透するまでには、導入段階に他の楽器が存在する点である。例えば、仏製ハルモニウムが伝播しなければ現在のハルモニウムは生まれず、また電子キーボードにおいては、ハルモニウムに類似した小型鍵のミニキーボードが存在し、玩具と楽器の中間として流入し、一段階が置かれたからこそ、大型の電子キーボードが円滑に受容されたとも言える。

　そして第二に、ハルモニウムやインド市場向け電子キーボードの改良目的、すなわち、「なぜ」調整されたか、という点に注目すれば、それはインドの音楽文化への適応であったことが指摘される。ハルモニウムの場合は、

胡座での演奏や楽器の携帯が可能なように楽器を小型化したことが受容の上では非常に重要であり、国内でリードオルガンが製作されていたにも関わらず、教会や一部の富裕層以外には浸透しなかった理由にはその違いが大きい。

ハルモニウムに関連するインド国内の現象		リードオルガンに関連する日本国内の現象	
1874	『ハルモニウム・スートラ』出版	1887	山葉寅楠と河合喜三郎がオルガン製作開始
1882	マラーティー劇で使用	1889	合資会社山葉風琴製造所設立(浜松)
1886	コルカタで国産ハルモニウム製作開始	1890	第三回内国勧業博覧会(西川と山葉が競合)
1890	国民会議派会議でタクル兄弟が使用	1897	日本楽器製造株式会社設立(浜松)
1901	パーリーターナーで国産リード生産開始	1904	日本楽器は三木楽店(大阪)で販売開始
1908	国産リードオルガン製作開始	1908	日本楽器のリードオルガン販売数は絶頂期
1916	第1回全インド音楽会議(1925年まで全5回)	1921	西川楽器は日本楽器製造に吸収
1927	マドラス会議・ハルモニウム禁止		
1930	ムンバイでハルモニウム製作開始	**電子キーボードに関連するインド国内の現象**	
1939	AIR(国営ラジオ放送)上のハルモニウム禁止	1979	カシオ社楽器事業参入
1941	デリーでハルモニウム製作開始	1990	インドにミニキーボードが大量流入
1947	関税引上げによる転換期	2005	インド市場向け電子キーボード開発開始
1955	ギャン・プロカシュ AIR に従事	2007	インド市場向け電子キーボード登場
1960	改良楽器サンヴァーディニー登場		
1971	AIR ハルモニウム討論会・規制緩和		
1980	国産リードオルガン製造中止		
1988	ビッショ・バロティ音楽委員会による規制緩和		
2006	ハルモニウム奏者に国家勲章		

【資料 5-1】ハルモニウムや電子キーボードに関するインド国内の現象等

　また受容のプロセスを見れば、ピアノの場合は、楽器やそれに付随した文化が無修正のまま全体受容され、言わば「文化移入型」の受容過程を辿ってきたのに対し、ハルモニウムの場合は、楽器だけを部分受容して調整し、インドの既存の音楽文化に組み込む「文化適応型」であり、また更に電子キーボードの場合は、採用される音楽様式も西洋音楽やインド音楽と汎用化され、付随する文化を受容する程度も様々であるため、「文化適応型」と「文化移入型」とが混在した受容過程とみなすことができるだろう。

　また「文化適応型」のように、楽器を調整して既存の音楽文化に組み込む場合は、ハルモニウムのように国産化して、受入れ側が調整する場合や、インド市場向け電子キーボードのように進出側がローカル文化に向けて調整する場合があり、後者においては、1930年代に既にドイツ製の輸入リードがそうした受容過程で浸透していたことは特筆されるべきであろう。しかし国を超えてのグローカルな受容の場合、ハルモニウムが転換期を迎え

たように、国の経済政策あるいは文化政策によって楽器や部品の供給が困難となり、楽器構造・素材・品質が大きく変わってしまうことは事例からも明らかである。各国企業が他国へ活発に市場参入する中で、特定地域向けの調節は近年では様々な分野で顕著であり、製作側と需要側とが双方向的な調整を繰り返すことは、インド国内の楽器市場に新たな局面をもたらすと言えるだろう。だが、それもまた国策である 1991 年の市場経済自由化という経済的要素があっての現象と言うことができる。

浸透速度や浸透地域からの考察

次に、「変化の時間量・空間量」という視点から両楽器の受容過程を考察すると、製作面においては、1886 年に東部コルカタで生産開始されたハルモニウムが、西部ムンバイで最初に製作されるまでには 44 年が経ち、またデリーにおいては 54 年もの歳月が経過している。また楽器の受容面においては、1927 年のマドラス会議決議でその採用が禁止されるまでには 41 年、また 1939 年に国営ラジオ放送 AIR で使用が全面禁止になるまでには 53 年の月日が過ぎている。これを同時期に黎明期を迎えた日本のリードオルガン産業と【資料 5-1】で比較してみると、国土の狭い日本国内においては、1887 年に山葉寅楠と河合喜三郎がリードオルガン製作に進出し、翌年以降は浜松周辺や日本国内の大都市に即座に製作が飛び火し、1908 年から 1911 年にはその産業は最盛期を迎えている。〔平野 2004: 38-43〕

したがって、インドのハルモニウムの場合、その製作面や需要面における浸透の速度は、当時の楽器としては異例の短い年月で広域に拡大したとは言えるが、同時期の日本のリードオルガン産業や、ましてや現在の電子キーボードの開発期間やそのインド国内での浸透速度や浸透地域と比較すると、非常に緩やかな進行であったと言える。日本のリードオルガン産業の場合は、メーカーの日本楽器が東京の共益商社や大阪の三木楽器店といった大手教科書販売業者と販売提携することで学校販売ルートを拡張し、そうした「メーカー主導型」の戦略的な事業が、短期間で大規模な産業を構築したと言えよう。一方、インドのハルモニウム産業において、その楽器を浸透させたのは、流通・販売を手掛ける楽器工房の主導によるもので

はなく、あくまでも声楽家を中心とした演奏家や学習者等からの需要が拡大したことに起因し、国土や文化の多様性の問題だけではなく、「ユーザー主導型」であったがために、日本の産業と比べれば、緩やかな浸透であったと推察される。

　そして、現在の電子キーボードの場合は、製品開発期間は極度に短縮され、部分調整であれば、1 年や 2 年の開発期間で製品が市場に出回る体制が構築されている。また受容の速度も、1990 年代のインド国内へのミニキーボードの流入から、2003 年以降は電子鍵盤楽器（ミニキーボードを除く）が常に楽器類の輸入額の中で第 1 位を保持している事実から、10 年前後の短期間に電子キーボードが急速に需要拡大したと考察される。また浸透地域においても、かつてはマドラス会議の決議によってハルモニウムの侵入が阻止された南インドにおいても、今日の南インド古典音楽を電子キーボードで演奏する奏者の出現に対し、それらの現象に歯止めを掛ける対抗的／反抗的な動向は表面化していない。

　また製作面に関しての国内の都市性に着目すれば、ハルモニウムの場合は「グローカル化を経た楽器の更なるローカル化」が進行し、各都市ではハルモニウム採用の需要が高い音楽様式にしたがって音量・音域・音質改良を目的とした調整から、低コストでの大量生産を目的とした調整まで様々な事例が見られた。インド市場向け電子キーボードにおいても、各都市での反響は異なり、南インド楽器の音色やリズムが無い等、各々の都市で新たな要望や期待は尽きない。楽器における都市性を考察した場合、ハルモニウムでは各都市が独自の発展を遂げたが、電子キーボードの場合は、各都市の要望に沿って音色やリズムを追加することによって、1 台の楽器本体がインド国内の広範囲に適応可能という潜在性を備えていることがハルモニウムとの顕著な相違点と言える。

楽器面からみたハルモニウムと電子キーボードの共通要素についての考察

　次に楽器の形状や機能の側面に着目すれば、【資料 5-2】に示すように、両楽器に共通する第一の特徴は、インドの音楽文化に適応した点として前述したように、楽器演奏の身体性として「胡座での演奏」が可能な点、ま

たそれに関係した楽器の「携帯性」が挙げられ、ピアノやリードオルガンには無い要素である。電子キーボードの場合は、採用される音楽様式や学習環境によって、椅子に腰掛けての演奏および、床面に置いての胡座演奏の両方が行われていることが事例からも明らかであった。また自身の楽器が携帯可能という点も、演奏家にとっては活動範囲を拡大させると同時に、学習者の習い事としての需要拡大においても非常に重要な要素である。

		ハルモニウム	電子キーボード	ピアノ
受容過程	受容過程の類型	**文化適応型**（インド音楽に楽器のみを組込み）	**文化移入型**（西洋音楽で使用）**文化適応型**（インド音楽で使用）	文化移入型
	伝播の経緯	仏製ハルモニウムをコルカタで改良	ミニキーボードの浸透後に需要拡大	在留欧州人向けに輸入
楽器改良	製品	国産	輸入	輸入
	楽器改良	国内改良	一部では相互改良	無
	改良者	各都市の工房	日系メーカー	
	主な改良点	外付け鞴	インド・リズム	
		鍵盤小型化	インド音色	
特徴	床置き・胡座演奏	○	○	×
	携帯性	○	○	×
	持続音	○	○	△（ペダル）
	装飾音	○（奏法改良）	○（ピッチベンド機能）	×
	移調機能	○	○	×
使用音楽様式	北インド古典音楽	○	○	×
	南インド古典音楽	×	○	×
	宗教歌謡	○	○	×
	ロビンドロ・ションギト	○	×	×
	民俗音楽	○	○	×
	インドポピュラー音楽	○	○	×
	西洋クラシック音楽	×	○	○
	西洋ポピュラー音楽	×	○	×

【資料 5-2】インド国内で受容された鍵盤楽器の主な特徴

また第二の特徴に、音高調整の機能あるいは奏法を指摘する。かつての

第 5 章　ハルモニウムと電子キーボードの受容に関する比較考察

　ハルモニウム論争では、微分音のシュルティや、ガマク、ミーンドといったポルタメントを伴う装飾法が問題視され、以後、その欠点は演奏家の奏法改良によって補われてきたが、電子キーボードの場合は「ピッチベンド機能」の搭載によって、微細な音高を持続的に操作することが可能となった。言わばハルモニウムの弱点が、既に楽器の機能によって克服されているとも言え、古典音楽に対するかつての不採用の理由はもう該当しないという訳である。ただし逆を言えば、今度はピッチベンドの操作能力が、楽器演奏能力として演奏側に問われてくると言っても過言ではないだろう。

　そして第三の特徴には、「持続音」が挙げられる。弦楽器のシタールのように音が減衰する既存楽器に比べ、ハルモニウムの場合は、鞴の操作を続ける限り、一音は限りなく持続する。既存のインド楽器は、共鳴音という違う角度から音の響きを追求してきたが、声楽の伴奏楽器においては、こうした持続音が求められ、持続音が可能な擦弦楽器のサーランギーに変わって、伴奏楽器としてのハルモニウムの需要が拡大したのも、これが一つの要因として考えられる。また、電子キーボードにおいても、鍵盤を強く抑えていれば、同様に持続音は得られ、更には、サステイン効果も追加することが可能である。同じ鍵盤楽器において、ピアノにはサステイン・ペダル、またリードオルガンには足ペダルがあり、持続音という観点においてはそれらも類似の特徴を備えているが、やはりそこには前述した胡座での演奏という要素が、高い壁として存在していることが考察される。

　また鍵盤楽器の視覚性については何度も取り上げてきたが、ここでは第四として、「移調機能」を指摘する。古典音楽の教授においてバートカンデー記譜法とハルモニウムは、教師にとっての救いであるとハルモニウム討論会では言及されていた。それら両者は視覚依存という共通性を合わせ持つが、ハルモニウムの移調鍵盤機能の場合は、伴奏楽器として歌唱者の声域に合わせて、一瞬で移調が可能なことがその利点であった。こうした移調機能は電子キーボードでも多用され、かつての仏製ハルモニウムにも初心者用の移調鍵盤機能をもつものが存在したように、トランスポーズと呼ばれる電子キーボードのその機能も、若年者の利用増加に合わせて、その学習環境では不可欠な機能となっている。

そして、何より「鍵盤」という要素が、両楽器の構造における明確な共通項であり、第五の特徴として挙げられる。鍵盤という視覚に依存できる属性であるが故に、初心者にもその導入が容易であり、それはかつてカシオ社が 1980 年 1 月に同社最初の楽器製品「カシオトーン」の発表を行った時、「特殊な訓練や労苦を要さずに、誰もが音楽と親しめ、簡単に演奏が楽しめる楽器作り[1]」と理念表明した言葉にも集約されているだろう。

楽器の受容によるローカル文化の再編

楽器やそれに付随した文化の受容に際し、インド国内の楽器販売・流通面や、楽器演奏面、楽器学習面におこった変容について、ここではハルモニウムと電子キーボードの両楽器のコンテクストから検証する。

販売・流通面からの考察

最初に、販売・流通面に注目すれば、第一に国内外の流通経路は、経済自由化政策による市場開放以降は大きく変容している。ハルモニウムの場合は、楽器工房が楽器店を併設し、主に直接販売を行う体制が続いてきたが、近年のコルカタでは、老舗シタール工房が何軒も続けて工房を閉鎖する中で、ハルモニウム産業も停滞気味である。しかしながら、国内全体で見ると決して斜陽産業ではなく、20 世紀に入ってからは、国外輸出高の上昇率も顕著な成長産業と言え、各都市の工房自体の経営力や特に国外への販路拡大の規模によって、大きな格差が生じていることが言及される。また電子キーボードの場合は、日本メーカーの進出によって、その流通や販路も、大手楽器商、中小の楽器店、また電器店や量販店へと多層化している特徴については前章で述べた通りである。

そして両楽器ともに、製作側が販売力向上を目指すためには、良質な製品を作る以外にも、製品宣伝や広報戦略が重要な位置を占めるように変化してきている。メディアの活用や、顧客層を捉えるための販売戦略が、電子キーボードのメーカーは勿論、ハルモニウム工房にとっても必要な、厳

---

[1] カシオ社 HP 社史（1980～1989）
http://www.casio.co.jp/company/history/chapter02/（2014 年 9 月 23 日閲覧）

第 5 章　ハルモニウムと電子キーボードの受容に関する比較考察

しい時代に突入している。しかしながら、インドの楽器製作の歴史を辿れば、製品認知を目的とした戦略は今に始まったものではなく、いつの時代も「変革者」である楽器開発者には付随していた。例えば、ドゥワルカナトが多数の文化人や音楽家に自身が製作したハルモニウムを贈ったように、インドでは製作側がそうした行為を行うことは少なくなく、電子機器・楽器のラデル社においても、様々な製品に対する著名な南北の古典音楽家からの返信が、同社には多数存在した。

楽器演奏面からの考察

　次に楽器演奏の側面の中でも、両楽器に採用される音楽様式について考察すれば、ハルモニウムの場合は、北インド古典音楽・軽古典音楽、バジャンやキールタン、カッワーリーといった宗教歌謡、ロビンドロ・ションギト、各地の民俗音楽等で使用され、また電子キーボードにおいては、西洋クラシック音楽、ヒンディー映画音楽等のポピュラー音楽、そして南北の古典音楽と、更に多様である。こうした複数の音楽様式への採用が可能という、楽器に備わった「汎用性」が、前述した胡座演奏、携帯性、移調機能等の共通要素と並んで、両者の大きな共通項として指摘されると同時に、インド国内では「汎用性の高い楽器＝需要増加が著しい楽器」、ひいては「インド音楽にも組み込み可能な楽器＝需要拡大する楽器」という構図が、楽器が浸透する際の最大の条件であることが指摘される。それは、同じ鍵盤楽器であるピアノが、ハルモニウムや電子キーボードに比べると、その需要規模が明らかに小さいことからもわかる。その要因はこうした楽器の汎用性が関与し、すなわちインド音楽に組み込むことが困難な楽器、具体的に言えば、ハルモニウムや電子キーボードに共通する、胡座での演奏や携帯性、また移調機能等が不可能な楽器ということに起因するのではないだろうか。

　次に、両楽器の奏者において、「変革者」としての演奏家の出現が、その楽器文化の興隆に深く関係することを指摘する。例えば、ハルモニウムのギャン・プロカシュやドゥルプリーのような奏者が、奏法の改良や楽器や奏者の地位向上に尽力したこと、また近年現れる古典音楽家系出身の電子

キーボード奏者等は、その楽器だけではなく採用される音楽様式の世界でも、新たな変革者として文化変容の鍵を握る可能性は十分にあると言える。

楽器学習面からの考察

　最後に、楽器学習面に注目すれば、ハルモニウムと電子キーボードの両楽器の需要拡大は、音楽学習環境と切り離すことはできない。20世紀初頭以降、パルスカルやバートカンデーの活動によって音楽学校の設立が続き、ハルモニウムは音楽の教授の「教具」としても活躍してきた歴史がある。また、電子キーボードは若年層を中心に、教養や趣味といった習い事としての需要と、音楽試験資格を目的とした需要とが増加を続けているのは、これまでに何度も指摘してきた通りである。そして国内外の音楽資格検定試験が多様化し、それが中等教育の試験制度にまで関与することによって、更にその学習環境の多様化をもたらしているのは事例からも明らかであった。

　本項では、伝播時期も発音体も全く異なる両楽器の、インドにおける受容という観点から比較考察を試み、インド国内で広く受容されるための共通要素や、受容プロセスにおいての類似点について、楽器製作面や楽器販売・流通面、楽器演奏面、楽器学習面から考察してきた。両楽器の需要拡大の要因としては、それらの楽器面からみた共通要素として、第一に身体性として胡座での演奏が可能なこと、かつ演奏活動を拡張させる楽器の携帯性、第二にはピッチベンド機能にみられるような音高調整機能あるいはそれを克服するための奏法があるということ、また第三に持続音が可能であること、第四に移調機能を備えていること、そして第五に鍵盤という要素を列挙してきた。また、こうした「身体性」「携帯性」「利便性」「視覚性」等と並んで、楽器を取り巻く受容のコンテクストにおいては、複数の音楽様式に採用できる「汎用性」を特に強調したように、様々な側面においての多様化・多層化の根底には、両楽器に共通するその汎用性が大きく作用していると言っても過言ではない。そこで次節では、楽器が汎用化するということを更に深めて、文化的な寛容性やそれを引き出す人間の多面的思考がそこにどのように関与するか、という問題を論究する。

2．インド音楽文化がもつ楽器に対する寛容性

楽器の汎用化にみる寛容性と多面的思考の関与

　ハルモニウムや電子キーボードの事例からは、幾つかの「寛容性」が指摘された。それはテクノロジーに対する寛容性であり、また外来楽器に対する寛容性であった。こうした寛容性がインドの音楽文化、殊に楽器に対して見られるのはなぜだろうか。本項では最初に楽器を分類するという行為に注目しながら、「多面的思考」について考えてみたい。

　序論でも述べたように、楽器分類法には、1世紀近くも前に作られたザックス-ホルンボステル分類法（以下、HS分類法）があるが、発音体による分類は、現実世界で我々が咄嗟に行ってしまう分類とはかけ離れている場合が多く、進化を続け、ハイブリッド化する楽器群を前に、果たして今後はその楽器分類法がどこまで有効かは疑問である。

　しかしながら、いかなる分野においても多様を統一する術は必要であり、本研究の場合であれば、貿易品目分類のHSコードがその顕著な例であった。その6桁までは加盟国共通、7桁以降は各国独自の細分類が認められるが、電子鍵盤楽器の項目では、個々の細分化がされていないため品目個別のデータを取る難しさもあった。現代社会には、これまでこうしたHSコードやHS分類法といったツリー型の階層的な分類が溢れてきた。図書館に行けば日本十進分類法（NDC）が、会社に行けば組織化されたタテ分類の社会が、またコンピュータを開けば、そこには階層構造のフォルダの世界が広がっている。

　ここでは、そうしたツリー型の階層構造とは一線を画し、「リゾーム型」とも言える多次元構造について考えてみたい。その一例として、S.R.ランガナータン（S.R.Ranganathan, 1892-1972）の「コロン分類法」（Colon Classification）について取り上げる。ランガナータンは、インド図書館学の父と称され、図書館学の世界では「図書館学の五法則」の発案者として

知られる人物である。彼が 1933 年に発表した図書分類法であるコロン分類法は、非常に斬新な発想ではあったが、欧米各国ではデューイ十進法を基盤とした階層構造の分類法が主流であり、インドの一部の図書館以外では受け入れられることはなかった。その分類法の最大の特徴は、その基本構造が階層構造ではなく、「多次元構造」であった点である。すなわち、一つの主題が、複数の属性から区分される多面的な構造であり、「基本主題」（Basic Subjects）、「主体」（Personality Isolates）、「物質」（Matter Isolates）、「エネルギー」（Energy Isolates）、「空間」（Space Isolates）、「時間」（Time Isolates）に区分され、各属性がコロンやコンマで連結されることからコロン分類法と呼ばれた。インドの歴史を見ると、古代からの四綱楽器分類法に代表されるように、楽器学や図書館学に限らず、様々な分野で分類法が考案され、ある意味、インドは分類大国とも言えるだろう。コロン分類法のような多次元分類法は、インド六派哲学の一つ「ヴァイシェーシカ」（वैशेषिक [vaiśeṣika] vaishesika）学派の教典にも見られ、そこでは全存在が 6 つの側面から説かれている。

　ここで再度、楽器分類法に立ち返って、階層構造と多次元構造について考究すれば、HS 分類法は、最優先条件である「発音体」が根幹となり、楽器の形状や奏法等が段階的に枝分かれして細分化されたものである。したがって、自由簧に属するハルモニウムを例にすれば、【資料 5-3】のように、第一レベルの発音体から分類が始まり、第二レベルの「形状」、第三レ

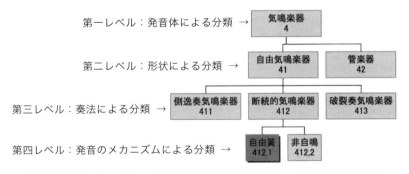

【資料 5-3】ザックス-ホルンボステル分類法によるハルモニウムが該当する位置

ベルの「奏法」、第四レベルの「発音のメカニズム」を経て、ようやく目的のハルモニウムに到達するのである。すなわち、HS 分類法の特徴は、第一に発音体が最優先され、分類の絶対条件であり、第二に、奏法や形状によっても段階的に細分化され、そして第三に、俯瞰的な分類体系であるが故に、一つの楽器はこの階層構造のある限定的な一つの位置だけに属するということである。そしてそれが HS 分類法のみならず、階層分類法の最大の利点と考えられてきたと言えよう。

　しかしながら、先述のように、我々が複数の楽器を目にした際、咄嗟に発音体による分類を行うのは稀であり、人によって「形状」が最優先条件であったり、「使用される地域」、「素材」、「製作された時代」、「使用される音楽様式」であったりと、分類における優先条件やそのレベル構成は個人によって様々である。こうした人間の多様で多層的な思考が反映されたものが多次元構造であり、コロン分類法のような多次元分類法であると筆者は考える。すなわち、第一に最優先の絶対条件を設けず、「発音体」「奏法」「形状」といった楽器に付随する属性は各々が独立し、それらの上位下位関係は個人によって異なり、そして第三に、各々の属性が中心となってその多次元構造を形成しているため、階層構造の HS 分類法のように属性が段階化して一方向的に繋がるのではなく、一つの楽器は、複数の属性と多方向に繋がっていることが特徴として挙げられる。我々が楽器を分類する思考も、実際はそうした構造によるのではないだろうか。それを二次元で図表化するのは困難と認識はしながらも、敢えて図表化を試みたのが【資料 5-4】である。

　「鍵盤」という属性を通じて多面体のピアノやハルモニウム、電子キーボードが繋がり、また楽器が採用される「音楽様式」という属性によっても、同様に複数の楽器が繋がり、ドゥルーズのいう「n 次元の多様体」のように、縦横無尽にリゾームな世界が伸びていくのである。すなわち、人は属性を中心として思考し、その属性は個人よって多様かつ多層化している。更に、各楽器の属性が多くなれば、それだけ汎用化の道も拡大し、共通の属性を持つ楽器では相互間の関係から代替楽器として使用される可能性も生まれてくる。また、ここでは楽器に焦点化したが、楽器に付随する

コンテクスト、例えば、楽器の学習環境や試験制度といったコンテクストの属性に至るまで、現実には四方八方に拡大しているのである。

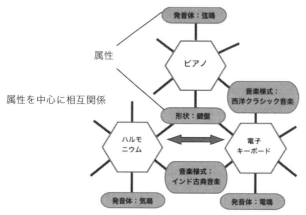

【資料5-4】本研究対象の楽器を多次元構造（ここでは二次元）で示した一例

　ここから、冒頭で述べた、楽器に対しての「寛容性」という問題に戻れば、テクノロジーに対する寛容性については、どのように考えられるだろうか。実際の思考の中では、各属性の上位下位関係が個人によって異なるように、「アコースティック楽器」という属性を最優先条件と考える人にとっては、テクノロジーを導入した「電鳴楽器」は悪の対象にもなり得る。善悪の基準は、職業音楽家の死活問題として新旧楽器のコンテクストにも見られたが、同様に、個人が楽器に対して優先する属性によって「善い楽器」「悪い楽器」という構図も形成されていくのである。逆に、電鳴楽器という属性よりも、個人の中でより優先される属性があれば、時にはそこに妥協であり、寛容性が生まれる。そして、社会変化と共に、楽器が受容される範囲が拡大するにつれて、個人が考える属性やその上位下位関係も変化することは言うまでもない。

寛容性から再帰するローカル規範

　楽器のみならず、音楽文化における文化的な寛容性を生み出す要因は、

様々な角度から考えられる。近年の急激な国内外のヒトの移動や情報革新といった社会変化によって、グローバルで俯瞰的な思考力とローカルで地平的な思考力とが個人の中に混在し、多層的で柔軟な思考をもって行動することが、インド社会の中でも求められ、形成されつつある。現実に目を向ければ、ネットワーク型情報化社会の中で、多次元構造の顕著な例と言える、SNS（ソーシャル・ネットワーキング・サービス）ではコミュニティという属性から、人から人への国を超えてのネットワークがシームレスに広がり、それは更には現実世界を超えて、仮想世界にまで及んでいる。文化における境界性が薄まり、文化やその担い手の多層化が進行するにつれ、複数の音楽様式を横断して活躍するハイブリッドな音楽家は増え、汎用性を備えた楽器の需要は高まる。また、音楽文化の様々な局面においての個人の選択性が拡張し、それによって国からコミュニティへ、コミュニティから個人へとミクロ化し、個人における選択肢および取捨選択するための多面的思考も更に複雑化している。したがって、90年代以降の急激なネットワーク型社会への変化は、広い意味で音楽文化において、文化的寛容性を進行させる大きな要因でもあったと言えよう。

　文化的寛容性は、楽器の考察からも抽出されることは前述してきたが、外来楽器や電子機器、電子楽器の浸透が、インド国内の既存文化を喪失の方向に向かわせたわけではなかった。ハルモニウムや電子キーボードでは、特に「文化適応」の受容過程のように、既存のインド音楽文化に楽器を組み込む形での浸透が顕著である。そこで、インド音楽文化の基盤となる古典音楽における文化的寛容性とローカルな規範との関係をここでは考える。

　ローカルな規範と一概にいっても、そこにも多方向に繋がる様々な属性があり、例えば、インドの楽器はこうあるべき、という楽器面に関しての規範から、何々のラーグの演奏はこうでなければならない、といった音楽理論の側面の規範にまで、多層的に広がっている。その中でも、インド古典音楽の根幹となる、言わば過去から続く普遍的な部分は何によって形成されるのかと問えば、それは声楽から発展した古典音楽に特有の緻密な音楽理論と表現技術と言えるのではないだろうか。それ故に過去のハルモニウム論争では、微分音や装飾音をめぐって、声楽の具現が不可能なハルモ

ニウムは、30年以上も冬の時代が強いられ、迫害を受けたのである。そこには寛容な姿勢などは存在しなかった。

　したがって、インド古典音楽を規定するローカルな規範の根幹には、いかに声楽から発展した「音」に重点を置く思考が根付いているのかがわかる。そこで、改めて楽器面に関してのローカルな規範について考えれば、そこにはハルモニウムと電子キーボードの共通要素として抽出した、「身体性」「携帯性」「利便性」「視覚性」と同時に、何よりも装飾技法に代表される声楽を具現化した「音」の存在が考えられるだろう。だからこそ、事例からも明らかなように、奏法の改良によってそれを克服すれば、ローカルな規範を準拠した「インド音楽を演奏してもよい楽器」と見なされるのである。すなわち、古典音楽の電子キーボード奏者の出現からも明らかなように、古典音楽の楽器に対するローカルな規範は、楽器という「モノ」に依存するのではなく、声楽から派生した理論や表現方法をいかに忠実に表出するかといった「音」に重点を置く思考であり、それが最優先の属性として求められるのである。これは、古代から東西の楽器が行き交った、大陸ならではの知恵とも言えよう。したがって視点を変えれば、古典音楽で求められる「音」を具現化できれば、外来楽器でも電子楽器でも許容されるのである。よって、本論文の契機となった、電子キーボードでの古典音楽演奏は、楽器採用に対してのローカルな規範がまさに表面化した事象なのである。

　そしてそこから進展して、音の具現化さえ可能であれば、楽器の多様性を容認するというそうした文化的寛容性こそが、長い目で見れば時代を超えて、インドの音楽文化の根幹となるローカルな規範、すなわち、声楽から発展した緻密な音楽理論と表現技術を保護し、伝承し、保存することに繋がっていると筆者は考えるのである。

おわりに

　長い歴史と複雑な理論をもつインド古典音楽を、電子キーボードで演奏する古典音楽奏者が、近年出現している。本研究はこの事実が出発点となり、インドにおける鍵盤楽器の受容を、「楽器のグローカル化」と「楽器の受容による文化の再編」という角度から論及してきた。

　第1部の第1章「ハルモニウムの受容と変遷」では、19世紀後半にインドに伝播した仏製ハルモニウムが国内改良され、北インドで受容される過程を考察した。インドに伝播した仏製ハルモニウムの様相については、1874年出版の『ハルモニウム・スートラ』の記述から、61鍵の標準型ハルモニウムが当時流通していたことを発見した。また、1886年には外付の鞴や鍵盤の小型化等の調整を経て、国産製作が開始され、国内広域に波及して古典声楽や宗教歌謡の伴奏楽器として広く採用された。一方では、採用に反対するハルモニウム論争も起こり、1939年国営ラジオ放送 AIR では使用が禁止され、以後30年以上、1971年にハルモニウム討論会が開催されて規制緩和が行われるまで続いた。これらの事実から表面化したことは、反対の論点が、「外来楽器」という点ではなく、「鍵盤楽器」ゆえに微分音やポルタメントの装飾音が表現できないという点に置かれていることであり、それが古典音楽の固有価値、すなわち古典音楽はこうあるべきという「ローカルな規範」として機能していることを指摘した。また同時に、伴奏楽器としての地位が脅かされたサーランギーやエスラジ奏者の対抗的な姿勢も、新旧楽器の変化に伴う反発の事象として言及した。そうした不遇時代を経て、2006年に国家勲章が授与されたハルモニウム奏者メヘムード・ドゥルプリーの事例や、改良楽器サンヴァーディニーの考案者かつ演奏家であるマノーハル・チモテの事例から、奏法や楽器の改良に尽力した、文化変容における「変革者」の存在を示した。

　第2章「国産ハルモニウム製作にみる都市単位でのローカル化」では、

ハルモニウム産業の主要3都市コルカタ、ムンバイ、デリーの工房を事例として、各都市で進行するローカル化を検証した。各製品の改良は鍵盤やリード盤に顕著に見られ、音量・音域・音質の改良や、部品の規格化や分業化という生産性での改良、安価な資材によるコスト面の改良等と、その目的も多様化していることが判明した。また生産体制も、コルカタの工房のように職人気質が貫かれ、専門の部品工房を含む分業体制と、デリーの工房のように全作業工程を同一工房で行う量産体制とでは、産業規模に著しく格差が生じていることがわかった。流通・販売を直接手掛ける楽器工房にも経営能力が要求され、近年のメディア戦略による販路拡張や国外輸出の増加といった流通・販売面での変化が、一部の楽器工房の存在を揺がしている事実を指摘した。

第2部の第3章「インド国内における電子キーボードの需要拡大」では、1991年の経済自由化政策以降、経済成長に伴う新興富裕層や中間層の増加、また消費活動の拡大が、若年層の習い事として電子キーボードの利用を拡大させ、それに伴って学習環境が多様化していることを、音楽学校や音楽教室等の多数の事例から示した。

次に電子キーボードの「鍵盤楽器」「電子楽器」という属性から、その受容以前のインドの音楽文化に着眼し、最初にピアノの浸透と電子キーボードの受容との影響関係について考察すると、ピアノ輸入業で事業拡大してきた各都市の老舗楽器商が、近年電子キーボード販売の中核として機能し、トリニティ試験やABRSM試験といったイギリスの音楽資格試験の国内窓口となって西洋音楽の浸透や鍵盤楽器の需要拡大に直接関与していることが明らかとなった。次に、1990年代から定着するインド人開発の音楽用電子機器(ドローンやリズムの自動演奏機器)にも注目し、デジタル・テクノロジーの採用に対する寛容性についても論じた。

第4章の「インド市場における電子キーボードのグローカル化のプロセス」では、インドの鍵盤楽器市場が現在、カシオ製品とヤマハ製品の二大競合時代に突入し、両社の本格的な市場参入が、インド国内の老舗楽器商との関係強化や家電量販店での販売戦略といった、楽器の流通や販売方法の多層化を引き起こしていることに着目した。また2007年に両社が同時

期に発売した、インド市場向け電子キーボードは、インド・リズムやインド音色が標準装備され、「インド仕様」「日本メーカー製」を前面にしたイメージ戦略が功を奏し、インド国内メディアの反響は大きかった。それらの考察から、ローカル側とメーカー側の双方向的な製品開発プロセスが、インドに楽器開発の新時代を齎したと言及した。

第5章「ハルモニウムと電子キーボードの受容に関する比較考察」では、楽器のグローカル化という角度から、ハルモニウムと電子キーボードの楽器調整や製作の浸透速度・浸透地域を中心に比較考察した後、楽器本体の側面からみた両楽器の共通要素を抽出した。その結果、共通要素としては、第一に胡座演奏を可能にし、かつ演奏活動の場を拡大させる携帯性、第二にはピッチベンド機能にみられるような音高調整機能あるいはそれを克服するための奏法があるということ、また第三に伴奏楽器に必要とされる持続音が可能であること、第四に移調機能を備えていること、そして第五に鍵盤という要素を指摘し、これらが、両楽器がインドで広く受容される要因と考えた。

また、こうした「身体性」「携帯性」「利便性」「視覚性」等と並んで、両楽器の様々な側面における、多様化・多層化の根底には、両楽器に共通する「汎用性」という要素が大きく作用していることに言及し、楽器が様々な音楽様式に汎用化されることにみる、「文化的寛容性」とその根底にある「多面的思考」の関与について論及した。

文化的な寛容性については、楽器の考察からも抽出されるように、外来楽器や電子機器、電子楽器の浸透が、インドの既存文化を喪失の方向に向かわせたわけではなく、特にハルモニウムや電子キーボードに見られる「文化適応型」の受容のように、既存文化に楽器を組み込む形での浸透が顕著であった。その事実から、人は楽器を属性中心に多次元的な視点で捉え、個人の属性の優先順位によって、楽器を許容する文化的な寛容性が生じていることを明らかにした。

以上を総括すれば、インドの音楽文化における楽器に対するローカルな規範とは、楽器という「モノ」に依存するのではなく、古典声楽から派生した理論や表現方法を忠実に表出するという、「音」に重点を置く思考であ

り、それが最優先の属性として求められている。それ故に、そうした「音」の具現化が可能であれば、鍵盤楽器でも電子楽器でも許容され、古典音楽における電子キーボード奏者の出現も、まさにそれが表面化した現象と言える。ハルモニウム奏者は過去の論点であった装飾技法を奏法改良によって克服したが、一方の電子キーボードにはピッチベンド機能が備わり、演奏にはそれが利用されるのである。

　こうした楽器に対するローカルな規範と、ハルモニウムと電子キーボードに備わる「身体性」「携帯性」「利便性」「視覚性」「汎用性」という要素が合致したことが、インドに伝播した複数の鍵盤楽器の中でも、両楽器がインド古典音楽にまで採用され、現在も需要拡大する要因であると、本書では結論づける。そして更には、「音」の具現化という一定条件を満たせば、楽器の多様性を容認するという文化的寛容性こそが、時代を超えてインド固有のローカルな規範を保護し、伝承し、保存することに繋がっていると指摘して、最後の結びとする。

　本書は、日本学術振興会の科研費 研究公開促進費（学術図書）を受けて、2009 年 10 月に東京藝術大学大学院音楽研究科に提出した博士論文に加筆したものである。インドにおける鍵盤楽器の受容という本書の研究テーマは、博士課程在籍 2 年目に着想を得て、2007 年から 2008 年の 2 年間に集中的にフィールドワークを実施した。博士課程の入学時の研究テーマから全く違うテーマへの変更に対し、指導教員の植村幸生先生にはご迷惑をお掛けしてしまった。テーマの変更について北インド音楽の研究者で副査でもあった田中多佳子先生に一度ご相談したところ、背中を押して励まして下さり、その後は研究に邁進することができた。両先生ならびに副査の塚原康子先生、片山千佳子先生にこの場で感謝申し上げたい。
　博士在籍時のゼミには、南アジアを研究フィールドとする仲間が 3 人もおり、アブドゥル・ラーマン、サワン・ジョシ、丸山洋司の各氏には研究や演奏活動においても多くの刺激をいただいた。同じくゼミ仲間の宮内基弥氏には博士論文の通読から忌憚のない意見をいただくことができた。また学外では、ベンガリー語とヒンディー語の表記を詳細に確認して下さっ

た大阪大学の北田信氏、明治期以降の日本のリードオルガン産業に関する貴重な資料を提供していただいた横浜開港資料館員の平野正裕氏に感謝の意を述べたい。

　フィールドワークにおいては、ヤマハ・ミュージック・インディアの松下正人氏、松井久芳氏、楽器工房のプロタプ・ゴシュ、ウダイ・ディワーン、J.P.スィン、H.ポール、トーマス・ブラガンツァ、キショール・G・ダース、演奏家のマフムッド・ドゥルプリー、マノーハル・チモテ、ジテーンドラ・ゴレ、ブライアン・シラス、K.サティヤナーラーヤン、ハリクリシュナー・ラーマーヤナン、音楽教師のドミニク・ポール、発明家のG・R・ナーラーヤンの各氏をはじめ、沢山の演奏家や楽器職人の方々がインタヴュー調査や撮影に快く協力してくださり、調査先では歓迎の食事までご馳走になることも多かった。プロタプ・ゴシュ一家は現在でもコルカタ訪問時には必ず立ち寄る家族のような存在になった。本研究の調査に関わった全ての協力者の方々に心より御礼申し上げたい。またインフォーマントの中でも、友人でありカシオ・インディア・カンパニー社長の中正男氏の協力なくしては、この研究は成立しなかったといっても過言ではない。中さん、ありがとうございます。

　最後に、渓水社の木村斉子氏、本書の装丁を快諾してくれた友人の山本英里氏、そしていつも遠くから見守ってくれた両親に改めて御礼を述べたい。今は刷り終わった本を携えて、これまでに研究を支えて下さった方々の元を再訪することが楽しみである。

2015 年 11 月
沖縄にて

参考文献

和書

愛知県商品陳列館編
 1913 『対印貿易参考品目録』愛知：愛知県商品陳列館。
赤井励
 1995 『オルガンの文化史』東京：青弓社。
井上貴子
 2006 『近代インドにおける音楽学と芸能の変容』東京：青弓社。
ウヴェ・フリック
 2004 『質的研究入門―＜人間の科学＞のための方法論』小田博志・山本則子他訳、東京：春秋社。
内山節
 2005 『「里」という思想』東京：新潮社。
 2009 『怯えの時代』東京：新潮社。
エッゲブレヒト、H. 他
 1987 『音楽美学：新しいモデルを求めて』戸澤義夫、庄野進訳、東京：勁草書房。
大蔵康義
 1999 『音と音楽の基礎知識』東京：国書刊行会。
大阪商品陳列所
 1896 『印度地方商工業視察報告書』大阪：大阪商品陳列所。
大谷裕文
 2008 『文化のグローカリゼーションを読み解く』東京：弦書房。
太田好信
 1998 『トランスポジションの思想―文化人類学の再想像』東京：世界思想社。
岡田恵美
 2005 「ヒンドゥスターニー古典音楽におけるラサのメカニズム」修士論文、東京藝術大学大学院音楽研究科提出。
 2007 「シタールにおける流派の機能」『2006年度 東京藝術大学大学院音楽研究科 音楽学論文集』、東京藝術大学大学院音楽研究科、1-22頁。
岡本裕一朗
 2006 『モノ・サピエンス 物質化・単一化していく人類』東京：光文社新書。
梯郁太郎
 2001 『ライフワークは音楽―電子楽器の開発にかけた夢』東京：音楽之友社。
刈田均
 2004 「4.西川虎吉・安蔵と西洋楽器の製造」『製造元祖　横浜 風琴 洋琴ものがたり』横浜：横浜市歴史博物館、16頁。
郡司すみ
 1989 『世界楽器入門：好きな音 嫌いな音』朝日選書、東京：朝日新聞社。
神戸税関
 1925 『神戸港外国貿易概況』第14冊、神戸：神戸税関。
合資会社共益商社楽器店
 1908 『合資会社共益商社楽器店　西洋楽器目録』東京：共益商社。

サイード、E.W.
   1993 『オリエンタリズム　上・下』（Said, *Orientalism*. 1978）今沢紀子訳、東京：平凡社。
在ボンベイ日本領事館編
   1908 『最新印度事情』東京：外務商通商局。
櫻井哲男、水野信男
   2005 『諸民族の音楽を学ぶ人のために』京都：世界思想社。
佐藤泰平
   1994 「日本の古いリードオルガン（2）」『立教女学院短期大学紀要』第26号、東京：立教女学院短期大学、328頁。
椎野幸平
   2006 『インド経済の基礎知識』東京：ジェトロ（日本貿易振興機構）。
関根康正
   2006 『宗教紛争と差別の人類学―現代インドで「周辺」を「境界」に読み替える』京都：世界思想社。
   2004 『「都市的なるもの」の現在―文化人類学的考察』東京：東京大学出版会。
竹沢尚一郎
   2007 『人類学的思考の歴史』京都：世界思想社。
田中健次
   1998 『電子楽器産業論』東京：弘文堂。
田中多佳子
   2004 「3-3 南アジアの楽器産業にみる伝統と近代化および西洋化の相克」『近現代アジア・オリエント文化圏における音楽伝統の継承と変容』平成15年度〜16年度科学研究費補助金　基盤研究(B)(2) 研究成果報告書、45-54頁。
田中敏雄、町田和彦
   1986 『エクスプレス　ヒンディー語』東京：白水社。
田中雅一、松田素二編
   2006 『ミクロ人類学の実践：エイジェンシー/ネットワーク/身体』京都：世界思想社。
塚原康子
   2009 「19世紀インドからの贈り物」『図書館だより』第20号、東京：東京芸術大学附属図書館、3頁。
柘植元一、塚田健一他編
   1999 『はじめての世界音楽：諸民族の伝統音楽からポップスまで』東京：音楽之友社。
柘植元一、植村幸生編
   1996 『アジア音楽史』東京：音楽之友社。
デーヴァ、B.C.
   1994 『インド音楽序説』中川博志訳、東京：東方出版。
ドゥルーズ、G. & F. ガタリ
   1994 『千のプラトー：資本主義と分裂症』（Deleuze & Guattari, *Mille Plateaux*. 1980）宇野邦一訳他、東京：河手書房新社。
徳丸吉彦
   1991 『民族音楽学』放送大学教材、東京：放送大学教育振興会。
   1996 『民族音楽学理論』放送大学教材、東京：放送大学教育振興会。
長崎暢子
   2002 「南アジアのナショナリズムの再評価をめぐって：ガンディーのスワラージ」『アジア研究』第48巻1号、3-24頁。
ナティエ、ジャン＝ジャック

  1996 『音楽記号学』(Nattiez, *Musicologie Générale et Sémiologie*. 1993) 足立美比古訳、東京：春秋社。
新津晃一編
  2006 『グローバル化とアジア社会―ポストコロニアルの地平』東京：東信堂。
農商務省商務局
  1909 『重要輸入品要覧』第3冊・下編、東京：農商務省商務局。
  1911 『英領印度貿易指針』東京：農商務省商務局。
  1912 『重要輸出品金融及運賃ニ関スル調査』東京：農商務省商務局。
  1928 『英領印度貿易指針』東京：農商務省商務局。
平野正裕
  2004 「7.日本の洋楽器製造と横浜：とくに西川と山葉との比較において」『製造元祖横浜 風琴 洋琴ものがたり』横浜：横浜市歴史博物館、38-43頁。
  2005 「横浜洋楽器製造史資料 I」『横浜開港資料館紀要』第23号、横浜：横浜開港資料館、107-141頁。
  2006 「横浜洋楽器製造史資料 II」『横浜開港資料館紀要』第24号、横浜：横浜開港資料館、45-72頁。
檜垣立哉
  2002 『ドゥルーズ 解けない問いを生きる』東京：日本放送出版協会。
藤井知昭、水野信男他編
  1998 『民族音楽概論』東京：東京書籍。
フェルダン、ヨリス
  2005 「19世紀西欧社会とハーモニウム（ヨリス・フェルダン講演・2005年7月9-10日より）」『日本リードオルガン協会設立10周年記念 ハーモニウム・コンサート』遠山祥一郎訳、東京：日本リードオルガン協会。
ブルッカー、P.
  2003 『文化理論用語集―カルチュラル・スタディーズ＋』有元健・本橋哲也訳、東京：新曜社。
ブルデュー、ピエール
  1988 『実践感覚』(*Le sens pratique*, 1980) 1&2、今村仁司、港道隆訳、東京：みすず書房。
  1990 『ディスタンクション―社会的判断力批判』(*La distinction: Critique sociale de Judgement*. 1979) I & II、石井洋二郎訳、東京：藤原書店。
本多俊和
  2006 『文化人類学研究―先住民の世界』東京：放送大学教育振興会。
前川啓治
  2004 『グローカリゼーションの人類学―国際文化・開発・移民』東京：新曜社。
町田和彦、丹羽京子
  2004 『CDエクスプレス ベンガル語』東京：白水社。
緑川信之
  1996 『本を分類する』東京：勁草書房。
八木子厚
  1911 『オルガン使用解剖構造撮要』大阪：前川書店。
山岡次郎
  1905 『印度貿易論』横浜：横浜税関。
山口修
  2000 『応用音楽学』放送大学教材、東京：放送大学教育振興会。
レヴィ＝ストロース、C.
  1976 『野性の思考』大橋保夫訳、東京：みすず書房。

ロバートソン、R.
　1977　『グローバリゼーション―地球文化の社会理論』(*Globalization: Social theory and Global culture*. 1992) 阿部美哉訳、東京：東京大学出版会。

和書以外
Aggarwal, Vikas.
　2006　*How to play Casio*. Delhi: Creative Publication.
Aslesha, Ram & K.R.Rajagopalan.
　1991　"The Harmonium in Indian Music." *Sruti*. No.81/82, The Sruti Foundation: 37-39.
Atre, Prabha.
　2000　*Enlightening the Listener: Contemporary North Indian Classical vocal music Performance*. New Delhi: Munshiram Manoharlal.
Bagchee, Sandeep.
　1998　*Nad: Undestanding Raga music*. Mumbai: Eeshwar.
Bakhle, Janaki.
　2005　*Two men and music: Nationalism in the making of an Indian Classical Traditon*. Oxford: Oxford University Press.
Bandyopadhyaya, S.
　1980　*Musical instruments of india*. Bombay: Chankhambha Orientalia.
Baruah, U.L.
　1983　*This is All India Radio: a handbook of radio broadcasting in India*. New Delhi: All India Radio.
Bhalodkar, Jayant.
　2006　*Samvadini (Harmonium)*. Delhi: Kanishk Publish Distributor.
Bhardwaj, S. P.
　2003　*Sanskrit Hindi English Dictionary*. Delhi: Ashok Prakashan.
Bashford, Christina.
　2000　*Music and British culture, 1785-1914 : essays in honour of Cyril Ehrlich*. Oxford: Oxford University Press.
Biswas, Sailendra.
　2000　Samsad Bengali-English Dictionary. 3rd ed. Calcutta: Sahitya Samsad.
Bosanquet, R.H.M.
　1876　*An elementary treatise on musical intervals and temperment : with an account of an enharmonic harmonium exhibited in the Loan Collection of Scientific Instruments South Kensington, 1876, also of an enharmonic organ exhibited to the Musical Association of London, May, 1875*. London: Macmillan.
Chib, Satyendra K. Sen.
　2004　*Companion to North Indian Classical Music*. New Delhi: Munshiram Manoharlal.
Clayton, Martin.edited.
　2003　*The Cultural Study of Music: A critical introduction*. New York: Routledge, 2003.
　2007　*Music and Orientalism in the British Empire, 1780s-1940s: Portrayal of the east*. Maldershot, UK.: Ashgate publishing limited.
Danielou, Alain.
　1980　*The Raga-s of Northen Indian music*. New Delhi: Munshiram Manohalal.
Deodhar, B.R.
　2002　*Rag Bodh*.Vol.6. Mumbai: Deodhar's School of Indian Music.
Deshpande, V.H.
　1971　"Harmonium as Accompaniment for Hindustani classical music." *Sangeet Natak*.

  Vol.20(April-June 1971), Sangeet Natak Akademi :15-20.

Deva, B. C.
 1970 "Some Problems in Science and Music: Exploration in Possibilities." *Sangeet Natak.* Vol.16 (April-Jun 1970), Sangeet Natak Akademi : 15-22.
 1980 Deva, B. C. *The Music of India: A scientific Study.* New Delhi: Munshiram Manoharlal.
 2000 *Musical Instruments of India: Their History and Development.* (1st ed., 1987) New Delhi: Munshiram Manoharlal.

Deva, B. C. and P. S. Nair.
 1966 "Forms in Music: An Exploratory Mathematical Study of Indian Musical Patterns." *Sangeet Natak.* Vol.2 (April 1966), Sangeet Natak Akademi : 105-116.

Deva, B. C. and K. G. Virmani.
 1968 "Meaning of Music." *Sangeet Natak.* Vol.10 (1968), Sangeet Natak Akademi : 54-93.

Gangoly, O. C.
 1989 *Ragas & Raginis.* (1st ed., Delhi, 1935) Reprinted. Delhi: Munshiram Manoharlal.

Gellerman, Robert F.
 1998 *The American Reed Organ and the Harmonium: A Treatise on Its History, Restoration and Tuning, With Descriptions of Some Outstanding Collections, Including a Stop Dictionary and a Directory of reed organs*, Vestal Press.

Ghosh, Jnan.
 1971 "Harmonium as a solo instrument." *Sangeet Natak.* Vol.20(April-June 1971), Sangeet Natak Akademi : 22-25.

Ghosh, Pratap.
 1987 *A study on Harmonium: The most popular musical instrument in India & its Traditional Makers in Calcutta.* (Undergraduation thesis) Submitted to Bhavan's College of Communication & Management.

Hamilton, James Sadler.
 1989 *Sitar music in Calcutta.* Delhi: Motilal Banarsidass1989.

Jackson, Myles W.
 2006 *Harmonious triads : physicists, musicians, and instrument makers in ninteenth-century Germany.* Cambridge: MIT Press.

Jairazbhoy, N.A.
 1971 *The Rags of North Indian Music: Their Structure & Evolution.* London: Faber.

Kaufmann, Walter.
 1968 *The Ragas of North India.* Indiana university Press.

Khan, Ali Akbar et al.
 2004 *The Classical Music of North India.* New Delhi: Munshiram Manoharlal.

Manuel, Peter.
 1993 *Cassette Culture: popular music an technology in north India.* Chicago: University of Chicago Press.

Marath, Manohar.
 2002 *Sangit Sastra Paricay.* Gwalior: Sharma Pustak sadna.

Martinez, Jose Luiz.
 2001 *Semiosis in Hindustani Music.* Delhi: Motilal Banarsidass.

McGregor, R.S. *The Oxford Hindi-English Dictionary.* 6th ed. Oxford, Oxford University Press, 2000.

Meer, Wim Van Der.
 1980 *Hindustani Music in the Twentieth Century.* New Delhi: D.K. Print.

Miner, Allyn.
 1997   *Sirar and sarod in the 18th and 19th Centuries*. Delhi: Motilal Banarsidass.
Moutal, Patrick.
 1991   *Hindustani Raga-s Index*. New Delhi: Munshiram Manoharlal.
Nag, Dipali.
 1971   "The Harmonium and the Teaching of Indian Music." *Sangeet Natak*. Vol.20 (April-June 1971), Sangeet Natak Akademi : 20-22.
Narashimhan, Sakuntala.
 2005   "Maltimedia Aids in Music-learning: Possibilities and Limitations." *Sangeet Natak*. No.1 (2005), Sangeet Natak Akademi : 9-17.
Nigam, V.S.
 1992   *Musicology of India*. Vol.4. Lucknow: Citizen Press.
Novello, Ewer & Co.
 1881   *Organ music and harmonium music*. London : Novello, Ewer & Co.
Owen, Babara.
 2001   "Reed Organ." In *New Grove Dictionary of Music and Musicians*. 2nd.ed.(2001) : 65.
Patwardhan, Vinayakrav.
 1991   *Rag Vigyan*. Vol.7. Pune: Nadhusudan Patwardhan.
Qureshi, Regula et al.
 2001   "India." In *New Grove Dictionary of Music and Musicians*, 2nd ed., vol.16(2001) : 147-272.
Raja, Deepak. S.
 2005   "The Hindustani Music Market Today: The road ahead for the Music-maker." *Sangeet Natak*. No.2(2005), Sangeet Natak Akademi : 3-18.
Ranade, Ashok D.
 1998   *Essays in Indian Ethnomusicology*. New Delhi: Munshiram Manoharlal.
 2006   "Popular Music: The Parent Category." *Sangeet Natak*. No.4(2006), Sangeet Natak Akademi : 3-18.
Rangacharya, Adya.
 1996   *The Natyasastra*. New Delhi: Munshiram Manoharlal.
Ratanjanker, S.N.
 1971   "Harmonium and Indian Music." *Sangeet Natak*. Vol.20(April-June 1971), Sangeet Natak Akademi : 11-14.
Rice, Timothy.
 1987   "Toward the remodeling of Ethnomusicology." *Ethnomusicology*.Vol.31, No.3 (1987) : 469-488.
Ruckert, George E.
 2004   *Music in North India*. Oxford: Oxford University press.
Sambamoorthy, P.
 1971   "Harmonium and Karnatak Classical Music." *Sangeet Natak*. Vol.20(April-June 1971), Sangeet Natak Akademi : 5-7.
Saxena, S. K.
 2001   *Hindustani sangeet and a Philosopher of Art*. New Delhi: D.K.Printworld.
Sengupta, Pradip Kumar.
 1991   *Foundations of Indian Musicology: Perspectives in the Philosophy of Art and Culture*. New Delhi: Abhinav Publications.
Shakuntala, K. V.
 1968   "Martial Musical Instruments of Ancient India." *Sangeet Natak*. (1968), Sangeet

  Natak Akademi : 5-11.
Shankar, Ravi.
 1969 *My music My life*. Delhi: Vikas Publishing House.
Sharma, Prem Lata.
 1971 "Harmonium & Hindustani Light Classical Music." *Sangeet Natak*. Vol.20 (April-June 1971), Sangeet Natak Akademi : 25-29.
 1992 *Brhaddesi of Sri Matanga Muni*. 2 vols. New Delhi: Indira Gandhi National Centre for the Arts.
 2000 *Indian aesthetics and Musicology: The arts and Science of Indian music*. Varanasi: Amnaya-Prakasana.
Sharma, Rakesh.
 2006 *How to play Harmonium*. Delhi: Creative Publication.
Shringy, R. K.
 1999 *Sangitaratnakara of sarangadeva*. 2 vols. (1st ed., New Delhi, 1989) Reprinted. New Delhi: Munshiram Manoharlal.
Small, Christopher.
 1998 *Musicking: The Meanings of Performing and Listening*. Middletown: Wesleyan University Press.
Subramaniam, P.V.
 1971 "The Harmonium in Light and Semi-Classical music." *Sangeet Natak*. Vol.20 (April-June 1971), Sangeet Natak Akademi : 7-10.
Tagore, Pramod Kumar.
 1883 *First thoughts on Indian Music, or Twenty Indian Melodies composed for the Pianoforte*. London: C.Mahillon & Co.
Tagore, S.M.
 1874 *Harmonium-Sutra: A treatise on harmonium*. Calcutta: Pracrita Press.
 1877 *Six Principal Ragas, with a brief view of Hindu music*. 2nd.ed., Calcutta: Calcutta Central Press Company.
 1882 *Victoria Samrajyan, or Sanskrit stanzas*. 2nd.ed., Calcutta: I.C.Bose & Co.
 1963 *Universal history of music: compiled from divers sources, together with various original notes on Hindu music*. (1st Ed.,1896) Varanasi: Chowkhamba Sanskrit Office.
Tenzer, Michael.
 2006 *Analytical Studies in World Music*. Oxford: Oxford University Press.
Thakur, Omkarnath.
 1996 *Sangitanjali*. Vol.6. Varanasi: Vartaman Mudranalaya.
Turino, Thomas.
 1990 "Structure, Context, and Strategy in Musical Ethnography." *Ethnomusicology*. Fall (1990): 399-412.
Vaze, Ramkrishna Narahar.
 1941 *Sangita Kala Prakash*. Poona: Loksangraha Press.
Vir, Ram Avtar.
 1999 *Theory of Indian Music*. New Delhi: Pankaj Publications.
Widdess, Richard.
 1995 *The Ragas of Early Indian Music*. Oxford: Oxford University Press.
Zon, Bennett.
 2007 *Representing Non-Western Music in Nineteenth-Century Britain*. Rochester: University of Rochester Press.

索引

あ

アレクサンドル（アレクサンドル社）, *30, 37, 38, 41, 42, 43, 75, 143*
インディアン・キーボード, *197, 213, 214*
AIR（All India Radio，インド国営ラジオ放送）, *67, 68, 69, 70, 71, 74, 76, 77, 78, 79, 80, 142, 169, 229, 230, 243*
ABRSM 試験（英国王立音楽検定）, *164, 167, 182, 192, 210, 221, 244*
S.M.タクル（S.M.タゴール）, *44, 45, 46, 47, 49, 51, 52, 55, 58, 65, 110, 141*
音楽教育産業, *21, 22, 210, 212*

か

外来楽器, *iii, 4, 5, 6, 12, 14, 20, 21, 26, 64, 69, 142, 227, 237, 241, 242, 243, 245*
カシオ（カシオ社）, *5, 25, 26, 147, 148, 149, 150, 155, 163, 181, 185, 196, 197, 198, 199, 200, 202, 203, 204, 205, 206, 207, 208, 209, 210, 211, 212, 213, 214, 215, 216, 222, 229, 234, 244, 247*
楽器改良, *ii, 5, 22, 91, 105, 142, 156, 193, 232*
楽器分類法, *19, 20, 237, 238*
カプラー, *36, 95, 109, 117, 128, 134, 138, 139, 140*
ガマク, *64, 66, 73, 75, 82, 88, 233*
北インド古典音楽, *4, 71, 83, 84, 88, 122, 155, 169, 170, 171, 172, 174, 176, 177, 184, 189, 190, 193, 194, 212, 216, 219, 232, 235*
ギャン・プロカシュ（ギャン・プロカシュ・ゴシュ）, *70, 71, 73, 74, 77, 80, 105, 142, 193, 229, 235*
グローカル化, *ii, iv, 1, 6, 8, 9, 10, 11, 12, 13, 21, 23, 26, 95, 143, 144, 145, 171, 197, 218, 221, 227, 228, 231, 243, 244, 245*
ゴレ（ジテーンドラ・ゴレ）, *82, 83, 84, 85, 87, 88, 90, 91, 247*

さ

サーランギー, *15, 47, 63, 66, 69, 76, 80, 81, 84, 120, 132, 142, 184, 216, 233, 243*
サンヴァーディニー, *24, 82, 83, 84, 85, 86, 87, 88, 89, 90, 91, 142, 229, 243*
12 年生修了試験, *188, 189, 190, 192*
10 年生修了試験, *188, 190, 191*
シュルティ, *51, 64, 65, 66, 67, 69, 75, 76, 84, 88, 169, 170, 171, 172, 177, 233*
ストップ盤, *111, 113, 114, 115, 116, 123, 125, 126, 127, 129, 134, 135, 136, 140*

た

多面的思考, *18, 20, 21, 22, 236, 237, 241, 245*
タンプーラー, *64, 67, 69, 100, 132, 168, 169, 170, 171, 172, 174, 175, 176, 177, 180, 216, 219*
チモテ, *24, 82, 83, 84, 85, 86, 87, 91, 193, 243, 247*
電子キーボード, *ii, iv, 1, 4, 5, 12, 17, 20, 21, 22, 23, 25, 26, 120, 144, 145, 147, 148, 149, 150, 152, 153, 154, 156, 160, 161, 162, 163, 167, 171, 177, 178, 179, 180, 181, 182, 184, 185, 186, 187, 192, 193, 194, 195, 196, 197, 198, 200, 202, 203, 204, 205, 208, 209, 211, 212, 213, 214, 217, 218, 220, 221, 222, 223, 227, 228, 229, 230, 231, 232, 233, 234, 235, 236, 237, 239, 241, 242, 243, 244, 245, 246*
ドゥバン（ドゥバン社）, *30, 31, 32, 34, 35, 36, 37, 38, 42, 43, 148*
ドゥルプリー（マフムッド・ドゥルプリー）, *24, 80, 81, 82, 235, 243, 247*
ドゥワルキン, *iii, 24, 56, 57, 58, 59, 60, 61, 62, 68, 70, 98, 99, 103, 104, 105, 106, 109, 110, 111, 112, 113, 114, 115, 116, 117, 118, 119, 120, 123, 125, 128, 138, 162, 193*
トリニティ試験（トリニティ・ギルドホール試験）, *159, 160, 161, 164, 167, 182, 184, 192, 210, 218, 221, 244*

ドローン, *115*

な

ナーティヤ・シャーストラ, *vi, 45, 48, 64, 190*
西川（西川風琴製造所）, *39, 55, 57, 106, 107, 108, 229*
日本楽器（日本楽器製造株式会社）, *39, 57, 106, 107, 206, 229, 230*

は

バートカンデー（V.N.バートカンデー）, *vii, 63, 77, 184, 190, 233, 236*
パーリーターナー, *87*
ハリバウー（ハリバウー・ヴィシュワナート工房）, *iii, 24, 63, 101, 103, 121, 122, 123, 124, 125, 127, 128, 129, 130*
バルサラ（V.バルサラ）, *71, 73, 156, 165*
パルスカル（V.D.パルスカル）, *63, 100, 183, 190, 236*
ハルモニウム, *1, ii, iii, iv, 1, 4, 5, 12, 14, 15, 17, 20, 21, 22, 23, 24, 26, 27, 29, 30, 31, 32, 33, 34, 35, 36, 37, 38, 39, 40, 41, 42, 43, 44, 46, 47, 48, 49, 51, 53, 54, 55, 56, 57, 58, 60, 61, 62, 63, 65, 66, 67, 68, 69, 70, 71, 72, 73, 74, 75, 76, 77, 78, 79, 80, 81, 82, 83, 84, 85, 86, 87, 88, 91, 93, 94, 95, 97, 98, 99, 100, 101, 102, 103, 104, 105, 106, 108, 109, 110, 111, 112, 113, 115, 116, 117, 118, 119, 120, 121, 122, 123, 124, 125, 126, 127, 128, 129, 130, 131, 132, 133, 134, 136, 137, 138, 139, 140, 141, 142, 143, 144, 147, 148, 150, 156, 157, 160, 164, 166, 169, 184, 185, 186, 187, 193, 195, 199, 205, 216, 217, 219, 220, 227, 228, 229, 230, 231, 232, 233, 234, 235, 236, 237, 238, 239, 241, 242, 243, 245, 246*
ハルモニウム・スートラ, *44, 110, 141, 243*
ピアノ, *i, 4, 20, 25, 38, 41, 47, 54, 56, 68, 71, 72, 84, 86, 106, 109, 119, 122, 129, 147, 150, 152, 154, 155, 156, 157, 158, 159, 160, 161, 162, 163, 164, 165, 166, 167, 178, 182, 183, 193, 196, 198, 203, 204, 205, 206, 209, 210, 215, 218, 220, 221, 229, 233, 235, 239, 244*
ビーナー（ビーナー・ミュージカル・ストア）, *iii, 24, 61, 102, 103, 131, 133,*

134, 135, 136, 137, 138, 139, 140
ピッチベンド機能, *i, 195, 215, 216, 218, 219, 232, 233, 236, 245, 246*
鞴, *29, 31, 32, 33, 34, 41, 42, 43, 49, 57, 58, 60, 61, 76, 77, 82, 86, 87, 88, 99, 111, 112, 123, 124, 125, 134, 135, 140, 141, 228, 232, 233, 243*
プラヤーグ試験, *183, 184, 191, 212*
文化適応, *12, 156, 229, 232, 241, 245*
ブライアン・シラス, *25, 165, 166, 247*

ま

南インド古典音楽, *4, 169, 170, 172, 185, 189, 190, 191, 193, 194, 217, 231, 232*
ミーンド, *64, 66, 73, 88, 195, 233*
ミニキーボード, *5, 25, 147, 148, 149, 150, 152, 153, 164, 168, 179, 181, 186, 196, 200, 201, 202, 203, 205, 208, 211, 221, 222, 227, 228, 231, 232*
ミュゼ（ミュゼ・ミュージカル）, *25, 156, 157, 158, 159, 160, 161, 163, 181, 185, 206*

や

ヤマハ, *19, 26, 40, 57, 106, 120, 148, 149, 158, 163, 181, 183, 185, 186, 197, 198, 199, 200, 202, 203, 204, 205, 206, 208, 209, 210, 212, 218, 219, 220, 222, 244*

ら

ラデル, *25, 168, 170, 171, 172, 174, 176, 177, 191, 235*
リードオルガン, *iii, 23, 29, 30, 31, 32, 33, 34, 35, 36, 37, 38, 39, 40, 41, 55, 57, 77, 94, 106, 107, 108, 109, 110, 113, 117, 119, 141, 143, 150, 206, 229, 230, 233, 247, 250, 251*
リード盤, *32, 33, 35, 36, 41, 57, 58, 94, 99, 105, 106, 109, 111, 113, 115, 116, 117, 118, 123, 125, 126, 127, 129, 134, 136, 137, 138, 140, 143, 244*
リゾーム, *6, 18, 19, 20, 21, 237, 239*
ローカルな規範, *5, 6, 11, 16, 17, 18, 21, 26, 227, 241, 242, 243, 245, 246*
ロビンドロナト・タクル（ラビンドラナート・タゴール）, *v, 58, 59, 62, 68, 78, 110, 141, 142, 191*

258

【著者】

岡田　恵美（おかだ　えみ）

インド政府給付奨学生としてデリーに4年間留学し、北インド古典音楽の演奏や理論を学ぶ。2010年に東京藝術大学大学院博士後期課程修了。博士（音楽学）。東京藝術大学楽理科教育研究助手を経て、現在、琉球大学教育学部専任講師。主な研究対象は、南アジアにおける楽器史、北インド古典音楽における美学理論、インド北東部の少数民族におけるポリフォニー民謡。

インド鍵盤楽器考
ハルモニウムと電子キーボードの普及にみる楽器のグローカル化とローカル文化の再編

2016年2月28日　発行

著　者　ⓒ岡田　恵美
発行所　株式会社溪水社
　　　　広島市中区小町1-4（〒730-0041）
　　　　電話 082-246-7909　FAX 082-246-7876
　　　　e-mail: info@keisui.co.jp
　　　　URL: www.keisui.co.jp

ISBN978-4-86327-317-7　C3073